北大口才课

博文　编著

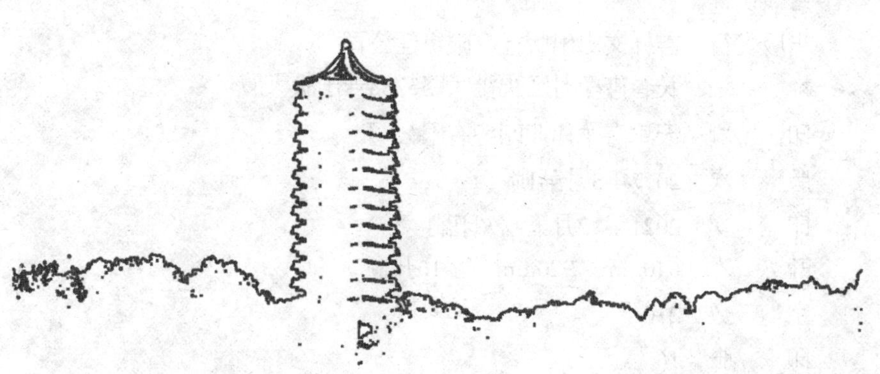

图书在版编目（CIP）数据

北大口才课 / 博文编著. -- 长春：吉林文史出版社, 2017.5（2021.12重印）

ISBN 978-7-5472-4206-3

Ⅰ. ①北… Ⅱ. ①博… Ⅲ. ①口才学－通俗读物 Ⅳ. ①H019-49

中国版本图书馆CIP数据核字(2017)第119033号

北大口才课
BEIDA KOUCAI KE

出版人　张　强
编著者　博　文
责任编辑　于　涉　董　芳
责任校对　薛　雨
封面设计　韩立强
出版发行　吉林文史出版社有限责任公司
地　　址　长春市净月区福祉大路5788号出版大厦
印　　刷　天津海德伟业印务有限公司
版　　次　2017年5月第1版
印　　次　2021年12月第4 次印刷
开　　本　640mm × 920mm　　16开
字　　数　210千
印　　张　16
书　　号　ISBN 978-7-5472-4206-3
定　　价　45.00元

前　言

成功学大师卡耐基曾说："一个人的成功，15%取决于知识和经验，85%取决于沟通能力——发表自己意见的能力和激发他人热忱的能力。"可见，语言表达的力量是巨大的。在人际交往中，高超的口才技巧能够帮我们准确地表达思想、维护人际关系，甚至可以变危机为转机、化劣势为优势。它可以让我们在社交活动中如鱼得水，左右逢源；在职场中应付自如，游刃有余；在朋友面前口若悬河，谈笑风生；在恋人面前甜言蜜语，海誓山盟；在演讲台上慷慨激昂，意气风发；在论辩场上舌战群儒，雄智多辩。甚至可以毫不夸张地说，好命不好命，说话来决定。因此，好口才是人们闯荡社会的一项基本技能，是每个人都必备的社交能力。

"是人才未必有口才，而有口才者必定是人才，"这话虽然有点片面，却也颇有道理。在今天这样的信息时代，人们的文化视野、交际视野开阔了，有越来越多的场合需要公开地发表意见、用语言来打动别人。自我推荐、介绍产品、主持会议、商务谈判、交流经验、鼓励员工、化解矛盾、探讨学问、接洽事务、交换信息、传授技艺，还有交际应酬、传递情感和娱乐消遣都离不开说话。正因如此，人们常常根据一个人的讲话水平和风度来判断其学识、修养和实力。在或文雅或粗俗的措辞中，展现给人的是可亲近或要远避的印象，它可以决定一个人的成败。一个讲究说话艺术的人，常常是说理切、举事赅、择辞精、喻世明；轻重有度、褒贬有节、进退有余地、游刃有空间；可陶冶他人之情操，也可为济世之良药；可以体现个人的雄才大略，更能提高个人的社会地位。而口才拙劣、不善言谈，很容易给人留下能力低下和思维迟钝的印象。这样就不会得到足够的器重和赏识，从而给成功设置障碍。西方哲人有这样一个总结：世间有一种成就可以使人很快完成伟业，并获得世人认可，那就是说话时能给人以喜悦的能力。

说话看似简单，实则并不容易。即便是擅长辞令的外交家也会有说错话的时候。所以，如何说话、怎样把话说好，需要我们不断地学习和积累。为了帮助广大读者在名师的指点下快速提高说话能力，我们精心编写了这本《北大口才课》。本书站在现实的角度，运用百年北大沉淀下来的智慧，通过名家、名师的魅力口才、交流口才、幽默口才、对话口才、谦逊口才、赞美口才、批评口才、销售口才、恋爱口才、即兴口才、演讲口才等22个不同的情景口才告诉你，如何说话才有魅力、如何说话才有气场、如何才能获得他人的好感、如何才能一针见血地指出要害、如何与亲朋好友增进感情、如何与陌生人沟通、如何掌控全场、如何把握尺度等等，将理论与实践相结合，深入浅出地告诉大家如何提升说话能力，练就胜人一筹的说话本领。其中有北大副校长，国学大师季羡林所说的“真话里的智慧”；有北大教授，当代著名语言学家、文学家林语堂提倡的“幽默的说话之道”；有伟大的思想家、革命家、文学家鲁迅先生倡导的“真实的表达”“谦以待人，虚以接物”等等，这些北大的卓越者，每一位对说话艺术都有着独到而又特别的见解，他们无一不是成功的好口才拥有者。

杰出的说话能力不是天生的，而是可以通过后天培养训练的。读者通过本书可以轻松掌握各种场合下说话的方法和技巧，提高自己的说话能力，在错综复杂的人际关系中应付自如，轻松应对生活中的各种场景，赢得友谊、爱情和事业，从而踏上辉煌的成功之路。

目　录

第三章　回应口才：不管喜不喜欢，态度要认真

第四章　话题口才：快速找到话题的方法

第五章 切入口才：从力所能及的准备开始

第六章 切入口才：智慧的语言是扣人心弦的力量

第七章 谦逊口才：低调的语言才是深入人心的大智慧

第八章　思辨口才：说服他人，征服人心

第九章　精辟口才：话不在多，抓住关键就行

第十章　圆通口才：把话说到位，才有好人气

第一章　魅力口才：修炼强大气场，领悟语言艺术的魅力

人是不能不说话的，但是，有的人说起话来，娓娓动听，使人听了全身的筋骨都感到舒服；有的人说起话来锋芒锐利，像一柄锐刃，令人感觉到十分恐怖；有的人说起话来，一开口就使人感觉到讨厌。所以人的面貌各个不同，而人的说话，获得的效果也正像面貌的各个不同一样。

——林语堂

（曾任北京大学教授，当代著名学者、文学家、语言学家）

说话绝对不只是动嘴那么简单

一个人，不管你生性多么聪颖、接受过多么高深的教育、穿着多么漂亮的衣服、拥有多么雄厚的资产，如果你无法流畅、恰当地表达自己的思想，只是简单地把语言无组织地表达出来，你仍旧无法真正实现自己的价值。早在春秋时期，孔子就意识到说话不只是简单的动动嘴皮子，为了让人们能更好地表达自己的思想、把话说好，他在学校开设了说话课，因此培养出了大批能言善辩的弟子。另外，春秋战国时期自由论辩、百家争鸣的盛行，策士为游说诸侯，扩大自己的思想影响，也都非常注重说话的艺术……

曾担任过北大讲师的鲁迅在《立论》中曾写到过这样一个故事：

有一家人的小孩满月，摆酒，请了许多人来祝贺。大家都来送礼，当然，也说了很多祝贺的话。这个说，这个小孩的面

相真好，将来一定是个大官。那个说，这个小孩的眼睛很有灵气，将来一定是个大才子。诸如此类。主人听了非常高兴，一一答谢，还请他们就座吃饭。这时，突然冒出个人说了句："这个小孩以后肯定会死掉。"主人听了大怒，让仆人把说这话的人赶了出去。

"这个小孩以后肯定会死掉。"这是谁都知道的千真万确的真理，可是没人愿意听别人这样说自己的孩子。或许这个孩子将来不一定会当官、成才，但在满月这个喜庆的日子里说些祝福的话，总能让人心情愉悦。尽管说孩子肯定会死掉的这个人本身并没有说错，但在这样的场合里随心说出不合时宜的话，也就难怪主人生气将他赶走了。这就告诉我们，说话不只是简单的动动嘴把话说出来那么简单，说话者在说话之前还应考虑什么话该说、什么话不该说、该说的话要怎样说才能取得好的效果。其实故事中的这个人大可以这样说："啊呀！这孩子呵！您瞧！多么……阿唷！哈哈！"这样模糊的智慧回答，既不会惹怒主人，又不会违背自己说真话的意愿，可谓一举两得。

说话绝不是动嘴把自己想的说出来那么简单，同样一件事情，讲话者用不同的方式说出来，表达的效果却是截然不同的。

古巴比伦有一位国王，有一天晚上做了一个奇怪的梦，他梦到了自己满口的牙齿都掉光了，无法吃任何东西。醒来后国王的心情十分糟糕，他担心梦预示着会发生什么不祥的事，于是，便命人请来了两个解梦人解梦。

国王问他们："为什么我会梦见自己满口的牙全掉光了呢？这代表着什么？是不是会有什么不好的征兆？"

第一个解梦人听后解释道："国王陛下，这个梦的意思是，在你所有的亲人一个不剩地全部死去以后，你才能死。"国王听后，觉得这话十分晦气，本来已经糟糕的心情更加烦躁，他勃然大怒，命人将第一个解梦人杖责二百之后赶出王宫。

接着又问第二个人："你呢？你的解释也和他一样吗？"第

二个解梦人机敏地说："当然不是，国王陛下，您这个梦的意思实际上预示着您将是您所有亲属当中最长寿的一位！"国王闻听此言，心情舒畅了很多，脸上也露出了笑容，直夸这位解梦人有学问，并命人赏了一百枚金币给他。

事实上，这两个解梦人要表达的是同一个意思，但结果却是，一个因为只会动嘴说，而不知道说话的艺术而被国王杖责赶出皇宫；另一个由于会说话，巧妙地把自己想要表达的说出来受到了嘉奖。

相传，父子俩冬天在镇上卖便壶（俗称"夜壶"。旧时男人夜间或病中卧床小便的用具）。父亲在南街卖，儿子在北街卖。不多久，儿子的地摊前有了看货的人，其中一个看了一会儿，说道："这便壶大了些。"那儿子马上接过话茬："大了好哇！装的尿多。"人们听了，觉得很不顺耳，便扭头离去。在南街的父亲也遇到了顾客说便壶大的情况。当听到一个老人自言自语说"这便壶大了些"后，马上笑着轻声接了一句："大是大了些，可您想想，冬天夜长啊！"好几个顾客听罢，都会意地点了点头，继而掏钱买走了便壶。

父子两人在一个镇上做同一种生意，结果却大不一样，出现这种差别的原因就在于他们两人不同的说话技巧上。尽管儿子的话说得也没错——便壶大装的尿多，但不可否认，他的话太粗俗，让人听了很不舒服。本来，买便壶不俗不丑，但毕竟还有些私密的因素在内。人们可以拿着脸盆、扁担等大大方方地在街上走，但拎着个便壶大摇大摆地在街上走，就多少有些不自在了。如此一来，儿子直通通的大实话怎么能不使买者感到几分别扭？而父亲的表达就不是动动嘴把话说出来那么简单了——他先赞同顾客的话（"大是大了些"），以认同的态度拉近了与顾客的距离，然后，又以委婉的话语说"冬天夜长啊"，这句看似离题的话说得实在是好。它无丝毫强卖之嫌，却又富于启示性。其潜台词是：冬天天冷夜长，夜解次数多却又怕冷不愿意下床是自然的，便壶大正好派上用场。这设身处地的善意提醒，顾客不难明白。卖者说得在理，顾客买下来也就是很自然的了。儿子一句话砸了生意，父亲一句话盘活了生意，这正说明了说话绝不是动嘴那么简单。

现实生活中，我们经常听到别人这样说："我这个人，笨嘴笨舌，讲不好话。"人们通常都不会认为这是什么缺憾。其实，这是一个错误的观点。现在的社会是个信息大爆炸的社会，信息的作用越来越大。任何一项工作都需要进行信息的交流和传递，而语言是最普遍、最方便、最直接的信息传递方式。这时，语言能力强、会说话，双方就能顺利而准确地接受和理解信息，实现顺利交流；语言能力弱、只知道简单的动嘴，就不能很好地把信息传递给对方，交流会因此出现中断，甚至中止，进而导致失败……的确，许多人并不是败在能力上，而是败在了说话上。说话本身或许很容易，两片嘴唇碰一碰，语言便生成了。但若想把话说出水平，说得有意思、有创意，就不是那么容易的事情，而要做到口吐莲花、能言善辩、巧舌如簧、打动人心就更加困难了。

说话不只是动嘴把话说出来那么简单，要想将自己的思想和见解在别人面前很好地表达出来，不仅要说，还要会说。但每个人并非天生就具有良好的口才，对大多数人而言，想要把话说好，达到"开口是金"的效果并非易事。明白了这一点，我们就应该多在说话上下功夫，在说话的时候多动脑思考，认真想一想怎样才能更好地把自己想要表达的话说出来，为自己的话语添加上智慧的因子。只要方法得当，持之以恒地多加锻炼，任何人都能够提升自己的语言表达能力。

好口才是领导力的第一要务

有人曾经说过这样一句话：领导力就是赢得追随者的能力。而要引导和调动别人成为自己的追随者，成功沟通和积极鼓动的语言是一种有效的手段。在当今这样的信息时代，领导者无论是开会讲话、上传下达，还是交际应酬、传递情感，都需要用语言交流。要实现有效的、成功的领导，就必须充分利用好领导环境，导之于言而施之于行，最大限度地引导和调动被领导者朝着既定的目标共同努力。也就是说，优秀的领导者要想将自己的领导力有效地传达给他人往往需要具备强大的口才说服力。

著名的教育家蔡元培先生在就任北京大学校长时的一番演说，充分体现出具备好口才对一名领导者的重要意义。

蔡元培上任北大校长后不久便发表了题为《就任北京大学校长之演说》的演说，在演讲中他满怀热忱，谆谆告诫青年学子，要他们提高认识、端正学风。他以沉痛的语气告诫青年学子："方今风俗日偷，道德沦丧，北京社会，尤为恶劣，败德毁行之事，触目皆是，非根基深固，鲜不为流俗所染……"

蔡元培校长的演讲掷地有声、慷慨激昂，他用自己精彩的演讲唤醒了当时的北大学子，让身处社会转换期道德失去规范的环境中的青年人不再沉沦，激励他们在洁身自好的同时，肩负起改造社会、匡正流俗的责任。由此可见，领导者只有拥有良好的口才才能将自己的心声有效地传达给他人，激励别人鼓足干劲。

卡耐基认为，"一个人成功只有15%是依靠专业技术，而85%却要依靠人际交往、有效说话等软科学本领"。这里的有效说话，其实说的就是好口才对一个领导者的重要性。好口才是领导力的第一要务。现实生活中很多著名的政治家，都是天才的演说家，他们利用语言这把利器，圆满地完成了各项政治使命。周恩来、陈毅在风云变幻的国际政治生涯中善于辞令，机智、雄辩，大大提高了新中国的国际地位和声望。“二战”时期，丘吉尔、戴高乐每一次铿锵有力地演说，都成为射向法西斯的利箭，极大地鼓舞了人们战胜法西斯的斗志。所有这些，都说明领导者具有语言表达艺术，能够创造巨大的精神财富和物质财富。

有“铁娘子”之称的英国首相撒切尔夫人，是20世纪中后期世界知名人物之一。1978年10月，她在接任英国保守党领袖后的第一次讲话，就表现出了她卓越的水平。她说：“我是继伟人之后担任保守党领袖的。我们的领袖丘吉尔，把英国的名字推上了自由世界的历史顶峰；麦克米伦使很多凌云壮志变成了每个公民伸手可及的现实；霍姆赢得了我们大家的爱戴和敬佩；希思使我国于1973年加入了欧洲经济共同体。他们都完成了当时历史交给他们的使命。现在，我们的使命也已摆在了我们的面前，那就是：克服我们的财经困难，重新建立我们自己的信心。

“我认为，英国的光荣传统是人人都有劳动权力，有支配自己财产的权力，有拥有财产的权力，有做国家仆人而不是凌驾于其上的权力。这些是自由国家的本质。我们的一切自由，都是建立在国家享有这种自由的基础上的。”

撒切尔夫人的这次讲话，为其在1979年5月的竞选获胜奠定了良好基础。她首先以简练的语言，赞扬了前几届领袖的丰功伟绩，赢得了前几届领袖拥护者的拥护。接着指出了当前的任务，并直接阐明了自己的政治观点，肯定了英国的历史、国家尊严，把自己的执政思想、治国方略全部展现在英国公民面前，从而振奋了民心，激励人民奋进。

由此看来，领导者的讲话水平，不仅体现其机构意志，而且一次高水平的讲话，能使讲话者的影响力更加强大。事实上，作为一个组织发展的引导者、指导者，领导者的一切具体工作最终都要通过语言来完成。主持会议、布置工作、接待来访、社交活动、发表演说等，都离不开口才，语言表达能力的高低，甚至会直接影响这些活动的效果。

美国人类行为研究者汤姆士指出："高超的说话能力是成名的捷径。它能使人显赫，鹤立鸡群。能言善辩的人，往往受人尊敬，受人爱戴，得人拥护。它使一个人的才学得到充分拓展，熠熠生辉，事半功倍，业绩卓著。"他甚至断言："发生在成功人物身上的奇迹，一半是由口才创造的。"因此领导者不能仅仅满足于一般的语言沟通，每一个领导者都应清醒地认识到语言表达能力的重要性，进而更好地掌握这个随身携带、行之有效、战无不胜、攻无不克的神奇武器。

最重要的五项能力之首

毕业于北大的新东方创始人俞敏洪说："运气不可能持续一辈子，能帮助你持续一辈子的东西只有你个人的能力。"是的，只有个人能力才是创造成功的保障，那么，一个人最重要的能力是什么呢？在一次私人聚会上，小布什、比尔·盖茨等众多的美国灵魂人物在一起讨论成功最重要的因素。最终他们得出的结论是口才等五项能力是最不可或缺的，并且口才被列在第一位。换句话说，他们认为口才是一个人最需要具备的五项能力之首。这些成功人士都将口才作为最重要并需要不断加强训练的最关键的技能。在他们看来，无论是谈判、合作，还是激发员工、说服大众，口才都是唯一能以最低成本且最容易实现目标的途径。哪怕你没财富，没人脉，没有美貌，只要有了口才，你就能登上财富和成功之巅。

一个具备好口才、会说话的人，常常能说理切、举事赅、择辞精、喻世明；轻重有度、褒贬有节、进退有余地、游刃有空间，并且他们能够通过口才将自己的能力展示出来，从而为自己获得成功添加砝码。有人曾说过这样的话：人才不一定有口才，但有口才的人一定是人才。从以上角度来看，口才的确是一个人最重要的五项能力之首，一个人能不能取得成功，很大程度上取决于会不会说话。

2003年10月15日“神舟五号”升空飞行之后，中央电视台《东方时空》曾专门对杨利伟和他的领导进行采访，请他们回答“杨利伟怎样成为中国太空第一人”这一广受关注的问题。

被采访的航天局领导说了三个原因：一是杨利伟在5年多的集训期间，训练成绩一直名列前茅；二是杨利伟处理突发事件的能力特别强，在担任歼击机飞行员时，多次化解飞行险情；三是他的心理素质好，口头表达能力强，说话有条理、有分寸。凭借以上三个优势，杨利伟最终通过了1600人——300人——14人——3人——1人的淘汰考验。

第三点原因令收看此节目的观众感触颇深。节目中还介绍，在总结会上，杨利伟准备充分、积极发言，发言条理清晰，逻辑性强，再加上不慌不忙的节奏，故而给领导留下了深刻的印象。

所以，当口头表达能力作为选择的一个重要条件时，天平就偏向了杨利伟。

从杨利伟身上，我们可以看到出色的口才不但能帮你施展才华，更会让你赢得成功。工作能力差不多的两个人，语言表达能力不好的人升迁机会往往要比既会办事又会说话的人少得多。“干得好不如说得好”这句话难免过于偏颇，但是现实生活中，会做事再加上会说话，这样的人肯定能更快地受到他人的青睐和重用。

一次谈话就可以决定人事业的成败，这一点也不夸张，它可以使一个人的才学得到充分拓展，事业发展当然也就更加顺利，而且，发生在成功人物身上的奇迹，很多是由口才创造的。

而古往今来的风云人物也都是擅长说话的高手，例如著名的英国首相撒切尔夫人。1983年元旦，英国女王伊丽莎白二世为多年给首相撒切尔夫人担任顾问的戈登·里斯授爵位。其主要功绩是：有效地提高了撒切尔夫人的演说能力和应答记者提问的能力；为撒切尔夫人撰写了深得人心的演讲稿……一句话，为英国塑造了一位崭新的“风姿绰约、雍容而不过度华贵、谈吐优雅和待人亲切自然的女首相形象”。

不仅仅政治人物因能言善道而备受人尊崇，普通人也是如此。现如今，人们会把说话作为衡量优秀人才的重要尺度之一，比如，企业招聘人才时，口试是必需的。很多大型公司在招聘人才时，甚至专门就面试者的说话能力进行了规定，其规定内容还以条文的形式一一列举，其中包括以下诸条：应聘者声若蚊蝇者，不予录用；说话做不到抑扬顿挫者，不予录用；交谈时，说话浮想联翩毫无重点者，不予录用；答问时，拖泥带水者，不予录用；说话死气沉沉毫无生气者，不予录用；说话前后矛盾、颠三倒四，甚至不知所云者，不予录用等。或许，这些大公司这样做显得很苛刻，但是，这也反映了一个事实，那就是一个人会不会说话与他的事业之间有着密切的关系，是否会说话在某种程度上决定了他是否能够胜任本职工作。口才是一个人思维的体现。一个能言善道、善于清晰表达自我的人，他做起事情来一定是思路清晰、条分缕析，因此更容易出业绩，更容易被人发掘。

美国某研究所进行的一项专门调查显示，有65%以上的员工因为语言能力问题而迟迟得不到升迁，有的员工虽然因为业务能力强而暂时得到升迁，但继续升迁的困难很大，究其原因就是语言表达能力不过关。事实上，语言的作用不仅是传达信息，它更是传达一种力量。“二战”期间美国人把“舌头”、原子弹和金钱称为获胜的三大战略武器，在这个比喻中，“舌头”（即说话、口才）被排在了第一位，也充分体现出人们对口才能力的重视。

现代社会是一个繁忙的社会，具有好口才的人，必然是现代社会中的活跃人物。实际上，人们常常根据一个人的讲话水平来判断其学识、修养和实力。好的口才如同好的色彩，能够让他人更直接地感受到你的为人，从而促进有效交流。然而，社会中有很多人都不善于和他人沟通，甚至害怕和别人沟通。尽管他们也明白沟通很重要，但在工作中还是会不自觉地尽量避免与他人沟通，或者减少沟通的内容。这样的人即使具备很强的专业能力也很难取得大成就。因为任何活动都不是一个人的独角戏，不懂得说话沟通的人很难在团队合作中找到自己的位置，更不用说在客户开发、企业宣传等方面取得成绩了。好口才是人类生活中应用最普遍而最难能可贵的技术或艺术，在人生旅程中更是一个人获取资源的重要资本。一个人的说话能力可以代表一个人做事的力量，不会说话的人，就好比那些发不出声音的留声机一样，尽管是在那里转动，却不会使人感兴趣。因而，作为最重要的五项能力之首的口才，是现代人士的一门必修课。

出色的谈判高手、销售人员的秘密武器

我们常常羡慕那些能言善辩的谈判、销售专家，他们的说话技巧为大家所折服。曾任北京大学教授，著名哲学家冯友兰先生说过，“一个战士用他的武器，到最熟练的时候，也会觉得他的武器就成为他的身体的一部分，就像他的手脚一样”。对于那些谈判高手、销售人员来说也是这样，他们的武器就是出色的口才，因为他们往往能通过各种说话技巧，轻松达成自己的心愿。对他们而言，语言是与客户沟通的媒介，一切谈判和销售活动都首先通过语言建立起最初的联系，从而促使活动不断进展，最终达到谈判或销售目的。

每个人的身体都蕴藏着巨大的能量，成功并不需要让自己彻底改头换面，你要做的只是恰如其分地将自己的优点与优势展示于人，将自己的潜能极大发挥。而要做到这一点，拥有好的口才很重要。通常，话说得恰到好处，很容易拉近与客户的距离，提高生意的成交几率。

身处销售第一线的业务或服务人员在推广产品时都明白绝不能问消费者需要什么，而是要问："A 餐和 B 餐你想要哪一个呢?"

这种双击模式的问话，往往能提高五到六成的销售率。

另外，面对那种在卖场里走来走去选购西装，从外表看起来没有强烈购买意愿的顾客，出色的销售人员一般都会选择这样做。

销售员会微笑着靠近，轻声问：

"您的气质蛮适合蓝色系和绿色系的，您要找哪一种色系的?"

"喔！真的吗？那……看看蓝色系的好了！"

"这个款式是现在最流行的样式，保证物超所值，而且和你的气质也很相称。你喜欢吗?"

销售人员采用这样的说话方式，要比问："您要怎样的款式?""您的预算有多少?"这样的表达有效得多。因为，通常来说，顾客对衣服的款式都没有明确的认识，而且直接问顾客的购物预算又显得没有礼貌。而给顾客提供选择题不仅能快速地了解顾客需求还能有效地激发顾客的兴趣，自然就有利于销售人员的推销活动了。一般来说，在这种情况下顾客通常都会不假思索地完成交易。每个人应该都有过原本并不打算买什么，却莫名其妙买了自己用不到东西的经验，出现这种情况很大程度上都归功于销售人员绝佳的口才。

口才不仅是销售人员的秘密武器，对于谈判高手来说，好口才对谈判的成功与否也起着决定性作用。谈判是一门艺术，在辩论、谈判等需决定胜负的交际场合中，拥有好口才的人总能抓住谈判的重点，使那些自己组织起来都很困难的说理性的攻击通过一种较为简便但又能慑服对手的方式传达出去。可以说巧妙的口才表达，对于整个谈判的顺利进行至关重要。

战国时，齐国的孟尝君主张合纵抗秦，他的门客公孙弘对孟尝君说："您不妨派人到西方观察一下秦王。如果秦王是个具有帝王之资的君主，您恐怕连做属臣都不可能，哪里顾得上跟秦国作对呢？如果秦王是个不肖的君主，那时您再合纵跟秦作对也不算晚。"孟尝君说："好，那就请您去一趟。"公孙弘便带着十辆车前往秦国去看动静。

秦昭王听说此事，想用言辞羞辱公孙弘。公孙弘拜见昭王，昭王问："薛这个地方有多大？"公孙弘回答说："方圆百里。"昭王笑道："我的国家土地纵横数千里，还不敢与人为敌。如今孟尝君就这么点地盘，居然想同我对抗，这能行吗？"公孙弘说："孟尝君喜欢贤人，而您却不喜欢贤人。"昭王问："孟尝君喜欢贤人，怎么讲？"公孙弘说："能坚持正义，在天子面前不屈服，不讨好诸侯，得志时不愧于为人主，不得志时不甘为人臣，像这样的贤士，孟尝君那里有三位。善于治国，可以做管仲、商鞅的老师，其主张如果被听从施行，就能使君主成就王霸之业，像这样的贤士，孟尝君那里有五位。充任使者，遭到对方拥有万辆兵车的君主的侮辱，像我这样敢于用自己的鲜血溅洒对方衣服的，孟尝君那里有十个。"

秦国国君昭王笑着道歉说："您何必如此呢？我对孟尝君是很友好的，并准备以贵客之礼接待他，希望您一定要向他说明我的心意。"公孙弘答应后回国了。

语言交流是成功完成谈判和销售的开始，这个头开得好与否，直接关系到谈判和销售的成败。从这一角度来讲，可以说好口才是出色的谈判高手、销售人员的秘密武器。好口才具有特殊的魔力，因为出色的语言表达，能使亲情更亲、情谊更深、爱意更浓，能使陌生人成为朋友，也能使冤家化干戈为玉帛……

因此，我们应该重视对口才的培养。事实上，出色的谈判高手、销售人员也并非一开始就那么出色，他们多半是通过后天的努力而获得的说话能力，你只要努力也完全可以像他们一样出口成章。

好口才是获取资源的重要资本

在日常交往中，会说话的人能把平平常常的话题讲得引人入胜；嘴笨口拙者即使讲的内容非常好，听起来也会觉得索然无味。有些建议，会说话的人一说就通过了；而那些不会说话的人却连诉说的对象都没有。口才决定一切，我们可以根据一个人每天说话的内容来判定一个人的生活工作状态。一个人的喜怒哀乐，往往也是通过语言表现出来的。一个人事业成功的进程、对某种资源的获得，极有可能是因为某次谈话的影响。

可以说，好口才是打开成功大门的一把金钥匙，可以带来意想不到的效果，具备好口才的能力是一个人获取资源的重要资本。

某市房地产开发公司新竣工了一幢职工宿舍，按照刘某的级别和工龄，他是分不到新房子的，但他确实有许多具体困难：自己和爱人、小孩挤在一间10平方米的房里，倒也还凑合，可他乡下的父亲来了，就不方便了。于是刘某只好去找上司，一开口就对上司说："主任，如果您单位有人把年老体弱的父母丢在一边不管，您认为该不该？"

"当然不该！是谁这样做？"上司一脸的义愤。

"主任，这个人就是我。"刘某垂着头，无可奈何地说。

"你为什么这样做？平时我是怎么教育你们的？要你们尊老爱幼，你竟……"

刘某耐心地听爱啰嗦的领导数落完，才缓缓开口说道："常言说养儿防老，我父母就我们姐弟俩。姐姐出嫁了，条件也不好，况且，在我们乡下，有儿子的父母，没有理由要女儿女婿养老送终，这是会被人耻笑的，除非他的儿子是个白痴。可我不是白痴，我是大学生，又分在这样一个响当当的单位，在你这位能干、有威信的领导手下工作。一辈子含辛茹苦的农村父母，培养一个大学生多不容易呀，乡亲们都说我父母有福分，今后有享不尽的福。可是我现在，一家三口住一间平房，父母来了，连个睡觉的地方都没有。想把父母接到城里来，自己又没有条件；不接来，把两个年老体弱的老人丢弃在乡下，我心里时常像刀割般难受。我这心里，一想起我可怜的父母……"

刘某说到这里，落下了伤心的泪水。

"小刘，可你的条件不够……"主任犹豫着说。

"我知道我条件不够，我也不好强求主任分给我房子。如果主任体恤我那年老多病的父母，分给我一间半间的，我父母来了，有个遮风的地方就行了。"

主任沉默不语。几天后，刘某拿到了一套两居室的钥匙。

刘某将自己的实际情况通过自己的口才生动地诉说出来，成功地激起了领导对他的同情心，因而获得了领导的帮助，分配到了一套两居室，成功得到了自己想要的住房。由此可见，好口才对一个人获取资源来说十分重要。这一点不仅体现在求人办事方面。在人们获取有助于事业成功的资源方面，好口才也起着至关重要的作用。会说话的人总能利用自己的好口才获取更多有助于事业成功的资源，加速其事业成功的进程。优秀的推销人员利用他们的好口才争取了众多的客户资源就很好地说明了这一点。

有一次，美国的一位机电销售员与某公司的经理谈关于电机的贸易，这位经理拿起产品介绍书看了一下突然变了脸色，把介绍书顺手一扔还给了销售员，并勃然大怒地说："你们公司售出的这种牌子的电机太差了！上次差点儿把我的手烫坏了！”

推销员听了并没有与对方辩论，而是微笑着说：“经理先生，如果真是这样，那我不仅应该向您道歉，还应该帮您退货。”

接着他开始提问：“当然，任何电机工作时都有一定程度的发热，只是发热不应超过全国电工协会所规定的标准，您说是吗？”

“是的。”

推销员又问：“按国家技术标准，电机温度可比室内温度高出72°F（华氏），是这样吧？”

“是的，但你们的电机温度太高了，我当时摸了一下，差点儿把我的手烫坏了！”

推销员说：“那太对不起了。不过我想请问一下，您车间里的温度是多少？”

“大约75°F。”

推销员明白了，笑着说：“这就对了，车间温度是75°F，加上72°F的升温，共计140°F以上，请问，如果您把手放进140°F的水里，会不会被烫伤呢？”

“那……那……是完全有可能的。”

推销员说：“那么经理先生对我们这种牌子的电机还有其他什么意见吗？”

“没有了，我们再订购两台吧。”

一个会说话的人，在前进的路途中能够轻而易举地克服一切成功的阻碍，使自己最终走向成功。而一个不会说话的人，经常会吃亏碰壁，毫无施展抱负的机会，甚至有时会因为一句话而切断其成功之路。所以，说话要注意，不要随口乱说，要做到“言出攻心”，只有这样，你的事业才会如同加了催化剂一样，有着惊人的速度与能量。事实上，案例中的推销员利用自己的好口才引诱对方自己把错误揪出来。即先不马上指出他的错误，而是旁敲侧击地提出一些经过构思的问题，诱使对方在回答中逐渐否定自己原有的观点。当对方的误解消除了，火气也就随之而去。最终，推销员成功地让这个经理成为自己的客户资源。

会说话的人是十分受人欢迎的。他们能通过自己的好口才使许多原先不相识的人携起手来一起做事；亦能使许多本来彼此不发生兴趣的人互相了解；能替人排解纠纷，消除人与人之间的隔阂并收获新的友谊。能医治他人的愁苦、忧闷，让他人愿意对你诉说……而这一切都说明了好口才是让一个人获取资源的重要资本。

知识深厚，才能妙语连珠

口才反映了一个人的道德修养、学识水平、思辨能力。要想使自己的语言具有艺术魅力，仅仅靠技巧是远远不够的，一味地追求技巧而忽略自身的素质培养只能是舍本逐末。因此，我们在学习语言技巧的同时，还应全面提高自身的学识修养。

好口才必须建立在丰富的知识基础上。一个人只有具有审时度势的能力、广博的知识，才能做到谈资丰富、妙言成趣，从而做出恰当的比喻，说出恰当的话。因此，要培养自己的口才，必须广泛涉猎，充实自我，丰富自己的内涵，提高自己的学识修养，不断从浩如烟海的书籍中收集智慧的浪花，从名人趣事的精华中撷取口才的宝石。如此才能够口吐莲花，妙语连珠，倾倒众人。

2005 年 6 月，人民网对央视著名主持人、毕业于北京大学的撒贝宁进行采访时，他充分表达了知识对自己主持工作重要性的看法。

记者在采访中问道："您的主持风格受到了观众的喜爱，特别是大学生们的喜爱。您的这种充满青春活力的主持风格和您的学习生活有关吗?"

撒贝宁回答道："当然有关系。其实主持人的专业知识不是怎么发声、使用什么样的表情，而是他对社会、生活、人有多深的了解。主持人有了自己的专业或者是渊博的知识、丰富的阅历作为支撑点，这样当他坐在主持人的位置上时才能沟通电视内外，沟通嘉宾和观众，通过不断的沟通把所有人的意见表达出来，形成有效的信息传播出去。

"在这一点上，我要感谢北大。北大的那种宽容和随意给了我一个环境，这个环境告诉我想怎么学习都可以，这4年里我凭着自己的兴趣和爱好做了一些事，这些事在无意识中锻造了我的一些能力。"

通过撒贝宁的回答我们可以看出，他已经将学习与生活自然地融为一体，正是这种对知识积累的重视和不断要求进步的执着让他成为法治节目主持人中的领跑者。

知识面不够宽广，就算口才方面的技巧掌握得再好也无法说出有意义的话，更谈不上说服别人了。那些能说出准确、缜密的语言，清新、优美的语言，幽默、机智的语言的人一般都是知识渊博的人，他们口中的话都来源于自己头脑中的广博知识；而那些说话油腔滑调、不学无术的人根本不算具备好口才的人。不管怎样，只有那种以丰富的知识为坚强的后盾，能够给人以力量、愉悦之感的谈话，才是真正的好口才。

苏秦是我国战国时期一位有名的纵横家。什么是纵横家呢？纵横家就是战国时期一些依靠自己的口才来为各国君主出谋划策的人，换句话说，就是一些靠着嘴皮子吃饭的人，苏秦就是他们中一位杰出的代表。

但是，苏秦并不是一开始就是成功的。他是当时大名鼎鼎的鬼谷子的学生，从老师那里学成出师之后，曾经先后去游说过周王、秦王，但是都失败了。

随后，苏秦很落魄地回到了家里，受到了亲戚朋友，甚至包括自己父母的冷遇。于是他发愤图强，拼命地刻苦攻读，为了防止自己在学习时打瞌睡，他就用一把小锥子朝自己的大腿上狠狠地刺一下，使自己继续学习下去。

苏秦经过了一番刻苦的钻研，终于使自己的学识又上了一个新的高度。于是他再次出山，以自己苦心钻研出来的“合纵之道”游说各国君主，终于获得了巨大的成功，以致身佩六国相印，以三寸不烂之舌抵挡百万雄兵，成为了一个“前无古人、后无来者”的例子。

从苏秦的例子中，我们不难看出，拥有好的口才是建立在深厚的学识基础之上的，如果脱离了这个根本，那么口才就会成为“无源之水、无本之木”，像白开水一样的话又怎么可能说服别人呢？

人的才能是由知识转化而来的，是建立在知识基础之上的。才，是知识的产物，是知识的结晶。一个人才能的大小，首先取决于他自身知识的多寡、深浅和完善程度。同样，一个人口才的好坏，也与他的学识是否广博有着密切的联系。要想让他人觉得言之有物、不空不泛，就要多加注意知识的积累，厚积薄发，才能智慧过人。否则，口才技巧就是空谈。

那么，如何在生活中积累说话的素材呢？

首先，可以通过不断学习来积累素材。

现代生活中，虽然网络已经非常普及，但还是有很多人每天都会看报纸、杂志，以及读书。其实，这也是一种积累说话素材的好方法。在读书看报时，准备一支笔和一个笔记本，把所见到的好文章或让自己心动的话语记下来。每天坚持做，哪怕一天只记一两句，也是很有意义的。日积月累，在谈话的时候，会不经意地用上曾经记下来的语句，也许它们会随时随地从你的头脑里冒出来，让你尽情地谈吐，给你一个意外的惊喜。

其次，可以通过交谈或倾听积累警句、谚语。

在听别人的演讲或谈话的时候，随时都可以听到表现人类智慧的警句、谚语。把这些话在心中重复一遍，记在本子上，久而久之，你谈话的题材、资料就会越来越多，你的口才也会越来越好。

总而言之，知识是口才智慧的基础，好口才源于对知识的学习和积累。在日常生活中，要随时计划、安排、改进生活，不能随意性太强，让机会白白流掉。

积极向上的生活态度催生好口才

一个人的生活态度对一个人的口才好坏有着重要的影响，拥有积极的生活态度的人，不会因为别人的冒失而抱怨，也不会被自己的曲折人生所吓倒。世界在他们的眼中是彩色的，是充满希望与美好的。他们的心中充满了积极的力量，从他们口中说出的话也同样充满了积极的力量，好口才也就不期而至了。

人常说，“生活不是缺少美，而是缺少发现美的眼睛”，生活态度积极向上的人有一双发现美的眼睛，享受美的嘴巴。他们的说话习惯，于己，让日子多些乐趣；于人，彼此多些轻松。

启功作为中国知名的书画家，他的前半生可以说是充满坎坷和艰辛，1 岁丧父，母子二人便由祖父供养。10 岁祖父过世，家道中落，一贫如洗，再无钱读书，由于得到祖父门生的极力相助，才勉强读到中学，但尚未毕业。由于个性坚强，不愿再拖累别人，便决心自谋生路。经祖父的门生傅增湘先生介绍，认识辅仁大学校长陈垣，经陈垣介绍，两次工作皆因没有学历而被炒。但他却没有绝望，一边靠卖字画为生，一边自学，最后终于在辅仁大学谋到一个教职。此后，在陈垣校长的耳提面命之下，取得长足进步。

经过无数人生历练的启功，不但在艺术上取得了非凡的成就，而且在心灵上步入了大彻大悟之境，生命中充满着一种“身心无挂碍，随处任方圆”的大气和洒脱。

启功成名之后，经常有人模仿他的笔墨在市面上出售。有一次，他和几个朋友走在大街上，路过一个专营名人字画的铺子，有人对启功说："不妨到里面看看有没有你的作品。"启功好奇，大家就一起走进了铺子，果然发现好几幅"启功"的字，字模仿得很到家，连他的朋友都难以辨认，就问道："启老，这是您写的吗?"启功微微一笑赞道："比我写得好，比我写得好!"众人一听，全都大笑起来。谁知说话之间，又有一人来铺里问："我有启功的真迹，有要的吗?"启功说："拿来我看看。"那人把字幅递给他。这时，随启功一起来的人问卖字幅的人："你认识启功吗?"那人很自信地说："认识，是我的老师。"问者转问启功："启老，您有这个学生吗?"作伪者一听，知道撞到枪口上了，刹那间陷于尴尬、恐慌、无地自容之境，哀求道："实在是因为生活困难才出此下策，还望老先生高抬贵手。"启功宽厚地笑道："既然是为生计所害，仿就仿吧，可不能模仿我的笔迹写反动标语啊!"那人低着头说："不敢！不敢!"启功听他说完便走出店门，同来的人说："启老，您怎么就这样走了?"启功幽默地说："不这样走，还准备送人家上公安局啊？人家用我的名字，是看得起我，再者，他一定是生活困难缺钱，他要是找我借，我不是也得借给他吗？当年的文徵明、唐寅等人，听说有人仿造他们的书画，不但不加辩驳，甚至还在赝品上题字，使穷朋友多卖几个钱。人家古人都那么大度，我何必那么小家子气呢?"

从故事中我们不难体会到启功积极向上的人生态度。尽管生活并不如意，但启功并没有因为曾经生活中的坎坷与曲折就否定了人生阳光的一面，他依旧用一颗宽容的乐观之心对待这个世界。从他口中说出的话也充满了一种积极的力量，让我们看到了一种积极的生活态度对一个人说话的影响。

一个具有积极向上生活态度的人，说出的话总能给人积极的感觉。因为说话者自身就有积极向上的内心。内心的积极通常能让一个人的言谈中自然而然地充满睿智的因子。

一个老人应邀去一家电视台做节目嘉宾。他讲话的内容完全是毫无准备的，当然更没有预演过。但不管他什么时候说什么话，听起来总是特别贴切，毫不做作，观众听着他幽默而略带诙谐的话语都笑弯了腰。最后，台下一名观众禁不住好奇问他："您这么快乐，一定有什么特别的快乐秘诀吧?"

"没有，"老人回答道，"我没有什么了不起的秘诀。我快乐的原因非常简单，每天当我起床的时候我有两个选择——快乐和不快乐，不管快乐与否，时间仍然会不停地流逝，我当然会选择快乐。如果要秘诀的话，这就是我的快乐秘诀。"

积极向上的生活态度催生好口才，只有具备了积极向上的生活态度，我们才能在说话的时候自然不做作。

拥有积极向上生活态度的人说出的话通常也会带给倾听者积极向上的力量，让他人从中汲取积极的因子。这样一来，说话者就会受到听众的欢迎，也就相当于为自己赢得更大的说话舞台，从而增加自己的自信。因此，告诉自己："一切都进行顺利，生活过得很好，我选择快乐。"决定自己口才的人不是别人，正是你自己！而只有一个内心真正积极向上的人才可能具有好口才的素养、才可能无私地将快乐呈现给他人。

因此，想要具备好口才就要先做一个真正具备积极向上生活态度的人，努力培养自己诚实、善良、真实等美好的品质。随着口才的提高，你的生活也将丰富多彩，整个人的个性品质和各方面的能力都会提高。拥有积极向上生活态度的人更容易获得他人的信任，人们也更喜欢与这样的人交谈，只有这样我们才能体会到更多说话的乐趣。

好口才也能弥补工作上的失误

我们都明白这样一个道理，在职场中，一个人在具备良好的处理问题的能力的同时还能妙语连珠，这样的员工肯定能迅速受到领导的青睐和重用；在职场中，做事能力相差不多的两个人，语言表达能力不好的那一位，在工作的过程中遇到的问题肯定会比拥有一副好口才的人要多得多。

实际上，对于每一个人来说，说话的能力和工作的能力同样重要。对于说话能力而言，和领导沟通的能力是重中之重。据美国一家研究所进行的一项专门调查显示，有80％以上的企业管理者经常发出“员工语言表达能力每况愈下”这样的抱怨。这主要表现在两个方面：与同事沟通出现语言障碍，向领导汇报时表述不清。由此可见，语言表达能力不够强，的确会给一个人的工作带来诸多麻烦。

只有具备良好的语言表达能力，也就是好的口才，才能为你的工作加分，这早已成为职场人士的共识。实际上好口才不仅能为一个人的职业生涯带来帮助，更值得注意的是它所具备的安全网效果，即“弥补工作上失误”的作用——假如一个人在工作中出现了什么小失误，具备好口才的人，总能通过自己的争取获得弥补的机会，甚至让他人接受自己的小失误，化失误为创新。

亚慧在一家服装公司做市场宣传。在公司组织的一次新品发布会中，她负责邀请名单的发放工作，但在做这项工作的时候她犯了一个比较严重的错误：漏掉了一位非常重要的大客户。自知闯了大祸的亚慧经过激烈的思想斗争，决定承认自己的错误，并加班加点为这位客户办一次专场新品发布会。至于额外的费用，亚慧准备自己承担一半。带着这个方案，亚慧来到老板的办公室。她非常诚恳地告诉老板：“我犯了一个非常严重的错误，真的非常抱歉，出现了这么大的疏忽，请您给我一个改正的机会。请相信，我一定会吸取教训，下次不会再犯了。”老板看到她诚恳地承认了错误，面色由愠怒转为平静，最终认同了亚慧的方案。

为了打消大客户对没有被邀请的疑虑，亚慧是这样对客户说的："由于跟您多年的生意往来，合作相当愉快，希望能进一步加强与您的交流，所以单独邀请您，以方便您订货。"听了亚慧的话，这个大客户不仅没有因为没被邀请而生气，还因为自己的特殊待遇而感到非常高兴。

通过这一次专门的新品发布会，不仅弥补了没有邀请大客户的失误，而且这位大客户看到公司专门为自己准备了一个发布会，更加信赖和支持这家公司，双方建立了更加亲密的合作关系。老板因为亚慧勇于认错，并且想到了解决问题的方法，不但没有责怪她，反而更加信任她了。

拥有好口才的智慧型员工，会把错误当成是学习的机会，把失误变成机遇，并能够通过自己的好口才将这一切有效传达给上级，得到上级的认可。被誉为"经营之神"的松下幸之助说："偶尔犯错误无可厚非，但从处理错误的做法中，我们可以看清楚一个人。"老板所欣赏的是那种能够正确认识自己的错误，并及时加以补救的员工。

除此之外，在某些场合下，会说话可能成为挽救自己工作失误的救命稻草。爱听恭维话是人的天性。在自己出现失误的时候适当地说一些恭维话是博得人心的好方法，只要说到点子上，就能深入人心，弥补自己的失误，甚至挽救自己的性命。

窃国大盗袁世凯，日夜觊觎着蓄谋已久的皇位。有一次竟在白天进入梦中。一位丫环正好端来参汤，准备供袁世凯醒后进补，谁知不慎将玉碗打翻在地。丫环自知大祸临头，吓得脸色苍白、浑身打战。因为这只玉碗是袁世凯在朝鲜王宫获得的"心头肉"，过去对皇帝也不愿用来孝敬，现在化为碎片，这是杀身之祸，罪是无论如何也逃不脱的了。正当那位丫环惶惶不安时，袁世凯醒了，他一看见玉碗被打得粉碎，气得脸色发紫，大吼道："今天我非要你的命不可！"

丫环连忙哭诉着："不是小人之过，有下情不敢上达。"

袁世凯骂道："快说快说，看你编的什么鬼话！"

丫环道："小人端参汤进来，看见床上躺的不是大总统。"

"混账东西！床上不是我，能是啥？"

丫环下跪道："我说，床上……床上……床上躺着的是一条五爪大金龙！"袁世凯一听，以为自己是真龙转世，要登上梦寐以求的皇帝宝座了，顿时一股喜流从心中涌起，怒气全消，情不自禁地拿出五十两黄金为丫环压惊。

丫环在生死存亡关头，通过一句恭维妙语，不仅免了杀身之祸，还得到了对方的奖赏。正是情急之下的巧说，迎合了窃国大盗袁世凯的"皇帝梦"心理，才使这丫环由祸转福，变危为安，倘若她没有投其所好的好口才，只是听天由命的话，恐怕就只有死路一条了。

总而言之，说话能力已经成为当今社会职场人士必备的一项能力。会说话具备好口才的人，在工作中总能利用自己的语言能力与他人顺利地沟通，使工作顺利进行，即使在工作进行的过程中出现了问题，他们也能运用自己的好口才为自己争取到弥补失误的时间和机会，为自己获得更大的成功做好准备。

第二章　交流口才：能让别人笑的人会被重视

你脑中若有积极的思想，可以用同样的方法，将注意力集中在那些使你快乐和希望的事情上，你就会快乐起来。

——林语堂

（曾任北京大学教授，当代著名学者、文学家、语言学家）

理解是所有交流的基础

人际交流是一种双向交流和相互影响的活动，表达者总是希望把自己的信息、意图、思想和感情传达给对方，并且希望对方能按照自己的要求作出反应，以达到信息共享和彼此沟通的目的。但是，任何一个交流对象的想法不可能完全和你一样，而交流过程是互动的，因此力求了解对方，才能确保交流顺利、有效地进行。

人们总是渴望得到他人的理解，理解就像一座桥梁，沟通彼此的心灵；理解就像一盏明灯，驱走我们心中的阴影。被人理解是一种幸福，理解别人是一种高尚。在人与人之间的对话交流中，我们要学会理解他人，只有做到这一点，彼此之间才会更好地接纳对方。

小马在一家公司做研发工作，最近她 3 岁的女儿染上肺炎住院了。虽然从老家请来了婆婆在医院照看，但是她仍然心急如焚、忧心忡忡，即使坐在办公室里做事也是心不在焉，没过一两个小时就要给婆婆打个电话问问孩子的病情如何。部门的经理看到她这个样子，很是生气，就把她叫到办公室询问。小马如实说了自己的情况，经理是个原则性很强、赏罚分明的人，他并没有对小马表示同情，仍然是用非常严肃的口气说："你既然领公司一天薪水就要做一天的事情，即使孩子生病也不能例外，必须要按工作的进度把当天的工作做完！"小马听完后，一下被经理的态度激怒了，她反问道："你家没有孩子吗？如果你孩子生病了，你还能够如此镇静吗？"说完，就重重地摔门出去了。第二天，小马就向公司请假不来上班了。她是研发部门的业务骨干，没了她，工作难以继续往下进行。不得已，经理只能让其他员工请小马回来。小马回来后，并没有马上投入工作，而是递交了辞职信。本来她主持的一个项目，也被迫停下来。

小马的部门经理对小马孩子生病的事情不仅没有安慰她、给她提供帮助，反而非常严厉地批评她。尽管从制度上看批评是没有错的，但是经理对小马情况的不理解让小马感觉到公司的冷漠、无情，加大了相互之间的隔阂、不信任，最终导致难以共处下去的结局。

当前的社会进入了一个快节奏的时代，人们几乎每天都在匆匆忙忙中度过，相互之间很难进行有效地沟通，这也使人们经常在人潮汹涌的都市，每天都与无数人擦肩而过，却仍然感到自己是孤独、无助的。如果我们学会在人际沟通中多多理解他人，我们的苦恼、困难能够在这里得到倾诉，人与人之间的沟通、交流就会变得简单、容易很多。学会设身处地地站在他人的角度来理解他人能够缩小人与人之间的距离，使人抛弃成见、狭隘的看法。尤其是当他人遇到困难的时候，能够设身处地地理解他人更能表现出关心、友善的一面。

一个人最大的痛苦莫过于没人理解，中国有句古话叫"士为知己者死"，如果我们能够得到别人的理解、认同，就会对对方心存感激之情，这种知遇之恩能够换取对方的涌泉相报。抓住对方切身利益的得失，会使他的心弦受到颤动，促使他深入思考，从而做出改变。如果我们理解彼此的处境、立场，那对于交流的双方来说无疑是一种莫大的幸福。就像北大教授孔庆东所说："试着将你的孤独略微倾诉给别人，倘能获得理解，则不是真孤独。"也许有人会质疑："理解他人说来容易，实际要做的时候却很难。"没错，真正地理解一个人然后再来交谈确实不容易，立场不同、所处环境不同的人，很难理解对方的感受，但困难却不代表不可能，许多人都在努力做到这一点。因为若不如此做，谈话成功的希望就可能是很小的。会说话的人都善于揣摩对方的心理，尽量理解他人、从他人的角度来设想，并且乐此不疲。

理解是所有交流的基础。要想保证交流沟通的顺畅进行，交流双方对彼此的理解是关键。理解他人，设身处地为他人着想，不仅能使他人快乐，也能使自己快乐。理解了他人你就能从容应对各种交往。理解了交谈的对象，你就会发现，你跟他其实有很多共同语言，他的所思所想、所喜所恶，也会变得可以理解甚至显得可爱。因此，对别人的失意、挫折、伤痛，不宜幸灾乐祸，而应要有关怀、了解的心情。要做到这一点就需要我们放下自己的观念和角度，用心感受、设身处地的体会，然后，尽自己的能力去体会、应对、帮助。

笑容是缓解气氛的终极技巧

曾任北大校长的许智宏说过一句话："希望你们学会微笑，微笑面对生活中的困难，微笑迎接世界对中国有时是挑剔的目光。"这是一种生活态度，事实上，笑容是一种良性的脸部表情，反映出一个人的内心世界，是自信的标志、礼貌的象征、涵养的外化、情感的体现。在交流的时候面带笑容，不仅可以给人性格开朗与温和的印象，还能够建立融洽气氛，消除对方抵触情绪。笑是人类宝贵的财富，也是礼貌的象征，它具有震撼人心的力量，可以在瞬间助你打开对方的心扉。

有谚语说："一家无笑脸，不要忙开店。"人际交往中，笑容具有如此大的作用，尤其在服务行业，笑容更被夸张到了极致。钢铁大王安德鲁·卡耐基的高级助理查尔斯·史考伯这样形容卡耐基的笑容："卡耐基的笑容值100万美元。那种动人的笑，在人际交往中，具有极其强大的影响力。"相关人士认为，"微笑服务"能使顾客盈门、生意兴隆，而事实确实证明了这一点。

"服务员！你过来！你过来！"顾客高声喊，指着面前的杯子，满脸寒霜地说，"看看！你们的牛奶是坏的，把我一杯红茶都糟蹋了！"

"真对不起！"服务小姐赔不是地微笑道，"我立刻给您换一杯。"新红茶很快就准备好了，跟前一杯一样，放着新鲜的柠檬和牛乳。服务小姐轻轻放在顾客面前，又轻声地说："我是不是能建议您，如果放柠檬，就不要加牛奶，因为有时候柠檬酸会造成牛奶结块。"

她的嘴角自始至终都挂着微笑。

顾客的脸一下子红了，匆匆喝完茶离开了。

有人笑问服务小姐："明明是他土，你为什么不直说呢？他那么粗鲁地叫你，你为什么不还他点颜色？"

"正因为他粗鲁，所以我要用微笑对待；正因为道理一说就明白，所以用不着大声！"服务小姐说，"理不直的人，常用气壮来压人；理直的人，要用微笑来交朋友！"

大家都点头笑了，对这家餐馆增加了许多好感。往后的日子，这家店总是顾客盈门，顾客们每次见到这位服务小姐，都想起她"理直微笑"的理论，他们也用眼睛证明，这小姐的话有多么正确——他们常看到，那位曾经粗鲁的客人，和颜悦色、轻声细语地与服务小姐寒暄。

上面的故事中，服务员在说话的时候总是面带笑容，而正是她的笑容不仅缓解了顾客的愤怒，也使可能发生的冲突得到了化解。由此可见，笑容有着特殊的魅力。在说话的时候面带笑容，还可以缓解沟通中的紧张气氛，避免许多不必要的冲突。

某日，从上海飞往广州的班机上有两位金发女郎，长得很漂亮，可是一上飞机，她们的态度就极不友好，对飞机百般挑剔，说什么机舱里有怪味、香水不够档次、座位太脏，甚至还用英语说粗话。尽管如此，空姐还是面带微笑地为她们提供周到的服务。

飞机起飞后，空姐开始为乘客送饮料、点心。两位女郎点了可口可乐，没想到还没喝，两位就抱怨开了，说可口可乐味道有问题。几句话没说完，其中一位越说火气越大，竟将可口可乐泼到空姐的身上，溅得空姐满身满脸都是。空姐强忍着愤怒，最后还是面带笑容地将可口可乐的瓶子递给金发女郎看，说："小姐，你说得很对，这可口可乐可能是有问题。可是这可口可乐是贵国的原装产品，也许贵国这家公司的可口可乐都是有问题的，我很乐意效劳，将这瓶饮料连同你们的芳名及在贵国的地址一起寄到这家公司。我想他们肯定会登门道歉并将此事在贵国的报纸上大加渲染的。"

两位金发女郎目瞪口呆了。她们知道这事闹大了，说不定回国后这家公司会走向法庭，告她们诋毁公司名誉。在一阵沉默之后，她们只好赔礼道歉，说自己太苛刻、太过分，并夸奖中国空姐的微笑是世界一流、无可挑剔的。

面对两位金发女郎的无礼刁难和莫名怒火，这位空姐始终保持着优雅的微笑和得体的语言，并在一番笑声中点中了对方的要害之处，让对方不得不停下自己的无礼言行。这告诉我们，面对他人的怒气，在说话的时候保持笑容永远是缓解紧张气氛最温和并且也是最有力的武器。

笑容可以以柔克刚，以静制动，沟通情感，融洽气氛，缓解矛盾，消融“坚冰”，为好口才表达的成功打下良好的基础。笑能建立人与人之间的好感，它是疲倦者的休息室、沮丧者的兴奋剂、悲哀者的阳光。所以，假如你要获得别人的欢迎，请给人以真心的笑。笑是人们对美好事物表达愉悦情感的心灵外露。

一次，李先生和朋友搭出租车去一个不大熟悉的地方。一路上，他们和司机有说有笑。但不知为什么，开出不久就连续遇到五六个红灯。眼看快到了路口，又碰到一个红灯。朋友随口嘟囔着：“真倒霉！一路都碰到红灯，就差那么一步。”听到朋友的话后，司机转过头，露出一个很豁达的笑容：“不倒霉！世界很公平，等绿灯亮时，我们总是第一个走！”

故事中的这位司机在面对因为一直遇到红灯而焦躁不安的顾客时，一直面带笑容地跟他们说话，顾客的急躁也在司机的笑容中得到了缓解。司机的笑容和话语虽然简单但却道出了笑的真谛：快乐其实很简单，快乐就产生于我们看待同一件事情的不同角度中。学会以笑待人，我们将会在充满美好的世界中，遇见心想事成的自己。

笑容是一种修养，是一种风度，是一种气质，是一种奉献，是真情实意的流露，是文明进步的标志。在和他人交流的时候面带笑容是一种智慧的表现。因为你的笑容不费分文，却能给予你极大的帮助——处在紧张或尴尬气氛中的人，如果能够在说话甚至争执的时候面带笑容，那么紧张的气氛就可能被缓解。因为笑容可以净化心灵、传达关爱和善意。

真诚而热情的笑容，是人格成熟的象征，是心肠温暖的显示，是信心的喷射，是力量的流溢，是精神的表露，是智慧的外化。有笑容的人生，是乐观的人生，是顽强战胜一切艰难困苦和疾病的人生。生活中离不开笑容，人与人交流中更不能没有笑容。一个热爱生活、身心健康、充满自信的人，不应当缺少笑容。笑容是一种与生俱来的能力，不需要任何刻意的做作。

发自内心的微笑是人们美好心灵的外现，是一个人的涵养，是心地善良、待人友好的表露，也是一个人有文化、有风度的具体体现。一个人想要具备好的口才，首先就应学会在说话的时候面带笑容。尤其是做说服人的工作，要参加辩论和谈判，首先要打动他人的心，而动其心者莫先乎情，表情中最能赢得人心的是微笑。恰当的微笑，会让你的气场不断扩大，会让他人更加轻易地接受你、喜欢你。

消极的语句会将大脑拖入消极思维

林语堂说："你脑中若有积极的思想，可以用同样的方法，将注意力集中在那些使你快乐和希望的事情上，你就会快乐起来。"同样的道理，如果你只在意生活中消极的事情，那么当然也不会高兴。很少有人会意识到消极的语句是一种消极暗示。一个经常说消极语句的人，往往容易产生自卑心理，意志消沉，失去自信，甚至一事无成。这是因为消极的语句会将人的大脑拖入消极的思维方式之中。据美国托马斯杰斐逊大学急诊医学教授安德鲁·纽伯格博士的研究发现，任何形式的消极想法（例如担心自己的身体健康或忧虑人际关系），都会刺激大脑释放破坏性的神经化学物质，进而影响人的行为认知。假如一个人以十分忧虑的表情将自己的负面的心情说给他人听，就会使交谈双方的大脑都分泌大量压力激素，从而使交谈双方都感到焦虑和烦躁。

人们大都有过这样的经历：和消极的人在一起待久了，自己的思想也会渐渐变得消极，对其他的人或事就会有更多的偏见。的确，当你和一个说话充满消极语句的人进行长时间的消极对话之后，你就很难摆脱消极的想法。

在张明看来自己的老婆是一个"勤劳"的人，几乎每天一大早刚起床，她就开始收拾房间，边收拾还边说："家里怎么一直乱糟糟的，我是永远没办法把家弄干净了……”听着老婆这样说，张明早已经习惯了，也不怎么在意，但实际上张明已经被老婆说的消极的话语深深影响了，这不，他一整天的工作状态都不好。

来到办公室，看到一天的任务后，张明心里就想：“天啊！自己今天根本干不完需要做的工作。”殊不知，张明在一大早就受到了消极语言的影响，自己的大脑也早已被拖入了消极思想中了。

消极的语句会对人的大脑产生一种消极的暗示，正是由于这些处处可见、到处可听的消极语言，使人们不知不觉地产生了消极心态，无论是说者还是听者，他们的思维都会被影响。

心理学家做过这样一个实验，在实验中把同一个老师介绍给不同的两个班，对甲班说：“今后给你们班代课的就是这位老师，他是一个很有名的学识渊博的教授。”对乙班则平平淡淡地说：“这是一个很普通的老师，今后的课由他来上。”不同的暗示语言，会得到不同的结果。甲班学生认为这个老师非常了不起，充满了崇敬之心。而乙班学生觉得这个老师太一般，从而对这个老师暴露出不屑一顾的态度。这个实验说明了积极的语言暗示，有着积极的作用和效果；消极的语言暗示，会起到消极的作用和后果。

消极的语言暗示会对一个人产生消极的影响。因此，我们应该改变常说消极词汇的习惯，这样就不会陷入消极思维之中。在这方面，也有人做过类似的实验。例如，有一位科学家与美国某印第安部落经过一段时间的相处发现，在他们当中没有任何人有口吃的毛病，科学家对此很是好奇，于是他开始对这种现象进行了研究，他进一步研究美国所有印第安部落，结果仍然找不到一个口吃的人。后来他仔细钻研印第安语言才发现，在印第安语言中没有“口吃”这个词，所以印第安部落也就没有口吃的人。

相关研究表明，当我们看、听或想到一个字时，脑子里就会呈现相关的影像。比如，看到或听到“愚蠢”“无知”或“傻瓜”时，脑子里就会出现“愚蠢”“无知”“傻瓜”的影像；当我们听到“蜂蜜”时脑子里就会出现“甜”的影像。因此，如果词汇中没有“口吃”这个词，脑子里就无法想象出“口吃”的情景，当然也就不会有人“口吃”。这一切都充分说明了语言对人的暗示和影响。按照此理，如果在我们的词汇、语汇中去掉消极的语言，或不说消极的语言，就可减少大脑或心态中消极影像的出现，也就减少了消极的行为。

现实生活中，有些人喜欢将“反正”“总之”“毕竟”之类的话当作自己的口头禅。比如：“反正我认为自己做不到”“毕竟自己的能力有限”“总之，我已经尽力而为，现在我是无能为力了”“我毕竟比不上他”等等。这些话都是一些消极的自我否定的话，而且还是对自己的全面否定，当人在说出这样的话时，心理就会被这样的话影响，即使自己本来能做好的一件事，也会因为自己给自己的消极暗示做不好了。因为，说出“反正”“毕竟”“没办法”或“不得已”之类的话，就表示自己已经失去信心、放弃努力，或停止思考。所以，做不好，或不去做，也是理所当然，也就没有必要再努力了。

有人可能会有这样的疑问：既然消极语言危害如此之大，为什么人们还要说呢？这是因为我们在生活中总会碰到一些不如意的事情，这些不如意就容易产生消极的情绪。也就是说，我们生活的社会不可能没有消极信息，不可能不会接触到消极的人物。例如，当生活、工作、学习不顺利的时候，有些人就容易对自己进行否定，对他人进行否定。消极的话也就脱口而出了。

出于这样的情况，我们就应该有意识地减少消极的话对自己的影响，为了阻止消极语句将我们的大脑拖入消极思维，法国著名心理学家纽伯格提出了如下建议：

(1) 时常问自己："事情真的严重到无法解决甚至威胁到我的生命吗?" 事实上我们明白，事情通常没有我们想象中的那么严重。

(2) 负面的想法通常没有被你意识到，你把它找出来，转而关注积极的词语和场景，就能重新整理自己的想法，降低焦虑和抑郁。积极、肯定的想法可以改善人与人的沟通，让我们变得淡定，还能增强自信。但是，大脑对积极的想法通常不会有快速反应，因为我们的生命没有受到威胁。

(3) 用愉快的语言来描述你的感受。

一个人有什么样的感受，取决于这个人有什么样的心态。而一个人的语言与行为又影响着一个人的心态。因此，一个人保持积极的语言和行为（常常微笑，常说愉快的语言），心态自然就会变好，感受也会发生好的转变。例如，有人问你："最近怎么样?" 你的回答如果是："很糟糕，一点都不好。" 问你："你的身体还好吧?" 你回答说："难受得要死。" 这样的回答，不仅会让对方感觉极为不好（即使他原本的心情很好，也会变坏），还会让你感觉自己最近确实是这么糟糕的，进而陷入糟糕的循环。这其实就是消极的语言将你的大脑拖入了消极的思维之中了。因此，我们要学会用愉快的语言描述自己的感受。当有人问"你好吗"或"你近来身体好吗"，要回答"好极了"或"我近来身体很好"。这样回答，可使你感到快活。特别是在心情不好的情况下，有利于改变你的心情。

一句睿智的话能让对方振作起来

正所谓"人有旦夕祸福，天有不测风云"。世事无常，人有时难免陷入失意之中。从心理学的角度来说，人出现失意的情况通常是因为人的自我意识没有被唤醒。人的自我意识有很多种，比如年龄意识、性别意识、社会角色意识等。拿年龄意识来说，一般情况下，人到了某个年龄阶段就会出现某种心理特征，但有的人却迟迟不出现。这时，只要你点拨他一下，他就会醒悟，从而发生心理上的飞跃。这一点同样适用于其他情况，例如，在别人难过的时候，你的某句话就会带给别人愉悦的心情；在别人无助的时候，你的一句话有可能会给人安慰，给他启发；在一个人失意的时候，你的一句睿智的话能让这个人重新振作！可以说，有时一句话的力量很大。

小姜的一个同学因患黄疸型肝炎被学校劝退休学，整天愁眉苦脸，总认为自己的病没有好转的可能，因而产生了悲观情绪，丧失了信心。小姜放假时，到这位同学住的医院探视他。一见面他就做出一副欣喜状，对这位同学说："哥们儿，你的脸色比以前好多了！听医生说，你的黄疸指数已有所下降，这说明你的病情在好转啊！"

小姜的话客观实在，使朋友的精神为之振作。于是，他乐观地接受治疗，加速了康复进程，不久便病愈出院了。

人在遇到各种变故的时候，总会不由自主地心烦意乱，甚至悲观郁闷，有些人往往会因为自己的身心状况不佳而更加失落。这时，作为一个鼓励的人，你如果想给他们带来好心情的话，就应该抓住某些好的方面，适时予以积极的暗示，这个暗示可能只需要一句话，只要你说的足够睿智，就一定能唤醒他的自我意识，使其鼓起希望的风帆，积极地生活。

张强是一位业务能力、综合素质很好的员工，然而因为与某位上司意见不合，在公司改组过程中，他被精简到车间。

此后，他很消沉。大多数的人都劝他："这样对你不公平，还是早点跳槽吧。"在别人怂恿下，他拟好辞职报告，准备递交。但是，有一位老友却对他说："世上没有过不去的坎，我相信你会东山再起的。"就是这一句短短的话语对他帮助非常大，他认为只要自己不放弃，自己还有机会。他认认真真做好本职工作，在车间里依然好评如潮。

过了一年，那位上司调走了。新一届领导班子上任，他理所当然地被抽调到公司经营部门。现在，张强已是公司的副总经理了。

正是老友的“世上没有过不去的坎，我相信你会东山再起的”这句睿智的话让张强振作起来，认认真真做好工作，最终获得了成功。在现实生活当中，我们时常会得到别人的安慰，也经常去安慰身边需要安慰的人。然而并不是所有的安慰都能一语中的，这时我们应该掌握说话的艺术，说一句足够睿智的安慰语。要知道只有说的话贴切，安慰的话才能打动一个人的心灵，让他重新振作。如果只是说一些不切实际的话语，只能怂恿别人去做一些傻事。

话为心声，也为情声。有道是说话要说到冷暖之处、喜痛之处、要害之处。有时话不在多，而在于说好。对人要有关怀之情，真正的关怀不需要很多，一个无言的动作，一个心领神会的表情，一句刻骨铭心的话，就能使人感动。对于窘迫的人，说一句解围的话；对颓丧的人，说一句鼓励的话；对于迷途的人，说一句提醒的话；对于自卑的人，说一句振作的话；对痛苦的人，说一句安慰的话；对受了挫折的人，讲一句重新坚强起来的话；对头脑发热的人，讲一句降温的话；对高傲的人，讲一句“满招损，谦受益”的话；对私欲之心重容易受诱惑的人，讲一句洁身自好的话；对容貌长相一般的人，讲一句“良好的个性和气质远比漂亮的外表更可贵”的话。对需要帮助者来说，如同旱天的雨、雪中的炭，会使人终生难忘。

因此，在与他人交流的时候，如果感到那个人处于低落的情绪中，那就不要吝啬于说一些睿智的鼓励的话，要知道你的一句话有可能改变这个人的人生轨迹。

主动和长辈聊天无隔阂

想与一个人没有隔阂地相处，你就得去与他沟通，也就是去跟他聊天，聊天是与人沟通最好的方式，只要利用好聊天这个工具，那么与他人的沟通也就没有了什么阻碍。跟长辈之间要想无隔阂地交流更是如此，我们不仅要和长辈聊天，还要学会积极主动地跟他们聊天，从聊天中我们才能读懂彼此。

由于年龄、生活阅历、受教育程度、价值观、人生观等不同，年轻人和长辈在相处的时候总会多多少少有些拘谨，聊天的时候也不如和同龄人在一起的时候放松。现代社会越来越多的人都不知道该怎样和长辈相处，彼此之间的隔阂也越来越深。不可否认，由于彼此生活的时代不一样，对人对事对物和对彼此的观点肯定会存在分歧。比如，一个儿子对父亲说："公司新来了一个员工，高傲自大，做事很张扬，我很不喜欢这样的人。"父亲可能会这样安慰儿子，说："你在公司已经那么久了，就不要和新员工斤斤计较了，这样显得你多小气啊，包容一下他们吧！"父亲说这样的话，会让儿子感觉不知道该说什么。因为儿子虽然明白父亲说的有道理，但是父亲说的话相当于否定了自己抱怨，不支持自己的观点，这样儿子就会心生不快，想着"到底我是你儿子，还是他是你儿子"，接下来也就没什么话和父亲说了。

上面这样的情况时常发生在我们与长辈聊天的过程中。其实要想改变这种聊天隔阂，作为晚辈就应该主动一点，以积极主动的方式去与长辈聊天，能让我们和长辈之间变得亲密无间。

从小小静的父母就为小静安排好了人生的道路——做一个品学兼优的学生。的确，小静也是按着父母的要求做的，她的学习成绩一直名列前茅，她是老师、同学们眼里的好学生，家长眼里的乖乖女。但小静一直不希望父母把自己牢牢地管着不给自己自由，可她又不知道如何告诉父母自己的想法。时间一天天过去，小静明白，只有主动告诉父母自己的想法，才能改变现在的情况。终于，小静鼓足了勇气……

这天，小静比平时回家早一些，她发现母亲正在看电视，于是就主动凑过去说："妈，看电视呢？咱们一块看吧。""怎么回来这么早？"母亲疑惑道。于是小静说："今天有点事，所以一放学就回来了。""妈，我给你削个水果吧。"小静看着放在茶几上的水果说道。"这孩子今天怎么变得这么勤快。"母亲心里又有了新的疑惑。

小静把电视换到科学频道，里面正在放着宇宙的起源，小静装作有意无意地跟母亲说道：

"妈，你说，只会学习的人是不是就变成机器了？我好像只知道学习，其他事物我却错过了很多。"听了小静的话母亲有些茫然，一时不知该怎么接话。只好问道："小静，你今天到底怎么了？"

小静说："没什么，只是……妈咱们聊聊天吧，什么学习、生活、压力什么的，通通的聊一聊吧。"

听了小静的话，妈妈知道小静有话想对她说，就说："好啊，今天咱娘俩就好好聊聊吧。"

小静知道时机到了，该把想说的话说出来了，于是她深吸一口气，说道："妈，以前我一直以为我生下来就是为了学习，连看杂志都是为了学英语，看电视也是只看科学频道，从没有觉得不对，反而认为自己成绩好，有着非凡的优越感，直到今天中午，我都没觉得我那样有什么错，就算大家课间聊娱乐八卦，我只是听众，从来也没有觉得不对，只是觉得她们把时间浪费在无用的事情上，而我却用它来学习！"小静看着黑暗中的天花板，像是自言自语地说着。

"我一直觉得自己太听话，从来都是按你们的安排做事，我从来没有越过界，可是与此同时，我也失去了很多，我长大了，应该拥有属于自己的空间，也应该自己决定做一些事情。妈，你说，如果未来的我，只剩下听话和学习，我将会变成一个什么样的人啊?”小静的声音里有了些许的无助和迷茫。

听了小静的话，小静的妈妈感觉很震惊，她从来没有意识到自己在无形中给了小静这么大的压力。想了许久，母亲对小静说：“小静，妈妈一直认为，只要你努力学习，成为班级的尖子生，以后成为社会需要的优秀人才，那么你的人生就会很幸福，所以从你还是婴儿的时候，我和你爸爸就为你铺好了道路，为你安排时间表，培养你的能力，让你成为我们的骄傲。我们从来都没觉得这是错误的，但是今天听到你说这些话，妈妈感觉在帮助你成长的过程中，我们忽略了你的感受。剥夺了你的童年来完成我的梦想，甚至是牺牲你的自我感受来让我们获得别人羡慕的目光，是妈妈做得不够好，对不起。”母亲哽咽着说完这些话。

“妈，我从来不曾怪你，我只是想检讨我自己，我不想生活得这么麻木了。”听了妈妈的话，小静激动地说。

“那就做你想做的事情，青春只有一次，失去了就再也找不回来了，妈妈希望你能感受到生活给你带来的幸福而不是学习和我们给你带来的压抑，学习固然重要，但我们还是希望有一个心理健康的女儿。”母亲将小静揽在自己的臂弯里。

“妈!”小静像小时候一样，钻进母亲的怀里，心里对母亲感激得一塌糊涂。

无疑，这是一次愉快而温馨的沟通，但温馨、愉快是建立在女儿主动向母亲敞开心扉的沟通基础之上的。如果女儿不是主动和母亲谈自己的心里所想，恐怕做父母的会一直觉得自己的孩子跟自己的想法是一致的。小静的主动沟通打开了自己和母亲之间的隔阂，让彼此之间的沟通变得畅快而温馨。在现实生活中，我们与长辈之间无话可聊、无话可说、渐行渐远，往往都是由于我们一直习惯了被动接受长辈的关怀和关注，不懂得主动与长辈沟通造成的。倘若我们能够主动和长辈多聊聊天，那么我们将收获温暖的亲情，享受到其乐融融的家庭生活。

闲聊能跨越时代的人际鸿沟，主动和长辈们沟通一些或许都是无关紧要的事，但即使我们与长辈们是至亲，如果我们在沟通中总是以自己的感受和看法为中心，也势必会让本应温馨而快乐的沟通变成不快乐的尴尬或静默。因此，从此刻开始，我们沟通时请多关注长辈的想法和感受吧！

1. 主动跟他们聊聊过去的事

主动跟长辈聊天时，你可以多引导他们回忆，聊聊他们过去的事。因为对长辈来讲最丰富的就是他们的阅历，这个时候的他们是很愿意讲他们的过去，这样不仅延长了聊天的时间，还可以从他们多年的生活和事业上的经验积累汲取营养，通过这样的聊天你和长辈之间的距离就拉近了，隔阂自然也就减少了。

2. 主动跟他们聊聊自己

主动和长辈多聊你自己的生活，因为长辈往往更关注你。很多人不希望长辈过多地干预自己的生活，实际上如果你能适当地告诉他们一些你自己的事情，长辈们就会觉得你什么都愿意跟他们讲，这样一来，就不会一味地探究你的隐私了。

3. 主动跟他们聊聊他们的兴趣（爱好）

主动跟长辈聊聊他们的兴趣爱好，比如练太极、书法等。能让长辈们感觉到他们是被关心、被信任、被依赖的，这样一来与他们的隔阂自然也就减少了。

4. 主动跟他们话家常

很多时候主动和长辈聊天并不需要刻意挑选什么话题，只要单纯地聊聊心情，聊聊想法，聊聊感慨就已经足够。聊家常话能让他们了解你、理解你。当然你也要懂得倾听长辈们的心声。

通过谈话来“排毒”

在竞争激烈、高速发展的现代社会，大多数人都过着快节奏、高压力的生活。高强度的工作和家庭重担，无疑会让人产生极大的压力感，严重者甚至无法控制自己的生活。再加上生活中任何人都不可能万事如意，人生有欢乐也有忧愁，有喜悦也有悲伤和愤怒。而忧愁、悲伤和愤怒都是恶性刺激所导致的不良情感反应。如果得不到充分发泄，这些情感就成了人体内的“毒素”，对人的身心健康是极为有害的。

怎样才能将身体内这种压力的毒素排出体外呢？不妨试试通过谈话来“排毒”吧。聊天是我们生活中不可缺少的部分，它不仅是我们与人沟通、交流、建立良好关系的工具，更是我们释放压力、获得好心情的重要方法。当压力大到无法承受时，我们可以找个值得信赖的人来谈谈心。通过谈话，人们可以释放人际关系中的些许压力。而通过谈话的方式释放自己的压力就相当于给自己的身体排毒。医院临床心理科医生也曾指出，聊天可以释放压力，放松紧张情绪，加强沟通，从而提高工作效率。

心中有烦恼、不痛快、伤心的事，不要闷在心里而要学会找有关的人——自己的朋友或亲人倾诉。即使他们找不出好的解决办法，把让自己烦心的事说出来本身也就是一种对压力的释放，于身心有益。长期压抑情绪，只会使内心的体验变得更加强烈，从而有可能导致心理疾病。

古时候，有一个官员被革职遣返，由于心中的苦闷无处排解，他便来到一位禅师的法堂。禅师静静听完了此人的倾诉后，将他带入自己的禅房之中，桌上放着一瓶水。禅师微笑着说：“你看这只花瓶，它已经放置在这里许久了，几乎每天都有尘埃灰烬落在里面，但它依然澄清透明。你知道这是什么原因吗？”

官员思索良久，仿佛要将水瓶看穿，忽然他似有所悟："我懂了，所有的灰尘都沉淀到瓶底了。"

禅师点点头："世间烦恼之事数之不尽，有些事越想忘掉越挥之不去，那就索性记住它好了。就像瓶中水，如果你厌恶地振荡自己，会使一瓶水都不得安宁，混浊一片；如果你愿意慢慢地、静静地让它们沉淀下来，用宽广的胸怀去容纳它们，这样，心灵不仅并未因此受到污染，反而更加纯净了。"官员恍然大悟，心头压抑的苦闷也烟消云散了。

处于心烦气躁状态的人通常都希望能找个人谈谈心。这是一种常见的情形，因为通过聊天，人内心压抑的情绪能够得到有效的释放。聊天谈话，是人们的基本需求，不爱聊天、没时间聊天的人心理压力都不会太小。

当我们觉得心烦时，往往很想向谁诉说一下。我们要做的就是满足自己的倾诉欲，通过与他人聊天将自己的烦心之毒排出体外。

有一个企业老总，辛辛苦苦创下了一份产业，却因为身体状况不得不停下工作修养身体。在修养的时候，他的妻子死了，他对自己的健康状况愈加担忧，因为家中已有好几个人死于瘫痪性中风，因此他认定自己必会死于同样的症状，所以一直在这种阴影下极度恐慌地生活着。

为了摆脱这种烦恼，他经常去找云崖禅师下棋，悟禅。

一天，他与云崖禅师下棋。突然手垂了下来，整个人看上去非常虚弱，脸色发白，呼吸沉重，云崖禅师关切地问道："怎么了?"

"最后它还是来了，"老总乏力地说，"我得了中风，我的整个身体右侧瘫痪了。"

"你是怎么知道的呢?"云崖禅师问道。

"因为，"老总答道，"刚才我在右腿上捏了几次，但是一点感觉也没有。"

“可是，”云崖禅师笑道，“你刚刚捏的是我的腿啊！”

老总听后马上捏了捏自己的腿，果然疼痛不已。又看了看禅师，若有所悟，心情顺畅了许多。

很多人身体不舒服时，总是怀疑自己得了病，整天陷入恐慌之中。其实，大多时候，这只是些小病或者根本没有病，只不过是心病而已。心病还需心药医，不要猜疑自己的健康，多找人聊聊天，身体的毒素自然就会排出体外了。

当一个人反复积累自己的烦恼、痛苦，不愿意暴露于外界，而是压抑或埋藏在心里时，一旦遇到生活中的刺激或压力，就会加剧其自我的苦恼，最后心理失衡，产生心理疾病或心身疾病。这时我们应该学会找一个自己信任的人倾诉，通过聊天把不良的情绪宣泄出来，释放出压抑情绪，就会心身平衡。

古人历来讲究“文武之道，一张一弛”，也是这个道理。工作之余，适当聊聊天，能帮助人们从倦怠的状态中缓过神来，有难题，说出来大家一起想办法，也更容易解决。交谈是一种倾诉，能够助我们清除心里的“杂物”，为心灵排毒，让心灵更健康。日常生活中，当我们感到有压力时，不妨与他人闲聊一会儿，即使聊的话题与我们内心的烦闷毫不相关，即使对方不能给予我们解决问题的方法，只要聊一聊，也能让我们的心情轻松起来。不过，聊天也要注意技巧：别老是自己滔滔不绝，也要多听听别人的烦恼；别大声嚷嚷，防止打扰他人；不谈伤害他人利益的话。另外，时间不要太长，以免影响正常工作。不要指望一次聊天能够解决什么问题，关键在于享受放松的过程，它可以给你带来愉悦的心情，或是瞬间的灵感。

用符合对方心理的语言迎合对方

从心理学角度，说服的最佳效果是双方达成共同认识，而启发对方进行心理位置互换，让对方设身处地体验别人的心理。

主动调整自己的态度和行为方式，用符合对方心理的语言则是达到这一目的的行之有效的方法之一。在人与人交流沟通的过程中，用符合对方心理的语言往往能让沟通进行得更加顺利。

用符合对方心理的语言去迎合对方，站在对方的角度谋划和考虑，理解对方的心理、对方的需求、对方的困难，这种说服方法容易使对方接受，能让对方快速与自己达成统一认识。

有个理发师带了个徒弟。徒弟学艺3个月后，这天正式上岗，他给第一位顾客理完发，顾客照镜子说："头发留得太长。"徒弟不语。

师傅在一旁笑着解释："头发长，使你显得含蓄，这叫藏而不露，很符合您的身份。"顾客听罢，高兴而去。

徒弟给第二位顾客理完发，顾客照照镜子说："头发剪得太短。"徒弟无语。

师傅笑着解释："头发短使您显得精神、朴实、厚道，让人感到亲切。"顾客听了，欣喜而去。

徒弟给第三位顾客理完发，顾客一边交钱一边笑道："花时间挺长的。"徒弟无语。

师傅笑着解释："为'首脑'多花点时间很有必要，您没听说，进门苍头秀士，出门白面书生？"顾客听罢，大笑而去。

徒弟给第四位顾客理完发，顾客一边付款一边笑道："动作挺利索，20分钟就解决问题。"徒弟不知所措，沉默不语。

师傅笑着抢答："如今，时间就是金钱，'顶上功夫'速战速决，为您赢得了时间和金钱，您何乐而不为？"顾客听了，欢笑告辞。

晚上打烊。徒弟怯怯地问师傅："您为什么处处替我说话？反过来，我没一次做对过。"

师傅宽厚地笑道："不错，每一件事都包含着两重性，有对有错，有利有弊。我之所以在顾客面前鼓励你，作用有二：对顾客来说，是讨人家喜欢，因为谁都爱听吉言；对你而言，既是鼓励又是鞭策，因为万事开头难，我希望你以后把活做得更加漂亮。”

故事中尽管不同的顾客对徒弟剪得头发多少有些不满意，但最终都是满意而归。这里的原因就在于理发师傅对不同情况的顾客说不同的话，用了符合不同顾客心理的语言迎合了不同顾客的心理需求，最终每一个顾客都满意而归。

下乡知识青年小红在农村和农民小刘结婚，还生了个女儿。后来重逢昔日的恋人，小红欲重修旧好，却又举棋不定，于是向奶奶寻求帮助。

“你的事，奶奶全知道，如今你打算怎么办!”

“不知道，我……我说不出来……”

奶奶说：“奶奶知道你委屈。人，谁没有委屈呀。我 24 岁那年，你爷爷就牺牲了，本家本村的都劝我再找个主儿。你曾爷爷跟我说：‘女儿，地头还长着呢，往前走一步吧。’我不愿给孩子找个后爹，硬是咬着牙过来了。儿子一个个长大了，参了军，又一个个地牺牲了。可我没在人前掉过一滴眼泪。人活着，就是为了别人，去受苦、去受难，天底下哪有那么多幸福?要说委屈，就先委屈一下自己吧!”

“可我以后的路该怎么走啊?”

“做人，前半夜想想自己，后半夜想想别人。你和那个小伙子倒是挺般配的，可就算你俩成了，日子过得挺舒心的，你就保准一早一晚地不想小刘他们父女?那时，你虽吃着蜜糖，但却忘不了人家在喝苦水。你甜在嘴上，苦在心里。甜的苦的一掺和，一辈子都是块心病。我今年 80 岁了，什么苦都尝遍了，可就是没留下一件亏心事。俗话说，‘人’字好写，一撇一捺，真正做起来就难了!”奶奶说的话句句动人心。

“奶奶，我懂了。”小红擦了擦眼泪，说，“我今天就回家去带孩子，安心过日子。”

其实，道理小红未必不知道，只不过感情在这一刻占据了理智的上风，奶奶站在为小红将来着想的角度，设身处地为孙女分析情况，说出了小红心中的顾虑，自然而然让小红更容易接受。也就是说，正是奶奶用符合小红心理的话劝说才使孙女做出了正确的选择。

谈话实际上是一场“心理战”。运用在谈判上，了解对方的喜好和顾虑，在有利于自己利益的前提下，迎合对方的心理，这也是谈判语言的技巧之一。对方的心理是复杂的，如怕不守信用，怕价格继续上涨，怕质量没有保证，怕维修困难等等。了解这些，则能见机行事，说出符合对方心理的话赢得对方的认同感。

在某汽车制造厂召开的年度订货会上，汽车制造厂的销售科长向100多位用户代表明确地表示：“我厂产品的质量经国家鉴定为一级品，由于钢材原材料涨价和职工工资上涨等因素，成本已大大高于原销售价格。但是，考虑到顾客是老用户，我们决定，凡是在本订货会期间签订订货合同的，每辆汽车的价格按27万元计价，在此会后订货的，每辆汽车的价格为28万元。我代表厂方，言而有信。”当时，在我国价格体制改革和各类商品价格多有调整的形势下，使这个普普通通的发言极富诱惑力。于是，这次年度订货会的成交额达到了创纪录的水平，其中仅某矿山一家便签订了每年订货10辆、连续三年的保值合同。

案例中的销售科长就是用符合对方心理的话迎合了购买者的心理——如商品价格频频上涨，晚买不如早买、多买比少买好、签订货合同比不签订货合同好。更何况还有“优惠”“保值”等诱人的内容，所以获得了成功。

要想让对方赞同你的观点，你就必须了解对方的心理状态，说话的时候让自己的语言“与对方站在一起”，说出的话越符合对方的心理，对方就越容易接受你的观点，这是因为人类有一个共同的天性，即喜欢听“自己人”说的话。美国纽约市立大学的心理学家哈斯也说过：“一个酿酒专家也许能给你许多理由为什么某一种牌子的啤酒比另一种牌子的要好。但如果你的朋友，不管他对啤酒是否在行，教你选购某种啤酒，你很可能听取他的。”

某商店有位营业员很会做生意，他的营业额比一般营业员都高，有人问他：“是不是因为能说会道，所以生意兴隆？”他回答说：“不是，我的秘密武器是当顾客是自己人，用符合顾客心理的语言去迎合顾客。”

这个营业员总是站在买者的立场上替顾客精打细算，站在顾客的角度说话，用符合顾客心理的语言去迎合顾客，从而使对方的戒备心理、防范心理大大降低，而且产生了一致的认同感，故而说服了对手，做成了生意。

很多时候，只有跟对方聊符合他心理需求的话，对方才愿意继续听下去，你们的谈话才能顺利地进行。如果谈话的开始就说一些不着边的，甚至是对方抵触的话，就会引起对方的反感，你说的话他也听不进去了。这就要求谈话者学会从对方的观点去看事物的趋向。另外，在具体行动上，甚至一些微不足道的方面，在感情上表现出与你的听众的亲近感与认同感，往往也会使你得到巨大的感情回报和共鸣。而一旦建立了这种感情共鸣，对方自然更容易接受你说的话了。

让自己被对方所喜欢

很多人都有这样的疑问，同样生活在一起的人，为什么有人说的话能得到大家的认同，而有人说的话却总是遭到否定呢？其实原因很简单，就是会不会说话的问题。显而易见，具有高超的说话水平是一个人获得社会认同的最便捷、最有效的手段。会说话的人往往会拥有良好的人际关系，也更容易得到他人的支持和帮助。

对话是一门艺术，跟不同的人交谈有不同的方法。要想与他人建立起融洽、友好的关系，就要让自己被谈话的对方所喜欢。我们都知道如果一个人不喜欢另一个人，这两个人的谈话就很难顺利地进行下去，试想，如果一个人连说话的人都不喜欢了，又怎么会好好听这个人说话呢？因此，每个人在谈话的时候都应尽量做到让对方喜欢自己，只有这样对方才乐于跟你交谈，并接受你说的话。

王建经营了一个卖手机的小店，每天都接待了不少的客人。他发现，大家认为最难相处的内向型客人往往是流失最多的客人。因为内向型的人一般都比较敏感，非常在乎别人怎么看待自己、自己会不会说错话，并为之紧张，为之敏感，用冷漠将自己封闭在孤独的小世界里。但是如果你能用真诚打动他，进入他的内心世界，那他可能比那些外向型的人更好做生意。

有一天，一位先生来店里看手机，很多当班的柜台销售员都主动跟他打招呼，热情地询问对方需要什么样的手机。每一次被询问，这位先生都只是说自己随便看看，到每个柜台前都是匆匆地浏览一下就迅速离开了。面对许多销售员的热情询问，这位先生显得有些窘迫，脸涨得通红，转了两圈，觉得没有适合自己的手机，就准备离开了。

这时王建根据经验，判断出该顾客是一个比较内向腼腆的人，并且根据观察，王建断定客户心中肯定已经确定了某一品牌的手机，只是由于款式或者价格等原因，又或者是由于被刚才那些销售员的轮番“轰炸”，有些不知所措而一时失去了主意。

于是，王建很友好地把客户请到自己的柜台前，他温和地说：“先生，您是不是看上某款手机，但觉得价格方面不是很合适，如果您喜欢，价格可以给您适当的优惠，先到这边来坐吧，这边比较安静，咱再聊聊！”客户果然很顺从，王建请他坐下，与他聊起天来。

王建开始并没有直接销售手机，而是用闲聊的方式说起自己曾经买手机，因为不善言辞而出丑的事。他说自己是个比较内向的人，开店这几年变化挺大。与客户聊了一些这样的话题以后，客户显然对他产生了一定的信任感，于是在不知不觉中主动向王建透露了自己的真实想法。

王建适时地给他推荐了一款适当的机型，并且在价格上也做出了一定的让步，给客户一定的实惠，同时王建还给客户留了自己的电话，保证手机没有质量问题。最后，客户终于放心地购买了自己想要的手机。

可以说，王建是非常有经验的，他通过旁观就对顾客的性格洞若观火。他很明白，内向的顾客并非难以沟通，他们只是不善表达，用冷漠来保护自己脆弱的自尊。他们可能已经看中了某一商品，但却在价格上有些心疼，更害怕别人会说他买不起好货而默默走开。王建用自己充满真诚的话语与顾客交流，让顾客先对自己产生了好感，让他们感觉到善意和安全，进而信任自己，甚至依赖自己。这就是王建取得成功的关键。

朱自清说："人生不外言动，除了动就只有言，所谓人情世故，一半儿是在说话里。"所以交谈是获得对方好感最重要的方式之一。因为一个人说什么，怎么说能体现出你这个人的基本素养。很多时候在交谈中用自己的话，让自己被对方所喜欢，能成为一个人成功路上的敲门砖。

高中毕业生小杜，到深圳后就兴冲冲地抱着简历去参加人才交流会。整个会场人如潮涌，唯有某连锁超市的展台前冷冷清清，与会场的气氛形成了鲜明的对比。

小杜好奇地走过去，看了连锁招聘启事上的内容，当即吓了一跳。它招聘 20 名业务代表，却指明要名校毕业生，并且还得有 3 年以上从事零售业的工作经验，条件那么苛刻，难怪没有人敢贸然应聘。

小杜揣摩了一番，虽然没一条够得上，可该连锁超市业务代表的工作对她却很具吸引力。她心一横，决定试一试，真要被拒绝，就当是一次锻炼好了。

小杜径直走到应聘席前坐下，那位中年主管看了她一眼，面无表情地指了指那招聘启事问："看过了吗?"她点点头说："我看过了，不过很遗憾，我既不是名校毕业，也没有从事过零售工作，只有高中学历。"

那位主管看了她好半天，才说："那你还敢来应聘?"

小杜微微一笑："我之所以还敢来应聘，是因为我喜欢这份工作，而且相信自己有能力胜任这份工作。"停了停，她又说，"如果求职者真要具备启事的上所有条件，那他肯定不会应聘业务代表，至少是公司主管了。"

说完，小杜就把自己的简历递了过去，那位主管竟然没有拒绝，还微笑着收下了。

第二天，小杜就接到了录用通知电话。后来她才知道，那些苛刻的招聘条件只不过是该连锁超市故意设置的门槛罢了，其实当她和主管谈完话之后，她就已经通过了两项测试：勇于挑战条款的信心和勇气以及分析问题的能力。那位给她面试的主管后来说："虽然不是名校出身，但你的言语之中透露出的自信让我最终选择你，连面试的勇气都没有的话，日后又岂能有勇气去敲一个个商家的大门?"

小杜在自信的状态下说出的话，让招聘主管对她满心的喜欢，进而小杜说的话也容易被主管接受。最后小杜理所当然地成功应聘了。

在与他人的交谈中，让对方喜欢上自己，能有效消除谈话双方的隔膜，让彼此处于更亲近的状态，在这种状态下，两个人的谈话就能更有意义，你也能从对方的话语中得到更多你想要的信息。尽管让对方喜欢自己，能有效保证谈话的顺利进行，但要做到这一点并不容易。要使对方对你产生好感，留下深刻的印象，还必须学会察言观色，了解对方近期内最关心的问题，掌握其心理。要知道只有把话说到对方的心坎里，才能让对方心生欢喜，喜欢你并乐于接受你说的话。

先逗笑他们就不会被取笑

世界上没有一个人不喜欢风趣智慧的语言。在中国的传统文艺晚会上，相声、小品之所以一直是最受欢迎的节目之一，就在于它的表现形式离不开幽默，那幽默的语言强烈地感染着观众的心，幽默的话能抓住听者的心，使对方平心静气，也可以使一些深刻的思想表达得更加生动和形象。

心理学家认为，幽默是人的能力、意志、个性、兴趣的一种综合体现，它是社交的调料。有了幽默的社交，便会把一颗颗散乱的心吸入它的磁场，让别人脸上绽开欢乐的笑容。假如在与他人交往的时候，你不小心闹了什么笑话，这时你就可以用幽默的语言先将他人逗笑，这样就不会让别人有嘲笑你的机会了。可以说这是交往智慧的体现，是智慧者灵感勃发的光辉。

先逗笑想取笑你的那些人，就剥夺了他们取笑你的机会，因为你已经先发制人地为自己挽回了面子，不卑不亢地让凝滞的空气重新流动起来。恐怕谁都有当众滑倒的经历，每每回想起来还会感到脸红。摔倒的场面总是很滑稽，难免会引得大家笑，你不妨用一种荒诞的逻辑将这种尴尬变成有利因素，从而自然大方地从困境中解脱出来。

期末颁奖典礼上，张会同时拿到了“三好学生”“优秀干部”等多项奖励，所有人都报以热烈的掌声，欢迎他上台领奖。

张会走上台阶时，却不巧摔了一跤，落得个狼狈不堪。这时，全场都安静了，气氛变得有些尴尬，还有个别学生甚至偷笑起来。

张会也不介意，竟然大大方方地指着台阶大声说道：“看吧，上一个台阶，多不容易领奖如此，学习更是如此。”说完，他若无其事地站起来，继续走上台去。还一边走，一边说："一次失败不要紧，继续努力，再上一个台阶!"

在这里，张会因不小心跌倒在人前蒙羞时，他没有选择逃避或沉默而是发挥自己幽默的口才先将他人逗笑，很快就为自己找到了台阶，避免了被他人取笑的窘境。他的这段现身说法，比起领奖后空洞的陈词更容易引起共鸣，给人的印象也深刻得多，很轻易地就博得了满堂彩。

1944 年秋，艾森豪威尔亲临前线给第 29 步兵师的数百名官兵训话。当时，他站在一个泥泞的小山坡上讲话，讲完后转身走向吉普车时突然滑倒。原来肃静严整的队伍轰然暴响，士兵们不禁捧腹大笑。面对突发情况，部队指挥官们十分尴尬，以为艾森豪威尔要发脾气了。岂料，他却幽默地说："从士兵们的笑声中可以看出，我与士兵们的多次接触中，这次是最成功的。"

所以当我们处在可能被人嘲笑的情况下，千万不要慌张，试着说一些能将他人逗笑的话语，就会从被取笑的氛围中轻松逃脱。

力求个性化、形象性并学会适当地用幽默逗笑他人，可以使自己说话变得有趣。幽默力量能认同幽默的事物。因此智者会笑自己，也鼓励别人和他一起笑。

希腊哲学家苏格拉底的妻子是个泼妇，常对他发脾气，而苏格拉底总是对旁人自嘲道："讨这样的老婆好处很多，可以锻炼我的耐力加深我的修养。"一次，老婆又发起脾气来，大吵大闹，很长时间还不肯罢休，苏格拉底只好退避三舍。他刚走出家门，那位怒气难平的夫人突然从楼上倒下一大盆水，把他浇得像只落汤鸡。这时，苏格拉底打了个寒战，不慌不忙地说："我早就知道，响雷过后必有大雨，果然不出我所料。"

显然，苏格拉底有些无可奈何，但他带有讥讽意味的话语，使自己从窘境中超脱出来，显示了极深的生活修养。

巧妙的话语不仅能逗笑他人让对方无从取笑你，更能表现出自己的风度和坦然自若。这是一种只有聪明人才能驾驭的语言艺术。懂得逗他人笑的人必定心中有爱，不但善待自己，也善待他人。凡智慧之人往往不会处处与人为难，时时跟他人过不去，更不会无事生非。他总是遇事退避三舍，即使受到不公平的待遇或遭到令常人难以忍受的冤屈，也不会怨恨得咬牙切齿，愤怒得破口大骂。但是，他也不是窝囊废，他会以他独有的宽容的方式——用一些智慧的话将他人逗笑作出反应。

一句随意的言语、一个简单的动作，往往就能在顷刻间轻轻松松地给自己解困。无论是在一帮很好的朋友中，还是在一大群听众中，先把自己逗笑是赢得别人尊敬与理解的重要方法，远远要比开别人玩笑重要得多。拿自己开开玩笑，可以使我们对世事抱有一种健全的态度。因为如果我们能与别人平等地相待，就可以为自己赢得不少的朋友。相反，如果我们为显示自己是怎样的聪明而拿别人开玩笑，以牺牲别人来抬高自己，那我们一生一世也难以交到一个朋友，更不用说距离成功有多遥远了。当然，在逗笑他人时也必须注意：逗笑他人并不是要自我辱骂或自我贬低，更不是出自己的丑。当我们逗笑他人时，尤其需要把握好分寸，既要显得超脱，又不宜过分尖刻，否则，反而会让自己遭受屈辱。

放弃责备的谈话方式

胡适说："宽容比自由更重要。"这句话同样适用于交谈。在我们的语言交际过程中，大家都能体会到，带有责备语气的话犹如有毒的箭，会给对方心灵带来严重的负面影响。因此责备的话不能乱说。然而，在现实生活中，很多人在责备和批评他人的时候，却常常对自己所使用的语言缺乏警觉，不加分辨地就将一些有毒的言词加诸他人。殊不知，当你在说“这朵花真难看”的时候，并不会对花产生什么影响，花既不会觉得侮辱，也不会觉得窘迫。它原来是什么样子，还是什么样子，丝毫不在乎你怎么说它。可是，你要是说一个人做的真差劲，那就会对这个人产生负面影响，在他的身体和心灵里产生一连串的反应。他可能会对此愤怒、怨恨，也有可能因你的责备消沉、产生厌倦的情绪，严重的可能还会进一步产生幻想和焦虑的罪恶感，其结果很可能导致他表现出乖张的行为。

因此，在交谈中我们应该放弃责备的谈话方式。一味地责备只能带来负面反应，放弃责备的谈话方式才能得到他人理解。假如一个平时表现良好的员工做了不好的事时你会怎么做？是将他解雇，还是大骂他一顿？要知道不管选择哪一种方式都不能解决任何问题，你的责骂通常只会引起怨怒。出现这种情况的时候，放弃责备的谈话方式给他指出错误往往更容易让他意识到自己的问题所在。

有一天，钢铁大王卡耐基想批评自己的侄女约瑟芬，他正想批评她，但马上又对自己说：“等一等，戴尔·卡耐基，你的年纪比约瑟芬大了一倍，你的生活经验几乎是她的一万倍。你怎么可能希望她有与你一样的观点、判断力和冲劲——虽然这些都是很平凡的。还有，你 19 岁时又在干什么呢？还记得你那些愚蠢的错误和举动吗？”

诚实而公正地把这些事情仔细想过一遍之后，卡耐基觉得约瑟芬 19 岁时的行为比自己当年好多了，而且他很惭愧地承认，他并没有经常称赞约瑟芬。

从那次以后，每次他想指出约瑟芬的错误时，总是说：“约瑟芬，你犯了一个错误，但上帝知道，我所犯的许多错误比你更糟糕。你当然不能天生就万事精通，成功只有从经验中才能获得，而且你比我年轻时强多了。我自己曾做过那么多的愚蠢傻事，所以我根本不想批评你和任何人。但难道你不认为，如果你这样做的话，不是比较聪明一点吗？”

的确，我们都或多或少地做过一些愚蠢的事，我们都了解被别人责备的痛苦，所以在别人不小心犯错的时候我们又何必一味地责备他们呢？已故的华纳梅格，有一次这样承认说：“30年前我就明白，责备人是愚蠢的事，我并不抱怨上帝没有将智能均匀地分配，可是我对克制自己的缺陷已感到非常吃力了。”

当今社会离婚率越来越高，很大的原因就在于夫妻双方在交流的时候常常因为一点小事就批评和责备对方。很多做丈夫、妻子的，每天唠唠叨叨，一直讲对方的缺点、坏话，指责对方。长期处于这种消极的责备氛围中的夫妻双方，很难再看到彼此的优点，很多婚姻都是这样破灭的。仔细想一下，在生活中那些产生家庭不和的根本原因也许正是因为此。

赵平和钱敏是大学时的恋人，在学校赵平总是像个大哥哥一样照顾钱敏，事事周到，钱敏像只小鸟，唧唧喳喳说个不停。毕业结婚后他们有了温暖的家和蒸蒸日上的事业。几年的努力使他们有了一点积蓄，小两口便忙着自己开公司、当老板，决心苦干几年买自己的大房子和车。

从此，赵平起早贪黑地工作，常常应酬到半夜才回家，然后倒头就睡，偶尔早回家，也是埋头查资料，写方案。“小鸟”的叫声再也没有人听了，开始她求着他听，可是他太忙了，他期盼着成功，期盼着为妻子打造高品质的生活。后来，她以责备的口气喊着让他听：“你总是这么晚回来！”“你成天都在忙什么啊，咱们到底还过不过日子啊！”“你不觉得咱们之间的问题越来越严重吗？”……“我没有啊！”丈夫说。夫妻二人之间的交流越来越少。

一年后，她质问丈夫：“你总和什么人在一起？”“孙总、李小姐……”丈夫回答。

以后，她喊得更多，而他什么也不说，就拿起报纸走到另一个房间。

五年后，他们取得了阶段性成果——事业小有成功，可以实现买房计划了，而妻子提出买两套小房子，而不是计划中的大房子——虽然，他们之间没有第三者。

他们之间似乎已经没有以前的默契了，正是因为钱敏整天不断地责备和唠叨，使本来交流就少的赵平更加心烦，在生活中像这样的家庭可以说是屡见不鲜的，其实在这个时候，钱敏在说的过程中完全可以放弃责备的口气，这样想必会是另一种结果。

奔驰公司的一位市场推广部经理，在一次紧张的宣传推广行动中，由于情况紧急，他不得不自作主张发布了一个广告，事后才报告总经理。糟糕的是，那个广告并没有发挥出他预期的效果，所以，当他将这件事报告给总经理时，他觉得这次肯定会因擅做主张而受到处分。

总经理听完他的报告，问道："我的理解是，你认为那是一个绝好机会，所以你马上采取行动，不打算放过它，是吗？"

经理点点头，准备承受接下来的斥责。

然而，总经理却表扬了他，而且还拍着他的肩膀说："放手去做！请求原谅要比请求批准强得多！"

当他人有缺点或者犯错误时，我们应该放弃责备的方式谈话。因为一味地去指责或训斥会使对方对你产生距离感，让人感到恐惧，淡忘了事件本身，从而加大你与对方交流的难度。事实上，当你选择用责备的方式进行谈话的时候，你就选择了一种冒险，责备的谈话方式很容易伤害对方的自尊。即使你的批评和指责是出于善意，但对方因为自尊受到伤害，就算知道自己错了，也可能要为自己辩护，死不认错，甚至故意跟你唱反调。在这种情况下，换一种说话方式，比如，幽默地说、婉转地说都会比一本正经的责备更能触动对方。

过分挑剔或过分苛责别人，用责备的方式说话的人容易对生活、社会感到失望。这样的人不但无法让自己满意，别人也会对他退避三舍、敬而远之。人都是需要尊重、理解和信任的。不对人求全责备，才是一种宽容的处世之道。即使某人做错了事，甚至在无意中冒犯了你，你也不妨放弃责备的谈话方式，委婉地让对方真正意识到错误并改正，而且因为你的不责备他还会对你感激不尽。这种做法，当然不是无缘无故的宽恕，而是一种涵养、一种风度，可以让别人认识你不凡的胸襟和雅量。久而久之，你的交际视野和人际网络就会变得越来越宽广，绝不会因为斤斤计较而无法与人相处。

每个人都有说话的欲望

生活中，我们经常会听到有些人埋怨别人说得太多，却不会有人指责别人听得太多。你是否曾经听到某人抱怨对方倾听时间太长以至于错过火车？如果你是一个好的倾听者，你会惊诧于别人对你的积极反应。仔细回想一下你和朋友、熟人打交道的时候倾听是如何起作用的。想想上次你到邻居家串门的情景，或是你和朋友共进晚餐的情景，而在家庭生活中你也会不断地遇到有关倾听的问题：烦躁不安的父母会抱怨他们的孩子不听话，而孩子们同样也会因为父母不愿倾听他们的想法而气恼。

毕业于北京大学，现任央视主持人的小董曾说过："我现在做了大量演播室的评论节目之后，再做《面对面》的采访，领导老跟我急，说你能不能少说点话，让对方多说点，说你不再适合做《新闻调查》记者了，你什么都知道。"小董之所以受到领导的"批评"，就是因为每个人都有说话的欲望，领导希望小董能少说点，留出足够多的时间让受访者说话。我们在平时交流的过程中也应该做到这一点，认真听、满足他人说话的欲望，是一种积极、肯定的态度，它有助于保持、加强别人的自尊，带来一场愉快的交流。

在候机大厅里，庞克正在专心读书，忽然邻座传来一位老太太的声音："我敢说芝加哥现在一定很冷。"

"大概是吧。"庞克漫不经心地答道。

"我快 3 年没去过芝加哥了。"老太太说，"我儿子住在那儿。"

"很好。"庞克头也不抬地说。

"我丈夫的遗体就在这飞机上。我们结婚有 53 年了。你知道，我不开车。他去世时是一位修女开车把我从医院送出来的，我们甚至还不是教徒呢，葬礼的主持人把我送到机场。"老太太有点忧伤地说。

此时，庞克觉得自己刚才不理老太太的行为多么令人讨厌，他终于明白，身边有一个人正在渴求别人倾听她的诉说。她孤注一掷地求助于一个冷冰冰的陌生人，而这个人更感兴趣的是读书。

她所需要的只是一个听众，不要忠告、教诲、金钱、帮助、评价，甚至不需要同情，仅仅是乞求对方花上一两分钟来听她讲话。

庞克不再读书了，而是用心听老太太说话。老太太一直缓缓地讲着，直到他们上了飞机。

这看起来是那么矛盾：在一个拥有发达的通讯设备的社会里，人们却苦于无法交流，无法找到一个听众。老太太在机舱另一边找到了她的座位。当庞克把大衣挂起来的时候，又听见老太太用带着哀愁的音调对着她的邻座说："我敢说芝加哥现在一定很冷。"

庞克在心里祈祷："上帝，但愿有人听她讲。"

人人都会有一种说话的欲望，如果有人在向你喋喋不休，耐心地倾听就是对他人最大的尊重。因此当他人说话的时候，自己若有不同意之处，也应待别人说完，切不可插进去或阻止人家，打断他人的谈话是最大的错误。因为当他人还有许多话没有说完时，他人很难接受你插进来的意见，也根本不会注意听你说的话。所以我们应鼓励别人把意见表达出来，耐心地倾听别人讲话。

乔·吉拉德是首屈一指的汽车推销员，然而，他也有过一次难忘的失败经历。

有一次，有位顾客来找乔商谈购车事宜。他向那人推荐一种新型车，进展非常顺利，就在成交的节骨眼上，对方却突然决定不买了。

那天晚上，乔辗转反侧，百思不得其解。他忍不住给对方拨通了电话："您好先生，今天眼看您就要签字了，为什么却突然走了呢？"

"先生，你知道现在几点钟了？"

"真抱歉，我知道是晚上 11 点钟了，但我检讨了一整天，实在想不出自己到底错在哪里。"

"很好，你现在用心听我说话了吗？"电话那头说。

"非常用心。"他答道。

"可是，今天下午你并没有用心听我说话。就在签字之前，我提到我的儿子即将进入大学，我还跟你说到他的学习成绩和理想，可你根本没有听！"

对方继续说道："当时你在专心听另一名推销员说笑话，可能你认为我说的这些与你无关，但是我可不愿意从一个不尊重我的人手里买东西。"

乔·吉拉德从此明白了，人人都有说话的欲望，在说话的时候也都希望自己说的话他人能用心倾听。不少人，为了使别人赞同自己的意见，就唠唠叨叨地说个不停，使别人根本没有说话的余地。尤其是有的推销员最易犯这个毛病，一味地对顾客夸耀自己的货物如何好，使顾客没有插嘴的余地，其实这是最错误的推销方法。顾客有购买的念头，才挑剔货物，他们也想表达自己对货物的看法。若是你一直唠唠叨叨说个不停，就剥夺了其说话的权力让其产生不被重视的感觉，这样一来，顾客肯定不愿意买你的产品了。

韦恩是罗宾见到的最受欢迎的人士之一。他总能受到邀请，经常有人请他参加聚会，共进午餐，担任客座发言人，打高尔夫球或网球。

一天晚上，罗宾碰巧到一个朋友家参加一次小型社交活动。他发现韦恩和一位漂亮女士坐在一个角落里。出于好奇，罗宾远远地注意了一段时间。罗宾发现那位年轻女士一直在说，而韦恩好像一句话也没说。他只是有时笑一笑，点一点头，仅此而已。几小时后，他们起身，谢过男女主人，走了。

第二天，罗宾见到韦恩时禁不住问道：

"昨天晚上我在斯旺森家看见你和最迷人的女孩在一起。她好像完全被你吸引住了。你怎么抓住她的注意力的?"

"很简单。"韦恩说，"斯旺森太太把乔安介绍给我，我只对她说：'你的皮肤晒得真漂亮，在冬季也这么漂亮，是怎么做的？你去哪了？阿卡普尔科还是夏威夷?'"

"'夏威夷。'她说，'夏威夷永远都风景如画。'"

"'你能把一切都告诉我吗?'我说。"

"'当然。'她回答。我们就找了个安静的角落，接下来的两个小时她一直在谈夏威夷。"

"今天早晨乔安打电话给我，说她很喜欢我陪她。她说很想再见到我，因为我是最有意思的谈伴。但说实话，我整个晚上没说几句话。"

看出韦恩受欢迎的秘诀了吗？很简单，韦恩只是让乔安谈自己。他对每个人都这样——对他人说："请告诉我这一切。"这足以让一般人激动好几个小时。人们喜欢韦恩就因为他愿意耐心地倾听他们讲话，满足了自己说话的欲望。

无论我们在什么样的公开场合与人谈话，目的都是为了沟通思想，增长知识，升华感情或实现自己的某一目标。我们都希望对方能把自己当成真正的朋友，向你说出内心世界的真实想法，但是，从某种意义上来讲，由于生活节奏的加快和生活的丰富多彩，并不是每一个人都会向你敞开心扉畅所欲言。所以我们就应该在交谈中，耐心认真地听他人说话。毕竟人人都有说话的欲望，与他人交流时，不妨多听他人谈谈自己，在听的时候一定要表现出你的真诚，这样，无论走到哪里，你都会大受欢迎。

倾听的价值也在于获取有用信息

如果说能说会道的人最受欢迎，那么善于倾听的人才真正深得人心。话多难免有言过其实之嫌，或者被人形容夸夸其谈、言过其实。静心倾听就没有这些弊病，倒有兼听则明的好处。用心听，给人的印象是谦虚好学，是专心稳重、诚实可靠。所以，有时候用双耳听比说更能赢得他人的认可和赞誉。而倾听，不仅要倾听别人的声音，更多的时候是能听出说话者语言中的信息，这也是倾听真正的价值所在。在我们与他人交谈时，必须从倾听中彻底明白他人想表达的意思，因为只有这样，彼此之间的交流才能顺利进行。如果你不会倾听，误解了说话者想要表达的意思，不但会造成你和他人之间沟通的不顺畅，有可能还会让人觉得你不尊重他，从而有损你和他人的正常人际关系。

在工作中普遍受领导欢迎的下属，多半是懂得倾听艺术的人，他们能在倾听中获取有价值的信息。一般来说，下属与领导进行沟通，都需要从领导那里获取更多的信息，从而帮助自己加强和领导的交流和联系，推动工作的更好开展。

李明刚换了新的工作，今天第一天上班就在领导的唾沫中游了一遍欧洲。

“小李，你出国旅游过吗?”

“还没机会呢。”李明从这句话中听出了其他的信息，知道经理话中有话，于是不失时机地说道，“经理，您一定到过很多地方吧?”

“很多谈不上。不过这些年因为公事的需要，我倒是去了欧洲的几个国家，英国、瑞士、比利时……”

经理觉得李明是个善于倾听的人，以后经常找李明聊天，李明也渐渐得到了经理的重用。

李明从经理说“你出国旅游过吗”听出了经理“去过很多地方”的信息。进而抓住一点信息引出了无数的话题，受到了经理的欢迎，进一步说明了倾听的价值也在于获取信息。

会说话的人都会倾听。倾听的价值在于收获信息，只有认识到这一点，才能在倾听他人说话的时候做到认真听，并通过听获得的信息判断出他人的心理活动，从而为自己的言论能有的放矢打好基础。

汉高祖刘邦建国的第五年，消灭了项羽，平定了天下，应该论功行赏。在这个时候群臣彼此争功，吵了一年都无法确定。刘邦认为萧何功劳最大，就封萧何为侯，封地也最多。但是群臣心中不服，议论纷纷。在封赏勉强确定之后，对席位的高低先后又起了争议，大家都说平阳侯曹参身受创伤七十余处，而且攻城略地，功劳最大，应当排他第一。刘邦因为在封赏的时候已经委屈了一些功臣，多封了许多给萧何，所以在席位上难以再坚持，但心中还是想将萧何排在首位。

这时候，关内侯鄂君已经揣摩出刘邦的意图，就挺身上前说道：“群臣的决议都错了！曹参虽然有攻城略地的功劳，但这只是一时之功。皇上与楚霸王对抗五年，常常丢掉部队四处逃跑。而萧何却源源不断地从关中派兵员填补战线上的漏洞。楚、汉在荥阳对抗了好几年，军中缺粮，都靠萧何转运粮食补给关中，粮饷才不至于匮乏。再说皇上有好几次逃到山东，都是靠萧何保全关中，才能接济皇上，这才是万世之功。如今即使少了一百个曹参，对汉朝有什么影响？我们汉朝也不必靠他来保全！为什么你们认为一时之功高过万世之功呢？我主张萧何第一，曹参其次。”刘邦听了，当然说：“好。”于是下令萧何排在第一，可以带剑入殿，上朝时也不必急行。

关内侯鄂君是怎么揣摩出刘邦的心理的呢？原来刘邦没什么文化，在分封诸侯的时候，将一些从前跟着他出生入死、身经百战的功臣比喻为“功狗”，而将发号施令、筹谋划策的萧何比喻为“功人”，所以萧何的封赏最多。

上面的案例中，鄂君从刘邦的话语中获取了“刘邦对萧何宠信”的信息，于是顺水推舟，专拣对萧何好听的话讲，刘邦自然高兴。鄂君也因此多了一些封地，被改封为“安平侯”。

倾听和听见并不是一回事。听见只是倾听的第一步，因为听到只是你的听觉系统接收到了声音。就像很多人都能听见他人说话时的声音，但他们根本不能“倾听”，也就是听到并理解。比如，当下属在工作的时候，周围会有各种声音，他的听觉系统会接收到声音，但他未必会注意到这些。有时下属听到声音，并且看起来是在倾听领导说的话，但实际上他们只是对内在的声音感兴趣，这种现象就是“假听”。事实上很多人在听他人说话时，都做不到用心理解自己听到的声音。有的人认为注意声音自然就会理解声音。不过，想想你在听到电影中的外语对话时，你就会明白，听到并不意味着理解。你可以关注所有的声音，但并不一定理解。“理解”就是将声音重组为有意义的模式或形式。

只有多听别人说，自己才能了解到对方更多的信息。善于倾听，从他人的话中收集到有用的信息，从而为你和他人的沟通找到共同的话题，在此基础上打开他人的话匣子，让他人乐于与你交流。借此机会，你还可以从他人那获取你工作上需要的信息，从而有利于你工作的顺利开展。

对方心情舒畅才更愿意交流

在与不同的人谈话的时候，常有一些不利因素出现，这些不利的因素往往会造成交谈双方的矛盾。比如在商场上，双方交谈时对方往往就会故意找些无中生有的理由，或是埋怨产品不好，希望能换一个品种，或对服务不满，表示强烈异议等。在这种不愉快的状态下，交流的双方很难继续谈话。要消除这些不利因素说话者需要有耐心，要心平气和，并且要讲究策略，然而最重要的就是想办法让对方拥有一个好的心情。正如梁漱溟所说："心思之清楚有条理，是与心情有关系的，在心情不平时，心思不会清楚，所以调理心情是最根本的。"因而，对方心情舒畅才更愿意和我们交流。

作为汽车推销员迈特对各种汽车的性能和特点了若指掌，这一点对于他来说应该是极有好处的，但遗憾的是他喜欢争辩。当客户过于挑剔时，他总要与顾客进行一番嘴皮战。而且常常令顾客哑口无言，让顾客买车的情绪跌倒谷底。事后他还会得意地说："我令这些家伙大败而归。"迈特的销售业绩也可想而知了。

后来经理批评了他："在舌战中你越胜利自己就越失职，因为你会得罪顾客，顾客没有了好心情，你的推销就很难进行下去，最终你会什么也卖不出去。"

通过经理的批评，迈特认识到了自己卖不出去车的问题所在，他经过认真思考决定要改变以前的作风，让顾客在沟通过程中保持舒畅的心情。

有一次，他去推销怀特牌汽车，一位顾客傲慢地说："什么，怀特？我可喜欢的是胡雪牌汽车。怀特你送我都不要！"迈特听了，微微一笑："你说得不错，胡雪牌汽车确实好，该厂设备精良，技术也很棒。既然你是位行家，那咱们改天来讨论怀特牌汽车怎么样？希望你能多多指教。”顾客听了迈特的话，心里非常高兴，表示很愿意跟他交流切磋。于是，两个人开始了海阔天空式的讨论。迈特借此机会大力宣扬了一番怀特牌汽车的优点，终于做成了生意。

迈特在以后的工作中进行得很是顺利，也正是因为他的改变，学会了让顾客拥有一个好心情，让顾客在愉快的心情下跟他交谈。后来他成了一位著名的推销员。

为什么迈特以前争强好胜却遭到批评，而后来不再与顾客争辩反而成了模范推销员？这里他掌握了一项重要原则，那就是交易中不宜让顾客心情恶劣，而要学会让对方拥有一个好心情。作为一个推销人员，应当宽宏大量地对待顾客的意见与抱怨，站在顾客的角度真诚地理解与欢迎顾客的异议，认真地分析和处理顾客的意见和建议，使顾客在与自己达成协议时保持愉快的心情，获得相应的快乐，这样就会顺理成章地做成生意。

现实生活中，很多人的性格是心直口快，没有城府，从不拐弯抹角。有时候这样的人会很受欢迎，因为人们觉得他率直，交往起来很轻松，可是有时候这样的人却很让人头疼，因为他总是无意中伤害到别人，常常把人弄得下不来台自己却毫无察觉，你怪他吧，他是无意的；你不怪他吧，他又屡次让你恼火。

在一次重要的谈判中，双方以前从未有过任何接触，气氛略显沉闷。这时甲方的代表开口了：“王经理，听说你是属虎的，贵厂在你的领导下真是虎虎有生气呀！”

“谢谢，借你吉言。唉，可惜我一回家，就虎威难再了！”

“哦，为什么呀？”

“我和我的夫人属相相克啊，我被降住了！”

“那么你妻子……”

“她属武松！”

双方你来我往，不经意的几句幽默话语，就让原来的沉闷一扫而光，彼此间很容易就建立起一种亲近随和的关系。

将严肃的讨论置于轻松活泼、融洽愉快的气氛之中。这时，不仅满足双方利益的需要，也能缓解沉闷的谈判气氛，使彼此间心情愉快、有轻松感，有利于谈判的顺利进行。有时候在谈判桌上争论了几个小时无法解决的问题，在这时也许会迎刃而解。

其实，无论在什么情况下，当你与他人交谈的时候，都难免会出现磕磕碰碰的情况。

而聪明的谈话者，懂得要让对方恢复舒畅的心情的重要性，他们会用宽容和忍让给他人带来好心情，进而让谈话在对方愉快的心情下顺利进行。那么，怎样才能让对方心情舒畅呢？要做到这一点，你可以参考以下几个方面：

1. 不与他人抢话争话

自己有真知灼见希望尽快发表出来，这种心情是可以理解的。但你同样也要给别人发言的机会，不能迫不及待。在他人侃侃而谈时，硬是卡断他的话头，让自己一吐为快，或者他人正欲发言时，你捷足先登，把别人已到嘴边的话硬是挤回去，让自己畅所欲言。这都会让对方心里很不舒服。发表已见首先应具备的修养就是耐心，待别人充分发表了意见之后，或轮到你发言时，你再发言也不迟，这不仅不会减轻你发言的分量，还会调动大家的情绪。

2. 不说侮辱性话语

说到让谈话的对方心情舒畅，不得不提口德，“德”可以说是口才的灵魂。生活中，有些词语我们应尽可能避而不用，尤其是有关生理特点的“胖猪、矮冬瓜、瘸子、聋子”，还有“乞丐、私生子、拖油瓶、白痴……”一个注重言语修为的人，一个有益于他人的人，自然易于为他人所接受，他的话也就可能被别人奉为圭臬。

3. 尊重他人的意见

说话是人的思想的反映，尊重他人的意见，相当于尊重他这个人。但有些人为使自己的意见突出，引起他人对他谈话价值的充分认同，常不自觉地对他人的意见加以贬低、否定。结果引发了对方的不满和对抗，不仅自己的意见未得到重视，反而遭到冷落和否定，自己的形象也受到贬损。有些善于说话者，在发表己见时，恰恰采取相反的态度，他们会巧妙地从不同角度对已发表出来的意见加以肯定和褒扬，甚至采取顺势接话、补充发言的方式陈明己见，这样别人就会保持一个积极、良好的心态倾听他们的高论，他们的意见圆满发表了，他们的风格也显示出来了。

第三章 回应口才：不管喜不喜欢，态度要认真

敬即是上海话所谓“当心”，我们做事，必须全神贯注，“当心”去做。做大事如此，做小事亦须如此。

——冯友兰

（曾任北京大学教授，著名哲学家，教育家）

和对方使用同样的五感语言

一般来说，人们在用语言进行表达的时候，至少会使用五感中的一种（听觉、视觉、嗅觉、味觉、触觉）。在不同的表达当中，我们可以发现人们不同的感觉运用。比如对于“你觉得那个人怎么样啊”这一问题。有的人会回答“他看上去很漂亮”，做出这一回答的人在表达中主要运用了视觉；有的人会回答“他给人的感觉特别舒服”，做出这一回答的人在表达中比较注重身心感受，也就是触觉；还有人会说“他的声音很好听”，这样回答的人则在表达中运用了听觉……

在谈话中对他人做出回应的时候，如果你能注意对方所用的语言，找出对方用哪种感觉表达最多，然后配合使用同样感觉的词语。就会让对方在无意识中感到“与你很投缘”，你与他的谈话就可以顺利地进行下去了。比起普通话，说家乡话更有亲切的感觉，就是这个道理。

不久前，老张出差住在一家旅店，一个先他入住的人悠闲

地躺在床上欣赏电视节目。老张放下旅行包，稍稍洗了一下，冲了一杯浓茶，对那位先他而来的人说："师傅来了多久了?""没多大一会儿呢。"那人回答道。

"听口音是北京人吧?"老张问。

"哦，保定的!"那人答道。

一听那人是保定的，老张顿时兴奋了起来，因为工作原因，老张曾在保定待过几年，也能把保定话说得差不多，于是，老张马上用保定话和那人聊起来："啊，保定是个好地方啊！我在读小学时就在《平原枪声》的连环画上知道了。我还在保定工作过几年呢，白洋淀雁翔队的故事我可喜欢看了!"

听了这话，那位保定的客人马上来了兴趣，两人从白洋淀和雁翔队谈开了，那亲热劲儿，不知底细的人恐怕会以为他们是一道来的呢。

他们从相识、交谈到最终的熟悉，就在于老张聊到了对方的身心感受，和对方使用了同样的听觉语言——听家乡的方言更加亲切。

和对方使用同样的五感语言，在你面对让自己一见倾心的人时，会有意想不到的效果，和对方使用同样的五感语言，有意识地配合对方的感受，会让对方觉得你们投缘。

毛鑫和余英在某个培训班上相识，在一次课堂讨论上，毛鑫被余英优雅的气质和聪颖的观点深深吸引住了。

下课后，毛鑫走到余英桌子旁，说："你好，刚才你的演说非常精彩。我很赞成你其中的……"

余英饶有兴趣地和毛鑫讨论了一会儿，这时，毛鑫突然问道："你是哪里人?"

"南京市的，我南京晓庄师范毕业的。"

"是吗！太巧了，我也是晓庄师范毕业的。你是哪一届的?记得，那时学校里……"

于是，双方的共性找着了，毛鑫就从学校生活开始回忆，和余英愉快地交谈起来了。

在回应他人的时候，一定要做到耳到、眼到、心到。因为只有五感到位，你才能通过巧妙的应答把别人引向你所需要的方向或层次，这样一来你就可以轻松掌握谈话的主动权了。事实上要做到这点并不难，只要你用心观察和寻找，终究是可以和对方使用同样的五感语言的。剩下的就是鼓足勇气，自己说出得体的话来，这样一来，相信对方一定会被你打动的。

让对方感觉到你在认真听

在人的一生中，每个人都在寻找一种感觉，这种感觉叫作什么呢？叫作重要感。在和别人沟通的时候，你是一直不断地在讲还是认真地在听他讲话呢？如果给人的感觉是一直在听别人讲话，就会让说话的人感觉自己很重要。

说话有说话的方法，倾听也有倾听的技巧。要想使他人对你不反感，能够有意愿与你交谈，不仅要善于倾听，比起你是否在倾听别人的话，更重要的是，是否能让对方感受到你在认真地听。尽管我们并不主张心不在焉地敷衍对方，但如果你能恰当地应和说："我在认真听着呢。"就能让你们的谈话进行的更加顺利。也就是说，你听的同时，要让对方感受到你内心的潜台词，"我觉得你的话很有意思""再和我多聊会儿"。

要做到这一点并不难，我们提倡在听别人说话时，要不时地做出反应，如附和几句"是的"等话语，这样既让说者知道你在听他说，又让他感觉你在尊重他，使他对你产生浓厚的兴趣。另外，还可以将"啊""哦""嗯""哎""哇"这些语气词适当地加到对话之中。这样做不仅可以将"自己在认真听"的信息传达给对方，还可以使整个对话过程更有节奏感，从而让对方感觉容易开口。如果觉得对话一开始就不太顺利，不妨试着用一下这个方法。

不过，如果只是重复使用这个方法的话，不免会让人觉得像机器一样。而一旦你们之间的对话不能互相理解、形成共鸣的话，你将失去作为谈话对象的必要性。那么，结束谈话也只是时间的问题了。因此，你必须要懂得适时回应对方才行。

奥罗隆·西格曼是美国马里兰大学的心理学家，为了证明听者的态度对说者有着极大的影响，她曾做过这样一个实验。

实验者将48名女大学生组织起来，进行了一项调查。在这项调查中，女大学生要分别进行两个阶段的面试，而面试官中的男性，则分别表现出回应和不作回应两种反应，以观察对话的变化情况。最后，由女大学生分别作出评价，并选出“自己喜欢的有亲和力的面试官”。

调查结果表明，当在第一阶段进行了回应，在第二阶段不回应时，评价就会有下降的趋势，当在对话开始时回应，但对话后期不再回应时，就会让人感觉到随便、冷漠。

不管对话有多么无聊，不管自己多么不情愿，对话成功与否的决定因素是有没有将回应坚持到底。如果不这样做，就连最基本的评价也会打个折扣。

合时合宜的回应不仅表示了你对说话者观点的赞赏，而且还暗含着对他的鼓励之意。当你对某人的谈话表示赞同时，你可以说：“你说得太棒了!”“非常正确!”“这确实让人气愤!”虽然只是简洁的回应，但却能让说话者为想释放的情感找到了载体，也表达了你对他的理解和支持。

一位老教授跟自己的几个学生闲聊时，说起自己当年读研时候的事，他说：“你们现在的生活可真丰富，校园内有体育馆，校园外有游乐园。当年，我在你们这个阶段，生活的世界里只有课堂、图书馆和宿舍。”

学生们都笑了，教授继续说道：“不过，那个时候精力都用在读书上也好，搞科研嘛，基础知识不扎实根本无法谈及创新。

还记得我做了一个关于青藏高原地质变迁的课题，除了要查自然地理方面的书，还要查一些地质演变与生物演化方面的书。那时候，科学根本没有现在这么发达，哪里有什么计算机、文献电子稿啊，完全依靠图书馆里纸质的资料，跟你们现在做项目比要难多喽!”说着，教授停顿了下来，端起茶杯喝了两口。

这时，其中一个学生恭敬地问道：“老师，您当年的研究方向是青藏高原的地质变迁问题，可参考资料却涉及区域内的生物演化，当时是不是很少有人将这两个角度结合考虑?”

听完，教授会心地笑了，看了看这位“好问”的学生，他说：“很多时候，别人没想到的地方你想到了，才会有意外的收获，才能够创新。不信，我们来举个现在的例子，就说说你正在进行的课题吧!”接下来，教授在得意于自己的创意之余，顺便给了那名巧妙提问的学生一些很有创意的课题指导。至于其他只知道倾听的学生，只能继续做听众。

回应是一项最基本的倾听技巧，就算仅能做到回应别人的程度，对方也会产生“这个人是在认真听我讲话”的感觉。当然，如果对方提出的是一些尖锐的话题，那还是不插嘴为好，否则很容易导致言语冲突。

但是，万事都要把握分寸。许多人过分相信自己的理解和判断能力，往往不等别人把话说完就中途插嘴，这种急躁的态度很容易造成损失，不仅容易弄错对方说话的意图，还有失礼貌。当然，在别人说话时一言不发也不好，对方说到关键的时刻，说完后，你若只看着对方而不说话，对方会感到很尴尬，他会以为没有说清楚而继续说下去。

还有不少人在倾听别人说话时表现得唯唯诺诺的样子，好像什么都听进去了，可等到别人说完，他却又问道：“很抱歉，你刚才说什么?”这种态度，对于说话者来说是有失礼节的事。所以说，即使你真的没听懂，或听漏了一两句，也千万别在对方说话途中突然提出问题，必须等到他把话说完，再提出：“很抱歉！刚才中间有一两句你说的是……吗?”如果你是在对方谈话中间打断，问：“等等，你刚才这句话能不能再重复一遍?”这样，会使对方有一种受到命令或指示的感觉，显然，对你的印象就没那么好了。

尽管在谈话中，要确切了解对方的真正意思并不容易，但只要能认真倾听对方所说的话，并且适当地回应“嗯”“是的”“我了解”，将你在专心倾听的信息传达给对方，对方就会觉得你是理解他的进而愿意和你交流下去。

要做到这一点你还可以从以下几个方面努力：

（1）适时地重复对方说的句子。

（2）重整对方表达的内容。即把别人的字句意思用新的字句说出来，但必须忠于原意。

（3）反映感受，受伤、痛苦、挫败、快乐、宽慰，你只是用心和眼睛来倾听，重视运用肢体语言，你需设身处地，站在对方的立场。

（4）注重肢体语言。有资料显示，在良好的沟通中，话语只占7％，音调占38％，而非言语的讯号占55％。眼睛注视对方，不时点头称是，身体前倾，微笑或痛苦的脸部表情等都是用肢体语言来表达你的意思。

（5）及时用动作和表情给予呼应。

在说话时，别人最怕你是一个沉闷不起反应的人，所以你和别人谈话时，应善于运用自己的姿态、表情、插入语和感叹词。要随时加以反应。有时点头，有时微笑，有时说“是的，我也这样觉得”，有时说“这一点，我不大同意”，有时说“据我所知，这件事是这样的”，有时说“你说的这点对我很有用处”。听了别人的妙语警句，不妨大大表示赞赏。

（6）适时适度地提问

适时适度地提出问题是一种倾听的方法，它能够给讲话者以鼓励，有助于双方的相互沟通。问别人喜欢回答的问题，鼓励他人谈论自己及他所取得的成就。不要忘记与你谈话的人，对他自己的一切，比对你的问题要感兴趣得多。

安慰人也有逻辑顺序

你可以做下面这个实验：

准备三杯水，一杯冷水，一杯热水，还有一杯温水。先将手放在冷水中，再放到温水中，你会感到温水很热，但是如果你先将手放在热水中，再伸入温水中，就会感到温水很凉。

同一杯温水，温度并没有发生变化，却怎么出现了两种不同的感觉呢？这种奇妙的现象就是冷热水效应。这种现象的出现，是因为人人心里都有一杆秤，只不过是秤砣并不一致，也不固定。随着心理的变化，秤砣也在变化。当秤砣变小时，它所称出的物体重量就大，当秤砣变大时，它所称出的物体重量就小。人们对事物的感知，就是受这秤砣的影响。

这种冷热水效应同样也存在于说话中，在与人交谈时，也许很多人都不太注意说话顺序，可事实上，不同的说话顺序，对别人的心理影响大不相同，这就是冷热水效应。所以，说话并不是简单地表达而已，必须注意话语间的逻辑顺序，正如北大教授陈平原所说："好话可不好说，既要有教育意义，又不能讨人嫌。"

说话需要有逻辑性，如果一个人的话语没有什么逻辑，那他说的话就显得混乱不堪，很难取得别人的信任。这就告诉我们，在说话前要认真考虑清楚，要言之有序。安排顺序，要以听者是否方便为准。我们在安慰他人的时候也是这样，只有安排好所说话的顺序，想好先说什么、后说什么才能取得想要的效果。

一次，一架客机即将着陆时，机上乘客倏忽被通知，因为机场拥挤，无法下降，估计到达时刻要推迟1小时。马上，机舱里一片埋怨之声。几分钟后，乘务员通知说，再过30分钟，飞机就会平安降落，乘客们如释重负地松了口气。又过了5分钟，广播里说，此刻飞机就要降落了。虽然晚了十几分钟，乘客们却喜出望外，纷纷拍手相庆。

在这个事例中，机组人员无意之中运用了冷热水效应，首先使乘客心中的“秤砣”变小，当飞机降落时，对晚点这个事实，乘客们不但不厌恶，反而异常兴奋了。化妆品女皇玫琳·凯年轻时曾经有过这样的经历。

一天，她在海边看到了一位女孩，脸上写满了忧郁与哀愁，还挂着泪痕。玫琳·凯微笑着走上前去，问她：“你好，我叫玫琳，能跟你说几句话吗?”

女孩并不愿意理她，依然在那里感受着落寞。玫琳·凯继续温柔地说：“虽然你心情非常糟糕，显得有些忧愁，但你依然很美。你有什么伤心痛苦的事情，可以跟我说说吗?”

她想了一会儿，就跟玫琳·凯倾诉了起来。当她说得动情时，还流下了眼泪。而玫琳·凯给她的一直是真诚的眼神、用心的倾听和适当的点头。玫琳·凯的聚精会神，让女孩感觉到了一种关注和理解。最后，女孩还说，自己今天来海边，就是想结束自己生命的。因为自己爱上的那个人，事业有成后就把她抛弃了。

玫琳·凯听了后，先是为女孩感到唏嘘、忧伤，还气愤地大骂那个男人有眼无珠。然后安慰女孩说：“吃一堑，长一智。”最后，她真诚地鼓励女孩：“你放心吧，天底下好男人多的是，你一定会找到一位责任心强且很有爱心的男人的。你看你长得多漂亮，连我这样的女人都喜欢，更何况是男人呢。所以，你一定要振作起来。”

最后，女孩用极其感激的语气对玫琳·凯说：“从来没有人和我说过这么多话，我感觉自己到今天才算是真正地发现了自己。我现在才相信，活下去会是很美好的。”

如果玫琳·凯在安慰女孩的时候开口就说："不用在这种事上纠结"想必很难让女孩得到真正的安慰，甚至还会被女孩反驳，但她用"吃一堑，长一智"说到了女孩的心坎上，最后用真诚和赞美让女孩重拾希望。由此可见，安慰别人的确要讲究语言顺序。

当一个情绪低落、心情郁闷的人向你倾诉时，你最好仔细想一想该按照怎样的逻辑顺序安慰他，同时，安慰一个人的时候尽量不要语无伦次。最好能先营造一种"我希望你能打起精神来"的氛围。这样在安慰人的时候你说出的话就能如春雨一般，润物无声了。比如，有同事跟你开诚布公地说："上星期，我和女朋友分手了。"这时，如果只重复感情用语的话，你只需要重复"分手了"这三个字即可。

宾夕法尼亚州立大学的一位心理学家曾做过一项关于重复对方说话效果的实验。

随机选取90多名女大学生，让她们与事先雇用的"情绪低落者"进行对话聊天。对话过程中，50%的女大学生在安慰他人时都先表示了"希望你过得好"或"希望你能振作起来"，而另外50%的女大学生则仅仅是用简单的语言安慰着。

结果表明，跟后半部分的女大学生相比，前半部分女大学生聊天的时间要比后半部分长出27%，而"情绪低落者"对于其好感度也要高出11%。这个实验告诉我们，在安慰人的过程中，先说什么后说什么非常重要，也就是说，语言的逻辑同样适用于安慰他人的谈话中。

人的情绪总会有陷入低落的时候，心烦意乱、胡思乱想也是人之常情。如果你能够在一个人低落的时候准确地传达自己的安慰，他的心情就会好很多，并对你表示感激。但是，若要真正做到在安慰他人的时候讲究好语言的逻辑顺序，就必须要掌握一些谈话技巧。

例如，有一个人患了较长时间的慢性病，由于病休时间较长，这个病人产生了放弃思想。对此，首先，你可以对这位患者多介绍一些得了同类病的人经过治疗得到痊愈的事例，这样就可以减少患者及其家属的忧虑。然后再多给他讲一些“既来之，则安之”的道理，劝慰患者在医院安心治疗，不要有头无尾，功亏一篑。另外，对于较多考虑经济负担等实际问题的患者，则应该劝他们着眼于健康，注意调养，并建议与单位联系争取适当补助。

总之，安慰他人是为了帮助他人走出情绪低落的阴霾，鼓励他们战胜困难，激发他们积极向上的勇气。因此，在安慰他人时要做全盘细致、周密的考虑，懂得什么样的话该放在前面说、什么样的话应该放到后面说。

不要草率地为别人出主意

生活中总有这样一些人，当他人在谈话中讲到自己的烦心事或者让他们给自己办一些已经决定了的事的时候，他们总喜欢无节制地发表自己的意见，给别人出主意。这样的家伙其实很让人头疼。你会犯这样的错误吗?

王倩马上就要结婚了，这天她去做婚礼的定妆，为了达到更好的效果她叫上了自己的好姐妹小李。化妆进行了两个多小时才完成，画完妆后的王倩真的美丽极了。化妆师精心“调制”的妆容得到了大家的一致认可，王倩也开心得不得了，可就在这时，小李却说：“化妆师用假发刘海掩盖了新娘美丽的真发，有点画蛇添足吧。”王倩觉得小李说得有道理，就让化妆师将假刘海摘了下来。过了一会儿，小李又说：“腮好像有点红，都赶上猴屁股了，画淡点吧。”尽管与小李的关系亲密无间但是在这种场合听到小李这样说自己，王倩心中还是生出了一丝不悦。可小李好像并没有意识到自己的失言，还是自顾自地为王倩的妆容出主意，说：“头上再加点花吧，口红的颜色可以再重些……”

本来心情大好的王倩再也没有心情欣赏自己的新娘妆了。

说话是一项艺术，可以表现一个人的人文修养和见识，大到一言可以兴邦，小到会把周围的人得罪。说话的时候诚意与文饰并重才不至于太野或太假，才称得上文质彬彬。个中道理，须仔细斟酌。

或许，日常生活中会有很多人因为不同的原因对你愤愤不平地发牢骚。出现这种情况的时候，千万不要想当然地认为对你发牢骚的人是想让你为其提供解决方案的。其实，他们可能只是想寻求理解或者发泄一下而已，并不是想请你帮忙解决问题。草率地为满腔不满的人随便出主意往往会起反作用。

比如说，如果有一个女人对你哭泣，向你诉苦，你会怎么办？是给她递上纸巾让她擦掉眼泪安慰她，还是“热心肠”地帮助她给她出个解决困难的主意？聪明的人都明白在遇到这种情况的时候，只要给她擦掉眼泪的纸巾就可以了，自己的嘴巴一定要管住，草率地为别人出主意是要不得的。下面的故事就说明了这一点。

小李是公司出了名的“热心肠”，因此办公室的同事有什么不顺心的事都愿意上她那儿“倾诉”，可最近她却在无意中听到了下面这番对话——

“那个小李啊，真是居心不良，上次居然劝我跟老公离婚！”

“就是就是，上次我跟男朋友吵架，信任她才告诉她的，结果她却劝我趁早分手。”

“她对我不一样。我跟她讲我老公跟前任女友又腻上了，她劝我能忍就忍吧，还说如果真离了婚，以我的条件再也找不到比现在老公更好的男人了！”

“真是乱出主意！”

“这个人太自以为是了！”

随便给人出主意，本来就不妥，而且，更何况还是生活上的琐碎小事。故事中的小李就是因为草率地给别人出主意，让其他的同事个个都觉得自己碰上了不良同事，倒霉透顶！实际上，真正倒霉的是那个小李，费力不讨好。究其原因就只能怪小李没有搞清楚一个人抱怨的时候他的真正需求是什么，也就是抱怨的人究竟都在想些什么。

其实，人们在向身边的人倾诉的时候，并不一定都是抱着要得到建议的目的去的，更多的时候他们更想听对方一些理解和支持的话。然而，在生活中很多人都不明白这个道理，特别是那种控制不住自己嘴巴的人，每当面对喋喋不休的诉苦人时，他们总是喜欢不明就里地胡乱出主意："跟他分手算了""必须让他道歉""居然犯这样的错误，坚决不能容忍"……

很多时候，不管对你倾诉的那个人对某个人或某件事的抱怨再严重，在他的心里自己对那个人、那件事还是存在着美好的期待。在这种情况下，不管你出什么样的主意，无论好坏，与你关系紧密的人都不会太在意，更不会往心里去。可如果你给出主意的那个人跟你只是不太熟悉的人，你草率地给他出主意就可能造成不好的影响。因为他只是找不到诉苦的对象时才选择了跟你交流，等他诉苦的情绪过去后，你出的主意可能就成了"馊主意"。

林语堂说："人生譬如一出滑稽剧。有时还是做一个旁观者，静观而微笑，胜如自身参与一份子。"任何人都应该明白这样一个问题，他人向你诉苦并不一定是为了让你帮他解决问题，更不是为了听你的建议和主意，所以，这时候最好做个旁观者。事实上，当一个人向另一个人诉苦时，更多的只是想让你成为他的"同盟"而不是"老师"。换句话说，当有人向你诉苦时你只需认真听着并适时地附和几声就可以了，千万不要草率地为别人出主意，多余的话说多了最终无益。

即使批评，也要用心聆听

一个人无论在什么时候都要虚心接受他人的批评，然而，真正能够做到这一点的人却不多。有的人总是刚愎自用，受不得半句批评；有些人当面千恩万谢地接受，转身却忘得一干二净；有的人当面硬不认错，死要面子，其实心里也清楚自己做错了。

面对批评，这些做法都是错误的，既不能达到解决问题的目的，又会给他人留下"固执""傲慢"的坏印象。

对待批评，正确的态度应该是从积极的方面来理解，特别是严厉的批评，应该把朋友的批评看作改进自我、完善个性、克制情绪、提高心理承受力以及激发斗志的机会。

乔治·罗纳住在瑞典的艾普苏那。乔治·罗纳在维也纳当了很多年律师，但是在第二次世界大战期间，他逃到瑞典，一文不名，需要找一份工作。因为他懂好几国的语言，所以希望能在一家进出口公司里找到一份秘书的工作。绝大多数公司都回信告诉他，因为正在打仗，他们不需要这一类的人，但他们会把他的名字存在档案里……不过有一个人在写给乔治·罗纳的信上说："你对我生意的了解完全错误。你既蠢又笨，我根本不需要任何替我写信的秘书。即使我需要，也不会请你，因为你甚至连瑞典文也写不好，信里全是错字。"

当乔治·罗纳看到这封信的时候，简直气得发疯。那个瑞典人写信说他不懂瑞典文是什么意思？那个瑞典人自己写的信都错误百出。

乔治·罗纳当时就写了一封信，目的是使那个人大发脾气。后来，他停下来对自己说："等一等，我怎么知道他说的是不是对的？我修过瑞典文，可是这并不是我的母语，也许我确实犯了很多自己并不知道的错误。如果是那样的话，那么我想要得到一份工作，就必须继续努力学习。这个人可能帮了我一个大忙，虽然他本意并非如此。他用这么难听的话来表达他的意见，并不表示我就不亏欠他，所以应该写封信给他，在信上感谢他一番。”乔治·罗纳撕掉了他刚刚写的那封骂人的信。

乔治·罗纳另外写了一封信说：“你这样不嫌麻烦地写信给我实在是太好了。对于我把贵公司的业务弄错的事我觉得非常抱歉。我之所以写信给你，是因为我向别人打听，而别人把你介绍给我，说你是这一行的领导人物。我并不知道自己的信上有很多语法上的错误，我觉得很惭愧，也很难过。我现在打算更努力地去学习瑞典文，以改正我的错误，谢谢你帮助我走上改进之路。”

没过几天，乔治·罗纳就收到那个人的信，请罗纳去找他。罗纳去了，而且得到一份工作，乔治·罗纳由此发现温和的回答能消除怒气。

的确如此，我们都应该接受来自他人的善意批评，因为人非圣贤，孰能无过，而且往往错的时候比对的时候多。爱因斯坦就说过，百分之九十九的时间他的结论都是错的！

缺点错误是一个人成功的大敌，而他人指出你的缺点，就是要引起你的警觉。如果不能善待他人的批评，那你的缺点错误就永远无法改正。

不要把他人的善意批评，想象成对自己的人身攻击，切忌把他人的意见，误会为给自己难堪。善意的批评是人生中不能缺少的。

请不要怀着敌意来看待批评，因为忠言逆耳，你要仔细聆听，了解他人的批评是否具有建设性。它能让你变得足智多谋、沉稳成熟。若懂得冷静聆听批评，既能保持情面，又对加深友谊具有积极的效益。即使有些批评是尖酸刻薄的，你也要淡化处理，这样他人才会越来越喜欢给你忠言和卓见。

在他人的批评面前，反击、争辩或是无礼都无济于事，对这样的批评进行无关紧要的纠正，只会演化成严重的问题。

所以，要学会把他人的批评当成宝，乐于接受建设性的批评并且遵照执行。以下这些方法将指导你更好地对待批评：

（1）想一想到底是不是自己的错。先把利己主义抛到一边，如果朋友批评得有道理，就要客观地倾听他们的看法，并切实了解清楚，接下来应该想想如何解决问题。

（2）不要寻找替罪羊。不要试图争辩、迁怒他人或是矢口否认，以为事情能就此淡化。解释往往会被看成借口或否认。

（3）要合作，不要对抗。即使因为并不相干的事情受到了批评，也不一定非要选择对抗性的做法，不要给人留下“小家子气”的印象，多一些容人之量，和对方一起找到真正的问题才是解决之道。

学会简洁有力地回应傲慢的人

在交谈的过程中，我们常会碰到一些傲慢的人，他们往往居高自傲、傲慢无礼、目中无人，认为自己比别人高一等，甚至在言谈中常常露出颐指气使的态度，仿佛其他人天生就是该仰视他们的人，他们在和别人说话的时候常常表现出一副唯我独尊的姿态，不容许他人说一句质疑他们的话。面对这样的人，我们该做出怎样的回应呢？

面对这样的人，我们要掌握一个交谈的撒手锏——以简洁有力回敬傲慢无礼。当傲慢的人说出几句他的高谈阔论时，我们只需回答一句，但务求言之有物、一语中的，他们语调高昂、虚张声势，我们就回以言简意赅、沉着冷静，绝不给傲慢的人一丝傲慢的机会。

高菲这天早上做了足足半个小时的心理准备。因为她听朋友说自己今天要面试的这家世界五百强企业的人力资源经理十分傲慢，不禁有些紧张。她不停地告诉自己，要不卑不亢、沉着应对、展现自信。

今天一共有12名面试者，高菲手中的号码牌是最后一张，12号。当等得口干舌燥的高菲走进面试室的时候，发现面试官正在喝水，而面试的这一侧没有人。更过分的是，面试官明明看见她敲门进来，没有一声应答，也没有停下喝水，只是抬眼瞟了高菲一眼。

面试官露出一种面试完11名候选人的疲惫和不耐烦的神情，终于放下了矿泉水瓶，用懒洋洋的声音说道："做个自我介绍吧。"他的语调中充满了优越感和傲慢。

高菲一下子被激怒了，她与很多著名企业的人力资源部经理面对面谈过话，面试经验也算丰富了，可此刻她感觉自己一股热血冲上头脑，这么傲慢的领导自己还是第一次遇到。高菲此时有一肚子的话要指责这位面试官，有一连串的诘问可以用来回击。

此时，她让自己冷静下来，说道："我想作为一名世界500强企业的人力资源部经理，坐直了与面试者说话是起码的尊重和礼貌。"此话一出，虽然觉得自己面试无望了，但还是冷静地直视着面试官。

没想到面试官不但放下了手中的矿泉水瓶，坐直了身体，而且忽然微笑着向高菲点头："恭喜你，高菲小姐，你是我们今天第一个通过面试的候选人。"

原来，这家公司正在试验"压力面试法"，设计出傲慢无礼的这一幕，来考察面试者能否突破心理压力，敢于指出面试官的无理傲慢。

结果高菲用她简洁有力的话语回应对方，向面试官展示了自己的自信和沉着，最后轻松通过了面试，如愿以偿地成为这家世界500强公司的一员。

高菲用简洁有力的话回应对方获得成功的故事告诉我们，说话应该简洁有力才行。很多情况下，要想让对方更加认同你说的话，最好少和他啰嗦，所谓“多说无益”正是如此。

现在，许多企业，特别是外资企业和合资企业，都喜欢采用“一分钟录像”的办法来选择人才。所谓一分钟录像，就是只给应聘者一分钟的时间，让他们利用这短暂的时间来介绍自己，同时录像，然后拿给招聘者观看。这种自我介绍比较难，因为没有任何问题作为你谈话的引导和提示。如果招聘单位使用“一分钟录像”的方法录用人员，那么求职者在一分钟的时间里，如何充分地表现，如何更多、更好地让对方了解自己便成了求职成败的关键所在。因而，要求应聘者必须在短短的几分钟内或某一瞬间，最有效、最充分而又最简洁地表现自己，从而成功求职。

然而，在现实生活中，有些人叙述一件事情，为了卖弄才华，极力地修饰他们的语句，用重复的形容词，或用西方语言独有的倒装句法，或穿插些歇后语、俏皮话，甚至引用经典、名人语录，使别人往往摸不清他在说些什么。还有些人在说话时，喜欢东拉西扯，缺少组织和系统，也使人有不知所云的感觉。如果你要提升自己的影响力，只要在说话时说得简洁扼要就行了。在话未说出口时，先打好一个腹稿，然后再按照秩序一一说出来。

具有影响力的幽默大师林语堂曾戏称：演讲要像女人的裙子，越短越好。不仅演讲如此，说话也是一样，简洁的话语常能让人有意犹未尽、余音绕梁之感。冗长而又索然无味的说话，不但无趣，还会让人觉得像老太婆的裹脚布，又臭又长，啰啰嗦嗦，使听者昏昏欲睡。

正所谓少即是多，短即是美。简洁为上策！如果你花很长的时间才说到重点，更有甚者，讲到不知所云，即使听众尽力保持礼貌，眼神也会开始涣散。我们应该从伟大的沟通者身上多多学习。少说一点，听众就会多了解一点。当你真正做到简洁扼要，你的讯息就会显得意味深长。简单，让你所讲的内容更显珍贵，更加能够提升你的个人魅力，让你在生活工作中更受欢迎。

用谦虚的态度回应他人

茅盾说：“只有像竹子那样虚心，牛皮那样坚韧，烈火那样的热情，才能产生真正不朽的艺术。”谦虚自古以来就被视为一种美德，因为不谦虚的人很难获得大家的一致认同。我们即便十分自信，也还是要谦虚一些，尤其是要用谦虚的态度和人说话。

人们都喜欢说话态度谦虚和善的人，讨厌态度傲慢、高人一等的人。如果想得到别人的喜欢，说话态度谦虚必不可少。不目空一切、居功自傲，适当使用敬语，请人评判自己的意见，这是态度谦虚的主要方面也是基本要求，做到了，也就讨得了别人的喜欢。

在职场中，当你明显比同事强时，你在感情上还是要和大家在一起，千万不能与他们拉开距离，同事们也就不会再嫉妒你了，同事也会在心里承认你的“优位”是靠自己努力换来的。当你处于优位时，注意突出自己的劣势，就会减轻妒忌者的心理压力，产生一种“哦，他也和我一样无能”的心理平衡感觉，从而淡化乃至消除对你的嫉妒。

“小姜毕业一年多就提了业务经理，真了不起，大有前途呀！祝贺你啊！”在外单位工作的朋友小叶十分钦佩地说。

“没什么，没什么，老兄你过奖了。主要是我们这儿水土好，领导和同事们抬举我。”小姜见同一年大学毕业的小吴在办公室里，便压抑着内心的欣喜，谦虚地回答。小吴虽然也嫉妒小姜的提拔，但见他这么谦虚，也就笑盈盈地主动与小姜的朋友小叶打招呼：“来玩了？请坐啊！”

不难想象，小姜此时如果说什么“凭我的水平和能力早可以提拔了”之类的话，那么小吴不妒忌才怪，进而与小姜难以相处！身在职场处于优位时，自然是可喜可贺之事。如果别人一奉承，你就马上陶醉而喜形于色，这会在无形中加强别人的嫉妒。所以，面对同事的赞许恭贺，应谦和有礼、虚心，这样不仅能显示出自己的君子风度，淡化同事对你的嫉妒，而且能博得同事对你的好感。

要做到谦虚地回应他人，就应做到以下几点：

首先，不目空一切、居功自傲。

有的人做出一点成绩、取得一点进步就飘飘然起来，跟谁说话都趾高气扬，到处夸耀自己，搞得大家都为之侧目。

杨志是一家广告公司的职员，他设计的一件平面广告作品得了一项大奖，经理在员工大会上大肆表扬了他一番，并让他升任主管。杨志认为自己是个人物了，从此以“专家”自居。

一次，经理接到一个平面设计任务，请杨志来评价评价。杨志唾沫飞溅地说了半个小时，批得体无完肤，最后结论是：应该返工重来。本来经理对这个设计比较满意了，听了杨志的话极不高兴，从此疏远了他。

又过了两年，公司里另一个职员石谦也得了广告大奖。他吸取了杨志的教训，说话非常谦虚，态度和善，很得大家喜欢。

其次，适当使用敬语。

敬语能表现说话者对对方的态度，因此，对听话者来说，可以根据对话是否使用敬语，了解到对话人把自己置于什么地位。例如，科长想请新职员去喝酒，叫道：“你也来吧！”如果职员回答：“好，去。”会怎样呢？科长会认为新职员不理解对上司应使用的语言，看低了自己，内心是不会平静的。这样一来，科长就会用另一种眼光看他。由于没有使用敬语，招致对方改变对自己的态度，日后两人的关系将会变得微妙。

常常听到有人发出类似这样的感慨：“近年来，年轻人连敬语的使用方法都不知道，真可气。”这就是虽然一些年轻人没有恶意，却由于没有使用适当、确切的敬语，致使人与人之间的关系产生了风波的明证。

与其相反，使用适当的敬语，双方不仅能正常地保持人际关系，还会提高别人对你的评价。特别是对女职员来说，更是如此。有人说："适当的时候，使用适当的敬语对女性来说是语言之美的至高境界。"的确这样。想想看，与前述相同的场面，如果对于"你来!"回答说："好，一定参加。"就会使人多少有些美感。心目中对上司抱着什么态度，从语言中可以大体看出来。这种语言的运用，可以协调上级与部下、年长者与年轻者之间的关系，使听的人感到甜美。因为那种语言会使人感觉到有教养，感情丰富，教育得好。

最后，要请人评判自己的意见。

我们可以看到，有许多真正伟大的人物，总是很谦虚地请别人评判自己的意见，从而获得别人的赞同。以谦虚的态度表示独断的见解，对使别人信任我们的意见及计划都很有效用，我们知道多数成功的领袖，常常应用这个策略。

有的时候也需要争辩。比如两个喜欢辩论的朋友，经过一次的辩论，也许对于双方都是有益而愉快的。

美国威尔逊总统曾经对鲍克接连问了一小时的问题，使得他不得不拥护在他自己看来绝对相反的意见。但到了最后，威尔逊使鲍克感到吃惊的是，他告诉鲍克，他已经改变了主意，他已经醒悟了，并从另外一个观点去探讨这个问题。鲍克非常吃惊，从此对威尔逊更加敬重了。

这种策略，可以当作能够引起友爱的一种方式，但不可不说是常例。其实，别人可能在种种方面与我们意见不一致，这是可以预料的事情。如果和对方争辩之后，还能请他来评判一下自己的意见，他就会认为你是个谦虚的人，而对你的印象更加好。

咄咄逼人的话怎么回应

在交往中，我们不可避免地会遇到咄咄逼人的谈话场景，谈话者一般是有备而来，或是对自己的条件估计得比较充分，有信心战胜你。谈锋一般是指向一个地方，对你的要害部位实行“重点攻击”，会令你一开始就处于被动位置。

对付的方法有多种，根据具体情况，可以加以选择。

1. 以退为攻

假如对方的问话是你所必须回答的、不能推辞的，而又要对方跟着你的思路走，你可以装作退却。对方乘机逼过来，你把他带得远了，让他完全进入了“圈套”，然后再回过头来对他进行反击。

2. 后发制人

这是使自己能站稳脚跟最有效的办法。一般在两种情况下，最为有效：

（1）当对方到了已经不能自圆其说的时候。咄咄逼人者，开始锋芒毕露，也许你根本找不到他的破绽。但是，他总有不攻自破的地方，总是有软弱的地方，只是你还没发现而已。等待时机，一旦其光芒收敛，想喘息、补充的时候，这时候你就可以反攻了。

（2）当对方已是山穷水尽的时候。这时候对方已经进攻完毕，而你发现，他的锋芒所指，只不过是你的微不足道的一个小错误，或者他打击的部位并不全面，从本质上动摇不了你，这就是所谓的“山穷水尽”。

3. 针锋相对

针锋相对即是以同对方一样的火力，向对方进攻，对方提什么问题，你就给予十分肯定或否定的回答，丝毫不让，不拖沓也不拖泥带水，使对方无理可寻、无懈可击。

4. 把问题还给对方

这是谈话中的一个很普遍、很实用的技巧。当对方的问题很难回答，问的角度很刁，你回答肯定、否定都可能出差错时，那就不要回答，把问题再还给对方，将对方一军。

比如，有一个国王故意问阿凡提："人人都说你聪明，不知是真是假？如果你能数清天上有多少颗星星，我就认为你聪明。"阿凡提说："如果你能告诉我，我骑的毛驴有多少根毛，我就告诉你天上有多少颗星星。"

5. 抓住一点，丝毫不让

当对方话锋之强烈，火药味之浓，使你无法反击，他提出的重大问题，你无法一一回答，这种情况下怎么办？迅速找到他的谈话内容中的小漏洞，即使再微不足道也无所谓，可以把这一点无限扩大，使其不能再充分展开其他方面的进攻。你就在这一点上，来回与他周旋，并迅速地想出应付其他问题的办法。

6. 胡搅蛮缠

胡搅蛮缠是当你理亏时，被对方逼到了死角，而又实在不想丢面子，就可以乱缠一番。把没有理的说成有理的，把本来不相干的事物联系在一起，说成是很有联系的事物，把不可能解决的、不好解决的问题与你的问题扯在一起，以应付对方的连串进攻。

胡搅蛮缠是一种不得已的办法。但却也不失为一种自我保护的方法，特别是当对方欺人太甚、丝毫不留情面的时候。另外，用胡搅蛮缠的方法，可以先拖住对方，使你有时间考虑更好的应付办法。

不要轻易否定对方

话为心声，也为情声。生活在这个复杂的社会里，人与人之间的交往是沟通感情的基础。人非草木，孰能无情？在日常生活中，与他人谈话，一定不要轻易使用否定的语言回应对方，每个人都渴望从他人那里得到认可和肯定的回应。

美国著名心理学家卡瑟拉博士曾经颇富成效地帮助过许多人，使他们走出低谷，步入佳境。有人问道："卡瑟拉博士，你帮助别人，最倚重的是什么？"卡瑟拉博士毫无遮掩地公开了她的秘诀："我使用一种奇妙无比的方法，它具有一种神奇的力量，使我能够让哑巴讲出话来，让灰心失望的人展露笑容，让婚姻遭遇不幸的夫妻重新和睦。接受我诊治的人，无论是精神分裂症患者还是正常人，这种力量都是我所知道的所有力量中最富效果的。这种力量就是——在回应对方的时候给予对方真诚的鼓励和肯定而不是否定对方。"

然而，并不是每一个人都能做到这一点。在与别人交谈的过程中，有些人会不自觉地伤害到对方。表面上看起来，他们没有做出什么无礼的举动，也没有谈论到不愉快的事情，但只要交谈的时间一长，就会让人感到疲惫，只想快点结束谈话。原来，这种人与交谈者的谈话方式存在着很大的问题。让人愉快、影响对方情绪的交谈方式，并不单纯是指口才水平。有时，口才好的人反而更让人厌恶，因为在交谈中，他们喜欢否定对方的观点。

张欣："今天的天气真热啊！"

王琳："是啊！可是昨天的天气比今天还热。"

张欣："这么热，最好是吃凉面！"

王琳："难道你不知道吗？凉面是冬天吃的东西哦！在酷热的夏天，吃冰凉的食物对身体不好。除了凉面还有没有更好的东西呢？"

张欣："你觉得鸡汤怎么样？"

王琳："这么热的天，吃那种东西会出一身汗啊！还是吃凉菜和米饭吧！"

上面的谈话中，乍一看王琳说的话并没有什么不对的地方，好像也并没有什么会影响张欣情绪的内容，但如果这番对话持续下去，张欣必然会感到极度疲劳。那是因为，无论张欣说出多么平常的话题，王琳都会持否定的态度去否定对方的话，即使她同意张欣对天气的看法也会绕个弯予以否定。

事实上，像上面的这种对话方式，会让张欣很快就会发觉王琳不但不接受自己的观点，而且不停地反驳，说出的话都一一反弹回来，因此会在不知不觉中感到压抑，甚至会产生对方不尊重自己的想法。如果跟王琳这类人谈话，为了得到她的认可，而忙于挑选顺应对方的话题，就会一直处于疲于应付的状态。可想而知，这种交谈无论如何都让人愉快不起来。

每个人都应牢记这样一个回应对方的原则，那就是不要轻易否定对方，因为你的一句否定很容易给对方造成创伤，甚至会留下很深的伤痕。这是因为人类大脑中管理情感的区域拥有很强的记忆力，因此你永远都无法抹去创伤所烙下的疤痕，而且每当遇到类似的情况时，潜伏在内心深处的伤痛就会死灰复燃。

无论遇到什么样的情况，都不能说出否定别人的话。这一点我们都该向石油大王洛克菲勒学习。

有一次，洛克菲勒的一个合伙人爱德华·贝德福特，在南美的一次生意中使公司损失了100万美元。然后，贝德福特丧气地回来见洛克菲勒。洛克菲勒本可以指责他的过失，但是他并没有那样做，他知道贝德福特已经尽力了，更何况事情已经发生了，不能因此就把贝德福特的功劳全部抹杀。于是，他极力寻找一些话题来安慰贝德福特。他把贝德福特叫到自己的办公室，对他说："这太好了，你不仅节省了60%的资金，而且也为我们敲了一个警钟。我们一直都努力，并且取得了几乎所有的成功，可还没有尝到失败的滋味。这样也好，我们可以更好地发现自己的错误和缺点，争取更大的胜利。更何况，我们也并不能总是处在事业的巅峰时期。”几句话下来，说得贝德福特心里暖洋洋的，并下决心准备东山再起。

洛克菲勒在爱德华·贝德福特给公司带来重大损失的情况下，也没有否定对方，反而给了其温和的赞美和鼓励，这正是爱德华·贝德福特需要的，事实证明，洛克菲勒的做法极其正确，爱德华·贝德福特后来为公司带来了可观的利润。由此可见，无论什么时候都不应该用否定的话轻易否定一个人，人都是脆弱的，有时候你的一些否定的话，可能会给他人带来难以磨灭的负面影响。

在办公室，有年轻的女同事美容回来了，问一男同事怎么样。一般应该说：“不错，很好。”而他却是有好说好，有坏说坏。他曾经指责过同事眉毛不该描，描成假的，没有原来真的好看。弄得人家心情大坏，半天不说一句话。又比如有一次，一位女同事买了一件新衣服回来，非常高兴地问他好看不好看。他实事求是地来了一句：“衣服颜色与你的皮肤不般配。”害得人家衣服穿在身上也觉得不舒服。

在与他人谈话的时候千万不要轻易否定别人，每个人都有闪光的一面，对别人说“你能行”不是奉承，而是给他寻找自己闪耀点的支撑，因为今天可能他是个庸人，明天就可能是某个领域的先驱。

三招教你组织语言

“帅才即优秀的学术带头人，应有广博、扎实的基础知识和创造才能，应有把握未来发展的洞察力，同时还需要有组织能力。”这是北大教授王选对于帅才的定义。无疑这其中的组织能力占有重要一席。而人最基本的组织能力就是语言的表达。无论是演讲、说话还是论辩都需要有较强的组织语言的能力，没有这种能力也就不可能有一张悬河之口，组织语言的能力是口语表达能力的一项基本功。毫无疑问，具备好口才的人需要具备良好的语言表达能力。但好的语言表达能力并不是一种天赋，它是靠刻苦训练得来的。古今中外历史上一切口若悬河、能言善辩的演讲家、雄辩家的语言组织能力无一不是靠刻苦训练而获得成功的。

美国前总统林肯为了练口才，徒步30英里，到一个法院去听律师们的辩护词，看他们如何论辩、如何做手势，他一边倾听，一边模仿。他听到那些云游八方的福音传教士挥舞手臂、声震长空的布道，回来后也学他们的样子。他曾对着树、树桩、成行的玉米练习口才。日本前首相田中角荣，少年时曾患有口吃病，但他不被困难所吓倒。为了克服口吃，练就口才，他常常朗诵、慢读课文，为了准确发音，他对着镜子纠正嘴和舌根的部位，严肃认真，一丝不苟。我国早期无产阶级革命家、演讲家肖楚女，更是靠平时的艰苦训练，练就了非凡的口才。肖楚女在重庆国立第二女子师范教书时，除了认真备课外，他每天天刚亮就跑到学校后面的山上，找一处僻静的地方，把一面镜子挂在树枝上，对着镜子开始练演讲，从镜子中观察自己的表情和动作，经过这样的刻苦训练，他掌握了高超的演讲艺术，他的教学水平也很快提高了。

这些名人与伟人为我们训练口才树立了光荣的榜样，我们要想练就自己好的语言表达能力，就必须像他们那样，一丝不苟，刻苦训练。正如华罗庚在总结练“口才”的体会时说的：“勤能补拙是良训，一分辛苦一分才。”训练自己的语言组织能力不仅要刻苦，还要掌握一定的方法。科学的方法可以使你事半功倍，加速语言组织能力的形成。当然，每个人的学识、环境、年龄不同，训练的方法也会有所差异，但只要选择最适合自己的方法，加上持之以恒的刻苦训练，那么你就会在通向“口才家”的大道上迅速成长起来。下面就向你介绍组织语言的有效的3招：

1. 做好充分规划

在沟通之前，先理顺自己说话的要点，要有一个简洁、明确的思路。如果一些问题是需要请示的，你的心中要有两个以上的方案，并且要提前弄明白各个方案的利弊，这样有利于领导做出决断。同时，弄清楚每一个细节，以便随时能够回答。如果领导同意了某一方案，你要尽快地把它整理成文字再交到领导手上，免得以后领导改变了主意，造成不必要的麻烦。

此外，还要先替领导考虑解决问题的可行性。有的人明明知道客观上并不存在解决问题的条件，还非去找领导，结果导致了十分尴尬的结局。

2. 组织语言要有逻辑性

谈话时如果主旨明确、内容相关、有条不紊，就能使人很容易领会，感觉有一种语言艺术的美感；相反，谈话时主旨不明、杂乱无章、前后不一，这样叫人很难领会其中的道理，增加人的厌烦。

说话要有头有尾、对听者要懂得尊重，不要一开口就冒出一句使人摸不着头脑的话。说话要前后衔接，一句话合不合适、是否能取得最好效果，不仅取决于谈话的对象、目的、场合、心境，也取决于上下文的关联。如果与别人说话时没有注意运用语言的上下文是否配合照应，那么，听话人就无法辨别表达者究竟表达了哪一种思想，容易引起理解上的歧义。因此，谈话时要周密安排对话，要做到有条有理、上下协调。

在说话时，谁都希望自己能有条理地组织自己的语言，而听者的要求也是如此。如果言者讲得混乱听者听得迷糊，那听者就很难正确理解说话者的意图。

在向厨房报菜名的时候，"热咖啡五杯、柳橙汁三杯、可乐一杯"像这样把同类的物品，从多到少报出，就是一个使听者好懂易记的方法，但是在日常对话中却很难做到条理清晰。

店老板："预约的客人，到底有几位，打电话了吗?"

服务员："刚想打，就有查询电话打过来。"

老板："那么说，是预约的客人打来的，有几位？"

服务员："不知道。"

老板："可是，客人不是打了电话吗？"

服务员："不，是别的客人。"

老板："那么就是还没打了？"

服务员："是的。"

老板急了："那你为什么不早说？"

服务员如此回答，真让人着急。他没有想过老板急切想知道的是什么，就按自己的逻辑顺序开始说了。想要成功地让听者理解自己的意思，就应该先解答听者想问的和感兴趣的事。

3. 说话前要认真思考

对于一次要说出多项内容的谈话，更需要事前考虑清楚，在多项内容之间串起中心，不论是主动者或是被动倾听者，要有耐心和善于捕捉谈话的时机，将脱离主题的话题拉回来。按一定的主题和条理与人交流，对谈话的另一方也是一种礼貌。说话要前后相连，句子要有合理的顺序排列。每句话之间有着自然的联系，不可把话扯东扯西，更不能语无伦次，要一句接着一句顺畅地表达所讲的内容。说话要围绕中心话题条理清晰，确定合理的思路，从结构上注意必要的过渡和照应。说话过程中我们应不断锻炼思维的逻辑性，才能掌握住语句连贯的技巧，这样就会不断提高自己说话的水平。

第四章　话题口才：快速找到话题的方法

我们要说现代的，自己的话；用活着的白话，将自己的思想、感情直白地说出来。

——鲁迅

（曾任北大讲师，著名文学家、思想家、评论家）

家长里短和人生理想都是话题

现在社会各个方面都需要沟通、需要交流，而人与人之间交流思想，沟通感情最直接、最方便的途径就是语言。出色的语言表达可以使彼此怨恨的人化干戈为玉帛，友好相处；可以使意见分歧的人互相理解，消除双方的矛盾；可以让彼此陌生的人产生好感，结成友谊……也只有通过出色的语言表达，才可以使相互熟识的人之间产生浓厚的情意，爱之更深。

但我们在生活中经常遇到这样的情况：和他人在一起的时候，不知道该说些什么，即使开口说话了，谈话进行得也是磕磕绊绊，并不流畅。很多人将这种情况归咎于找不到谈话的话题。造成这种情况的主要原因就是不知道该说什么，感觉总找不到话题交流。其实要想找到话题并不难，聊天的话题存在于我们生活的角角落落，就看你懂不懂得去发掘了。比如当天的新鲜事、体坛新闻、上班的那点事、你有什么愿望等家长里短和人生理想都可以成为你和他人聊天的话题。

中午休息，在办公室你可以和同事聊聊昨天晚上回家做了什么，比如看了什么电视剧，如果同事也看了，你们就可以再一起交流一下彼此的看法，聊天的话题自然得到了延伸；如果同事没看但表现出对你说的感兴趣你就可以跟他讲讲剧情，并时不时地问问他的看法；如果同事对你说的没有兴趣也不要紧，你可以问问他昨天做了什么，并适当地表达自己对其感兴趣，这样一来你就不会觉得没有话题可聊了。在你们的“雄辩滔滔，言之不尽”中，时间就不知不觉飞快地过去了。

另外，你也可以这样开展你和同事的谈话：

你：“你昨天晚上吃的是什么啊？”

同事：“哦，我昨天自己下厨做的水煮鱼。”

你：“真的吗？我也很喜欢吃水煮鱼，就是不知道该怎么做。你能给我讲讲吗？”

这时，一般来说同事就会给你讲解水煮鱼的做法了，在同事讲解的时候你再适时地提问，这样一来话题就得到了有效的延伸。你还愁你们之间没有话题可说吗？

另外，面对陌生人你也可以将家长里短和人生理想变成彼此之间滔滔不绝的话题。比如，在一个严冬的夜晚，你与一位陌生人见面，“今晚好冷”这句话自然会成为你们之间所使用的开场白。只是单纯地使用它，虽然也能彼此引出一些话题来，但这些话也可能对彼此无关紧要，这样，再深一步的交谈也就困难了。但是，如果你这样说：“哦，今晚好冷！像我这种在南方长大的人，尽管在这里住了几年，但对这种天气还是难以适应。”如果对方也是在南方长大的，就会引起共鸣，接着你的话头说出一些有关的事。如果对方是在北方长大的，他也会因为你在谈话中提到了自己的故乡在南方，而对你的一些情况产生兴趣，有了想进一步了解你的欲望，这样就可以把交谈深入。而且把自我介绍与谈话有机地结合，也不致令人觉得牵强、不自在。人们在不知不觉之中，就放弃了戒备的心理，从而产生了亲切感。

人类生活已经到了不能孤独生存的境地，语言的作用更不可或缺。你无论在什么环境中，都不可能避免跟人们交往，那么你就不能不依靠说话来作为交往的媒介。只有随时找到与能使你与他人有所连接的话题，才能为与他人进一步交往打下基础。话题其实无处不在，从家长里短到人生理想都可以成为你与他人交谈的话题。即使是一个不擅长在人前高谈阔论的人，在谈及这些家长里短的事时，也不至于紧张。

总而言之，要想在任何时间地点与任何人都能畅所欲言，就要做一个善于找话题的人。写文章有了好提纲往往会文思泉涌，一挥而就。交谈也是一样，有了好话题就能使谈话融洽自如。好话题，就是初步交谈的台阶，深入细谈的基础，纵情畅谈的开始。找好话题的准则是，至少有一方熟悉，知道对方是什么职业等，能谈大家感兴趣的、爱谈的话题，有展开探讨的余地，使彼此之间距离拉近。而这些所谓的好话题其实就蕴藏在我们的家长里短和生活理想中。

搜集随时可以信手拈来的话题

傅斯年说过："一分材料出一分货，十分材料出十分货，没有材料便不出货。"说话同样如此，有多少话题就能说多少话，没有话题就无话可说。如果你能和任何人谈上十分钟并使对方发生兴趣，这就说明你已经懂得了怎样找到合适的话题了。因为人的范围是很广的，不管你是工程师、法学家，还是教师、艺术家、采矿工人，总之，无论各种阶层的人物，你若能和他谈上10分钟使他感兴趣的话，就很不容易。不过不论难易，我们都要设法突破难关，我们经常看到许多人因为对于对方的事业毫无认识而相对默然，这是很痛苦的。其实只要你肯下功夫，在日常生活工作中多积累话题素材，这种尴尬的情形是可以避免的。

诸葛亮的辩才是名垂青史的，尤其是他在赤壁之战中，舌战群儒和智激周瑜的故事更是脍炙人口。

江东孙权治理吴国时，“内事不决问张昭，外事不决问周瑜”。是战是和，周瑜是一个关键人物。面对这样一位年轻气盛的将领，诸葛亮背诵了曹操写的《铜雀台赋》，借用赋中“揽二乔于东同兮，乐朝夕之与共”的句子，作为曹操想夺孙策和周瑜二人的妻子的证据，以此来激怒周瑜（“二乔”中的大乔是孙策的妻子，小乔是周瑜的妻子）。周瑜听罢，勃然大怒，离座指北而骂曰：“老贼欺人太甚!”接着，周瑜明确表示了抗曹的决心：“望孔明助一臂之力，共破曹贼。”诸葛亮就这样圆满完成了联吴抗曹的使命。

在关键时刻，引用一赋竟能有如此巨大的激励作用，实在令人赞叹。这个故事生动地证明，平时积累知识，适时适地恰到好处地运用它，对于增进言辞的雄辩性是何等重要！诸葛亮平时若从未读过曹操的《铜雀台赋》，又怎能在与周瑜交谈之时用得上呢?

1924 年 5 月 8 日，印度大诗人泰戈尔在北京度过了他 64 岁寿辰，北京学术界代表在东单三条协和礼堂为泰翁举行了祝寿仪式。

梁启超首先登上讲台，向这位深口隆准、须发皓然的老寿星致祝词：“泰翁要我替他起个中国名字。从前印度人称中国为‘震旦’，原不过是支那的译音，但选用这两个字都含有很深的象征意味。从阴雾霾霾的状态中必然一震，万象复苏，刚在扶桑浴过的丽日，从地平线上涌现出来，这是何等境界。‘泰戈尔’原文正合这两种意义，把它意译成‘震旦’两字，再好没有了。从前自汉至晋而西来的‘古德’（‘古德’，就是古代有道德的高僧），都有中国姓名，大半以所来之国为姓，如安世高来自安息，便姓‘安’，支娄迦谶从月支来便姓‘支’，康僧会从康居来便姓‘康’，而从天竺——印度来的都姓‘竺’，如竺法兰、竺佛念、竺护，都是历史上有功于文化的人。今天我们所敬爱的天竺诗人在他所爱的震旦地方度过他64岁的生日，我用极诚恳、极喜悦的心情，将两个国名联起来，赠给他一个新名叫‘竺震旦’。”

这时，全场大鼓掌。

梁启超接着说：“我希望我们对于他的热爱，跟着这名字，永远嵌在他心灵上，我希望印度人和中国人的旧爱，借‘竺震旦’这个人复活起来!”

这番精彩的讲话中包含着丰富的历史文化知识、梁启超熟悉历史，不光熟悉古中国——震旦，也熟悉古印度——天竺，还懂得“泰戈尔”原文的含义，也就是所具有的外语知识，佛教知识和历史知识都十分丰富。这些引人入胜的史实文典与为泰戈尔命名这一话题有机结合起来，妙趣横生，摇曳生姿，无怪乎引起“全场大鼓掌”这样轰动的效果。

俗话说“巧妇难为无米之炊”，没有话题，谈话就没有焦点。光是空说话，没有实际意思。那么怎样巧找话题呢？为了防止在谈话中没话找话，东拉西扯，甚至出现前后矛盾等问题，需要要谈话者从具体情况出发去考虑，学会察言观色，以话试探，寻求共同点，抓住了共同点就抓住了可谈的话题。如果是因为话不投机，出现难题，那就要求同存异，或是检讨自己的不妥之处，表示歉意，如果对方有什么顾虑，或是沉默的原因不明，那就没话找话说，随便找个话题，引起对方的兴趣，说个笑话，谈点趣闻都可以活跃气氛。

从具体情况出发，可以选择采取下面的方法：

1. 你想了解什么就问什么、谈什么

与陌生人交谈，一般都可以先提一些“投石”式的问题，在略有了解后再有目的地交谈，便能谈得较为自如。如在商业宴会上，见到陌生的邻座，便可先“投石”询问：“您是主人的老同学呢，还是老同事？”无论问话的前半句对，还是后半句对，都可循着对的一方面交谈下去，如果问得都不对，对方回答说是“老乡”，那也可谈下去。假如是北京老乡，你可和他谈天安门、故宫、长城，谈北京的新变化；如果是福建老乡，你可与他谈荔枝、龙眼、橘子，沿海的水产等，从而开始你与他的交谈，也许他将来就是你事业上的合作伙伴呢！

2. 就社会热点问题进行交谈

陌生的双方刚一接触，纯属个人生活的事情不宜多谈，但可以对时下人所共知的社会现象、热点问题谈谈看法。如果对方对这一问题还不太清楚，你可以稍作介绍。例如，近期影响较大的社会新闻、电影、电视剧和报刊文章等，都可以作为谈话的题目和接近的媒介。

3. 从眼前和身边的具体景物上找话题

（1）注意家庭状况。谈家庭生活并不一定就是俗气，家庭是社会的细胞，家庭生活的完美、和谐是每个人的理想。这类话题不必做准备，随时都可以谈论，但有思想的人都可以从中发现许多人生的哲理。

（2）观察其住所摆设装饰。如果是预约式的拜访某陌生人，那你最好具备一些洞察力。你首先应当对即将拜访的客人做些了解，打听一下对方的情况，关于他的职业、兴趣、性格之类。当你走进其住所后，可以凭借你的观察力，看看能否找到一些了解对方性格的线索。如果墙上挂着的是摄影作品，即可揣测对方是否是摄影爱好者，等等。屋内的装饰摆设，可以表现主人的喜好和情调，甚至有些物品会引出某段动人的故事。如果你把它当作一个线索，不就可以了解主人心灵的某个侧面吗？了解了对方的一些个性，不就有话题了吗？交谈前，使用多种手段，尽可能地多了解对方，再把所获得的种种细微信息分析研究，由小见大，见微知著，作为交谈的基础。

（3）从双方的工作内容寻找。相同的职业容易引起共鸣，不同的职业更具有新奇感和吸引力。

(4) 从双方的发展方向寻找。人都关心自己的未来，前途与命运是长盛不衰的永恒话题。人生若没有前进的方向，生活便失去了动力。这类话题最易触动对方敏感的神经。尤其是异性，更热衷于此。

(5) 从彼此的经历中寻找。经历是学问，亲身经历过的人和事往往会给你留下极深的印象。这种交流最易敞开心扉，最易见到真情。

(6) 关注子女教育。孩子是父母生活的希望，孩子的教育牵动亿万家长的心。怜子、爱子、望子成龙是家长的共同心理。谈及孩子，即使是性格内向的人，也会眉飞色舞、滔滔不绝。

归纳起来说，讲话务必看清对象，从他的兴趣爱好、个性特点、文化水平、心情处境等入手。陌生人之间只要做到这一点，就能由细微处见品性。

五感变敏锐，随处有话题

交际场合往往会出现这种情况：有的人口若悬河，滔滔不绝，十分健谈，而有的人即使坐了半天，也无从插话，找不到话题。讲话要及时切入话题，首先必须要锻炼自己敏锐的五官，因为五官敏锐能帮助你快速地找到与对方共同关心的基本点。

相信很多人都注意到了这样一个现象：与某个人闲聊时，只要谈到某个话题，就会聊得很起劲，他会很高兴，会更加友好地对待我们。

有位先生和朋友去拜访一位教授，那教授为人严肃，不苟言笑。坐了半天，除了开头说了几句应酬话，剩下的全是让人尴尬的沉默。

忽然，那位先生看到教授家养的热带鱼，其中几条色彩斑斓，游起来让人眼花缭乱。那位先生知道这鱼叫“地图”，因为自己也养了几条，还很得意地为朋友介绍过。教授见那位先生神情专注，就笑着问："还可以吧？才买的，见过吗？"那位先生说："还真没见过。叫什么名字？明儿我也打算养几条呢！"当时他的朋友不解地看看他，心想：装什么糊涂，不是上星期才到我家看过吗？

可教授一听，来了兴致，大谈了一通养鱼经，那位先生听得频频点头。那位教授像是遇到了知音，说说笑笑，如数家珍地给他讲每条鱼的来历、特征，又拉着他到书房看他收集的各类名贵热带鱼的照片，气氛顿时活跃起来。他们一直聊到吃过晚饭才走，朋友才突然领悟到那位先生说谎话的用意。

在这个故事中，那位先生用自己敏锐的视觉感官发现了教授对热带鱼的喜爱，使本来几乎陷入僵局的交谈又顺利地进行下去了。由此可见，一个人如果能够随时保持敏锐的五感，就能够快速找到切入话题，化解聊天尴尬。

有一位业务员去一家公司销售电脑的时候，偶然看到这位公司老总的书架上摆放着几本关于金融投资方面的书。刚好这名业务员对于金融投资比较感兴趣，所以，就和这位老总聊起了投资的话题。结果两个人聊得热火朝天，从股票聊到外汇，从保险聊到期货，聊人民币的增值，聊最佳的投资模式，结果，聊得都忘记了时间。

直到中午的时候，这位老总才突然想起来，问这名业务员："你销售的那个产品怎么样？"这名业务员立即抓住机会给他做了介绍，老总听完之后就说："好的，没问题，咱们就签合同吧！"

这位业务员能够快速与公司的老总从相识、交谈到最终的熟悉，就在于他用敏锐的五感（视觉）快速发现了对方的兴趣点——"金融投资"，从而找到了彼此间谈话的话题，让彼此能够畅快地聊天，最终成功得到了订单。

由此可见，保持五感变敏锐对于寻找聊天的共同话题是多么重要。当你初次与他人交谈时，首先要解决好的问题便是尽快熟悉对方，消除陌生。你可以设法在短时间里，通过敏锐的观察初步地了解他：他的发型，他的服饰，他的领带，他的烟盒、打火机，他随身带的提包，他说话时的声调及他的眼神等，都可以给你提供了解他的线索。如果他是公司的领导，了解他便会有更多的依据：墙上挂的画、橱子里放的摆设、办公桌上的照片、书橱里的书等，这一切都会自然地向你袒露关于主人的情趣、爱好和修养等。

总而言之，一个人只要五感变敏锐了，就能随处发现聊天的话题。为两个人之间架起沟通的桥梁。不过在话题的选择中，还有一些讲究必须注意。例如，不谈对方深以为憾的缺点和弱点；不谈上司、同事以及一些朋友们的坏话；不谈人家的隐私；不谈不景气、手头紧之类的话；不谈一些荒诞离奇、黄色淫秽的事情；不询问妇女的年龄、婚否、家庭财产等事情；不说个人恩怨和牢骚；不说一些尚未明辨的隐衷是非；避开令人不愉快的疾病详情；忌夸自己的成就和得意之处。

联想力让话题像波浪一样展开

工作和生活中，只要我们仔细观察，善于动脑，到处可以捕捉到话题的“影子”。比方说你和同事在聊电灯开关的问题，可能聊完就没话题了，这时你可以展开自己的联想，对电灯开关作进一步的纵向思考，就会有意想不到的收获：电灯开关——声控电灯开关——光控电灯开关——声、光双控电灯开关——声、光、手动三控电灯开关……按这样的思路纵向深入思考，或许你就会发明一种新型的电灯开关。

联想力会为思维和语言插上翅膀。要在语言表达中“飞”起来，就必须通过学习和实践长出这样的翅膀。当你和他人的谈话不知道如何进行下去的时候，不妨顺水推舟接着对方的话茬展开自己的联想往另外方面引申。

马寅初在担任北京大学校长期间，有一次，曾经在百忙中参加中文系郭良夫老师的结婚典礼。贺喜的人们发现校长亲临现场，情绪顿时高涨起来，鼓掌欢迎马校长即席致词。马寅初本来没有想到自己要讲话，但是既然大家热情相邀，又不能让大家扫兴。讲什么呢？多夸奖新郎几句吧，又显得是客套话，讲学问吧，显然不切时宜。最后，他来了个一句话的演讲："我想请新娘放心，因为根据新郎大名，他就一定是位好丈夫！"人们听了马校长的这一句话，起初莫名其妙，后来联系到新郎的大名，恍然大悟：良夫，不就是善良美好的丈夫吗？

在没有准备的情况下，马寅初展开丰富的联想，由新郎的大名联想到善良美好的丈夫这一话题，让婚礼现场的气氛更加热烈。

联想让未来的世界进入我们的大脑，让我们的思维突破旧的格局，与他人谈话若失去了联想，谈话就很难继续进行下去。

一个村办小厂的厂长，希望与一家大集团公司建立协作关系，遭到该公司副经理的拒绝。第二天，他又找上门，要直接面见总经理，他被告知，谈话时间不得超过5分钟。

他被引荐给总经理时，发现总经理正在小心翼翼地掸去一幅书法立轴上的灰尘。他仔细一看，是篆书，便说："总经理，看来您对书法一定很有研究。唔，这幅篆书写得多好，看这里悬针垂露之法的用笔，就具有一种多样的变化美……"总经理一听，啊，此人谈吐不凡，一定是书法同行，于是说："请坐，请坐下细谈。"

他们从书法谈到经历，总经理还讲述了自己的奋斗史，小厂厂长很懂说话艺术，谈话时适时提问，使总经理得以最大范围地展开叙述。最后，总经理很痛快地就和那家小厂合作了。

故事中小厂的厂长从书法联想到个人经历，引出话题让总经理讲述了自己的奋斗史，可见小厂厂长很懂说话要联想的艺术，最终达到了自己的目的。

联想让我们的思维变得活跃，正如美国著名心理学专家、成功学大师安东尼·罗宾斯所认为的那样，联想能带领我们超越以往范围的把握和视野。想象对我们每一个人都很重要，如果在工作中缺乏想象，我们就很难做出令人信服的创意。许多作家在创作时也往往让自己的视觉、听觉、味觉、触觉各种感观都搭上想象的快车，让自己的大脑达到新一层的境界。法国作家福楼拜说，当他描写包法利夫人自杀时，就曾生动地感觉到了自己口中砒霜的味道。世界大文豪托尔斯泰的想象生动性更是发展到了极致，以至于他有时会把过去经历的事情和想象的东西混淆起来。俄国著名作家冈察洛夫说："小说中的人物常常使我不能安静，他们紧紧地跟着我。我听到谈话的片断，常常认为这不是自己想象出来的，而是就发生在身边。"

联想是人与生俱来的天赋。不过，它有赖于我们经验和知识的积累。一般而言，联想思维有下列几种类型：相似联想、启发联想、离奇联想、质疑联想、审美联想、飞跃联想等。

要培养自己拓展话题的联想力，可以从以下几个方面入手：

（1）注重发散思维的培养。按照美国心理学家吉尔福德的看法，当发散思维表现为外部行为时，就代表了个人的创造能力。当进行创新的发散思维的时候，特别是在设想阶段的时候，应该尽最大可能地打破脑中原有的约束，让大脑沉浸在一片空白的空间中，尽情地联想。

因此，要想培养发散的思维，不妨让自己在思考问题时不拘泥于形式，多开动脑筋，让自己的联想力和思维拓展能力得到最大限度的发挥。

（2）在多数人不愿接受以及不愿考虑的事情上，不去循规蹈矩，敢于质疑一切老生常谈的问题。勇于突破限制，在完成任何一件事情的过程中，善于重组规则。

(3) 培养急骤性的想象能力，即在集思广益中迸发出创造性观点。万事都要乐于去问一个为什么，乐于去敏锐地观察，以时刻培养联想出新方法。

找出和对方之间的一个“具体挂钩”

人人皆对自己的经历和所做的事情怀着莫大的兴趣，人们最高兴的也莫过于对他人谈论这些事情。但过分地谈论这些，会使听者失去兴趣。比如，有的人做了一个十分有趣的梦，觉得是亲临其境，其乐无穷，结果逢人便说，令人不厌其烦。另外，有的人则喜欢喋喋不休地对人说一些自己以前的经历：上中学时怎样，上大学时怎样，刚参加工作时怎样，后来又怎样，等等。但是我们若仔细想一想，自己有兴趣的事情，别人也像我们一样有兴趣吗？那些断续破碎、稀奇古怪的梦境，除了做梦者本人，别人听来是非常沉闷的。如果听者对说话者提到的那些往事、那些人、那些地方一点也不熟悉，一点也不觉有趣，无疑他也不会与说话者产生共鸣。

凡此种种，不外乎证明人们对自己所经历的事情感兴趣，而对与自己毫无关系的事情觉得索然无味。所以，我们在与他人交谈时，应把握听者的这一心理。因为把握了对方的这一心理就能与对方在聊天的话题上挂上钩，让对方看到自己的反应。因为有了共同话题就能越聊越起劲。这个挂钩最好具体一点。

小何是一位铁杆球迷，有一次，在去广州的火车上，她的同座是位东北口音很浓的小伙子，闲来无事，小何和他侃起来。她得知他是辽宁人时故作惊讶，然后顺口赞美辽宁人的豪爽、够朋友，说她有好几位辽宁籍的朋友，人特爽快。小伙子自然高兴，自报家门，说他叫李庆，是大连人，并说辽宁人是很讲朋友义气的，粗犷、豪放。而小何话锋一转，说辽宁人也很团结，特别是大连足球队，虽然每位队员都不是非常出色，但他们团结一致，奋力拼搏，经常取得好的成绩。恰巧李庆是位球迷，两人直侃得天昏地暗，下车后互留了通讯地址。在李庆的介绍下，小何认识了很多球迷，其中有一位就是她这次准备争取的客户。于是小何轻松地完成了这次推销任务，也为公司赢得了一家大的客户，更值得高兴的是结交了许多朋友。

在与李庆交谈时，小何先是从“辽宁人”这个话题入手，然后转到“足球”这个两人都感兴趣的话题上，这就找到了与李庆的“具体挂钩”，进而两人越谈越投缘。经过一番“神侃”之后，两人很快加深了了解，成为好朋友，这层关系对小何完成任务提供了很大帮助。

由此可见，所谓的挂钩就是你与交谈对方的共同点。而具体挂钩就是说你所找到的与对方的共同点越具体越好。我们都知道会说话，能把话讲到点子上是一种本领，而如果在没话题，双方都尴尬的景况下，如果你能找到你们彼此之间的一个“具体的挂钩”，就能打破僵局，活跃当时的气氛。

小于20岁，是一个很会说话的人，他平时最喜爱交一些志同道合的朋友，即使面对众多的陌生人，他也能毫不费吹灰之力和别人说到一块去。

有一次，他和跟他年龄相仿的一群陌生人在一起，由于大家谁也不认识谁，所以没有一个人先说话，场面很尴尬，这时，他就打破了整个将要凝固的气氛，他说：“听说周杰伦又出新专辑了。里面有一首歌曲叫《青花瓷》，歌曲还不错！大家怎么看?”

这时，大家就七嘴八舌的议论开了，因为小于深知，在这一群人里面肯定有喜欢周杰伦的，但也有不喜欢他的，但大家都是相仿的年龄，肯定都很关注明星的娱乐动向……

这是为什么呢？原来他有秘密武器，小于总能根据不同的场合、不同的性格的人找到共同的话题。而他找到了一个比较热门的人物周杰伦，这是大家都很关注的焦点，因为一说到周杰伦谁都能说上两句，谁要是说不上来就表示落伍了，所以大家都会对娱乐新闻这方面较为关注。

谈论别人感兴趣的话题能够很容易拉近人与人之间的距离，谈论别人感兴趣的话题，对双方都有好处。不仅可以使别人对你产生兴趣，钦佩你，而且可以使自己更关心别人，关心他人对自己的要求。要想多交朋友，要想在交际上取得成功，自己就应该少说别人不感兴趣的话题，比如两个人刚见面时，不知道对方的性格、爱好、品性如何，往往会陷入难熬的沉默与尴尬之中。这时我们应当主动地在语言上与对方磨合，等找到了对方的“具体挂钩”，就可以此作为共同话题，很快地拉近距离。

“物以类聚，人以群分”，每个人的社交圈，实际上都是以自己为圆心，以共同点（血缘、年龄、爱好、工作、知识层次等）为半径构成的无数的同心圆。你与对方的“具体挂钩”越多，圆与圆之间交叉的面积就越大，共同语言也越多，也最容易引起对方的共鸣。在这里要提醒的是，若与对方有“具体的挂钩”，就算再细微的也要强调。对于共同点一定要找出来，这样可以很快地消除彼此间的陌生感，产生亲近的感觉。这样不但可以使对方感到轻松，同时也能使对方说出真心话。

和这个人，就是要聊这个

俗话说，“青菜萝卜，各有所好”。人的偏好不同，社会的供给也应丰富多彩。正所谓“一把钥匙开一把锁”，人的年龄、性别、个性、爱好、性格、文化程度、家庭环境等这些都存在着差异，一件事情用同样的方法是解决不了问题的。在与他人谈话的时候必须做到因人因事而宜，从而达到心灵的沟通，相互理解。

与人交谈，要因人而宜，这样才能与你要交谈的对象产生共鸣，有助于你的交往。否则，不但会影响你的人际关系，还会闹出一些笑话。也就是说，跟什么人说话就要聊什么样的话题。

孔子是我国古代有名的大教育家，人称“孔圣人”，能成圣人之原因有两个，一是他会看人讲话，二是他会写文论语。孔夫子带领众弟子周游列国时，就一个问题被不同的人问起，孔子就有不同的回答。有一农民问孔子：“太阳从什么方向出来？又在什么地方落下？”孔子回答说：“太阳从东山出来，在西山落下。”农民说：“你果然是圣人，心服了！”有一商人问孔子：“太阳从何方出来？又将落于何方？”孔子答到：“太阳从东海出，向西海落去。”商人说：“你终究是圣人，心服了！”有一文人问孔子：“日从何方出？日向何方落？”孔子答：“日从东天出，日向西天落。”文人说：“你果然是圣人，心服也！”同样一个问题，孔子因何要有三个答案？各自心服，各自尊圣？因为，农民、商人、文人的视野与知识都不相同，一个答案满足不了各方要求，孔子只有按其所知、答其所问，因此，孔子就是孔子，以其水平回答，才能成为不同界层的圣人！

由此可以看出，说话一定要看对象，要不然，即使你能够口若悬河，说个滔滔不绝，对方可能也不会对你说的话感兴趣。

作为商家，你必须能说会道，也只有这样，顾客才能了解你的产品。人们把这类商家的演说称为“游说”，这是恰到好处的批评，他们以“游说”的说话方式，抓住了对方的心理。

亚当森是美国优美座位公司经理，在一次参加宴会的时候，他得知伊斯曼捐巨款要在曼彻斯特建造音乐厅、纪念馆和剧院。许多制造商都已前来洽谈过，而没有结果。亚当森希望能争取到这笔生意，更希望借此扩大公司的名声，树立公司在市场竞争中的形象。因此，他也来到柯达公司总部，要面见柯达公司总裁伊斯曼。

他向柯达公司总裁秘书说明自己的意图后，秘书通报了，并告诫他："我知道你急于得到这批货，但我现在可以告诉你：如果你占用伊斯曼先生五分钟以上时间，你就完了。他是个大忙人，所以你进去后要迅速地讲，讲完后马上出来。"

于是，秘书领着亚当森进入了伊斯曼的办公室，伊斯曼正在忙着整理资料，亚当森环视办公室，等到伊斯曼忙完了，然后接着对总裁说："伊斯曼先生，当我在这里等候您的时候，我仔细观察了您的这间办公室。我本人长期从事室内的木工装修，但从未见过装修得这么精致的办公室。"

"哎呀！您提醒了我差不多已经忘记了的事情。"在这个时候，伊斯曼总裁好像对此特别感兴趣，高兴地说："这间办公室是我亲自设计的，当初刚建好的时候，喜欢极了。但是后来一忙，一连几个星期我都没有机会仔细欣赏一下这个房间了。"

说到这里，伊斯曼总裁非常高兴，于是，他又接着说："墙上装修用的木板是从英国进口的橡木，是我的一位专门研究室内细木的朋友专程去英国为我订的货。"

伊斯曼总裁情绪极好，竟然站起身来，撇下那堆待批的文件，带着亚当森仔细参观起办公室来了。他把办公室内的所有装饰一件一件向亚当森介绍，从木制谈到比例，又从比例谈到颜色，从工艺谈到价格，然后详细地介绍了他设计的过程。亚当森微笑着聆听，饶有兴致，并且不时地给予继续的示意和鼓励。亚当森还不失时机地询问伊斯曼的奋斗经历。伊斯曼便向他讲述了自己的苦难少年时期和坎坷经历，如何在贫困的生活中挣扎，自己发明了柯达相机的经过等等。

在此过程中，亚当森不但听得聚精会神，而且发自内心地表示敬意。这个时候，伊斯曼总裁对亚当森说："上次我在日本买了几件椅子，放在我家的走廊里，但由于日晒，都脱漆了。我昨天到街上买了油漆，打算自己把它重新漆好。您有兴趣看看我的油漆表演吗？到我家去和我一起吃午饭，再看一下我的手艺。”

其结果当然是可想而知的，亚当森不仅得到了这笔工程的订单，而且和伊斯曼结下终身的友谊。他成功的诀窍很简单，通过“游说”，千方百计激发对方谈话的兴趣，从而建立真正的朋友关系，生意自然好做了。

另外，当你与对方交谈时，你也必须考虑到对方的文化背景，因为不同文化背景的人，在说话方式上也会呈现不同的特点。因为从事不同职业、具有不同专长的人，他们所接触的信息类型和话题往往不相同，而他们也会因为不同的专业知识和经验，对不同的话题津津乐道。因此，如果你以对方一窍不通或一知半解的事物作为话题，他们就会觉得味同嚼蜡，这样，你想与对方继续深谈将会显得十分困难。相反，如果你能抓住对方职业或专长上的特点“对症下药”，借此作为交谈的话题，就容易拉近心灵间的距离，从而使双方产生极佳的共鸣。

正所谓见什么人说什么话，到什么山唱什么歌。在聊天中要做到言语得当，就应学会针对不同的人说不同的话。比如，和年龄大一点、有孩子的同事在一起，话题就可以离不开孩子，你可以听他们说说孩子的趣事，附和几句；和年长的同事聊天，要有一种请教的姿态，表现出你希望听到他的建议和教诲；和喜欢打篮球的朋友在一起，你就可以多和他聊聊篮球的事……

综观以上情况，因人而异的谈话方式不仅体现了你自身的素质和修养，也让对方感受到尊重与信任。因此，对于这种说话技巧，我们不可不知、不可不学！

用“偏爱地图”掌握万无一失的话题

谈论别人感兴趣的事物，是一种深刻了解别人，并与人愉快相处的方式。每个人都有自己与众不同的兴趣爱好，也就是自己偏爱的事情，假如把不同人的不同兴趣用地图的形式表达出来，那就成为一张“偏爱地图”。从寻找话题的大局和长远来看，我们每个人最好都能够拥有一张“偏爱地图”。因为这张地图上有我们日常生活中接触到的人，以及他们各自的兴趣、生活重点、关心的事物等。有了这张地图，在聊天时我们就能精准地找到“万无一失的话题”，进而有效避免麻烦、冲突，顺利地建立好交情。

谈论他人最为愉悦的事情，可以说是与人沟通的诀窍。任何一个到过牡蛎湾拜访过罗斯福的人，都会对他广博的知识感到惊奇。“无论是一个普通人、猎骑者、纽约政客，还是一位外交家”，勃莱特福写道，“罗斯福都知道同他谈些什么。”那么，罗斯福是怎样做到这一点的呢？答案其实很简单。无论什么时候，罗斯福每接见一位来访者，在这之前的一个晚上，他就会阅读这位客人特别感兴趣的东西，以便找到一些见面时对方感兴趣的话题进行谈论。

罗斯福与任何一个优秀的领袖一样，懂得与人沟通的诀窍：谈论他人最为愉悦的事情。人们都对自己感兴趣的事能如数家珍，在初次交谈中你如果能找准别人的爱好点，从别人感兴趣的话题入手，那么交谈的双方就会谈得非常尽兴。专挑别人爱听的事说，对于初次交谈的人来说是大有好处的。

下面让我们再看看另一个例子：

纽约一家面包公司——杜佛诺公司，杜佛诺想方设法将公司的面包卖给纽约一家旅馆。4 年来，他每个星期都会对这家旅馆的经理进行一次拜访，参加这位经理所举行的交际活动，甚至在这家旅馆中开了房间住在那里，以期得到自己的买卖，但到最后，他还是没有获得成功。

杜佛诺说：“后来，在研究人际关系之后，我决定改变自己的做法。我先要找出什么事情能引起他的热心。这个人最感兴趣的是什么。

“后来我知道，他是美国旅馆招待员协会的会员，而且他也热心于成为该会的会长，甚至还想成为国际招待员协会的会长。不论在什么地方举行大会，他飞过山岭，越过沙漠、大海也要到会。

“所以，在第二天与他见面的时候，我就开始谈论关于招待员协会的事。我得到的是一种多么好的反应！他对我讲了半小时关于招待员协会的事，他的声调里充满着热情。我可以清楚地看出，这确实是他很感兴趣的业余爱好。在我离开他的办公室以前，他劝我也加入该会。

“这次谈话，我根本没有提到任何有关面包的事情。但几天以后，他旅馆中的一位负责人给我来电，要我带着货样及价目单去。”

这位负责人招呼我说：“我不知道你对老板做了些什么事，但他真的被你搔着痒处了！”

杜佛诺说：“试想一想，我紧追了这人4年，尽力想得到他的买卖，如果我不动脑筋去想、去找他所感兴趣的东西，恐怕现在我还是在紧追不舍。”由此可见，为了让交谈在有滋有味中进行下去，就要掌握对方的“偏爱地图”，也就是掌握对方的兴趣。掌握了对方的兴趣就能够在谈话中找到与对方的共同话题。只有对话双方有了共同话题，才能够沟通得深入、愉快。其实要掌握对方的“偏爱地图”并不难，只要留意，你就能发现彼此对某一问题有相同的观点，在某一方面有共同的爱好和兴趣，有某一类大家都关心的事情。

王某新买了一台洗衣机，因质量问题连续几次拉到维修站修理都没有修好。后来，他找到经理诉说苦衷。

经理立即把正在看武侠小说的年轻修理工小张叫来，询问有关情况，并提出批评，责令其速同客户回去重修。一路上，小张铁青着脸不说一句话。王某灵机一动，问道：“你看的《江湖女侠》是第几集?”对方答道：“第二集，快看完了，可惜找不到第三集。”王某说：“包在我身上。我家还有不少武侠小说，等一会你尽管借去看。”紧接着，双方围绕武侠小说你一言我一语，谈得津津有味，开始时的紧张气氛消除了。后来，不但洗衣机修好了，两个人还成了朋友。

每个人都有自己偏爱的话题，当与他人聊起自己偏爱的话题的时候，自己的注意力就会高度集中在上面，情绪也很容易被调动起来。也就是说聊对方偏爱的、感兴趣的话题能最大限度地调动对方沟通的积极性。因此在与他人交流沟通的时候，最好选择对方偏爱、感兴趣的话题。了解别人的兴趣所在，并同别人去沟通他最感兴趣的话题是一种深刻了解对方，并与对方愉快相处的方法，它不同于虚伪的恭维。要想做到这点并不难，在刚开始的时候我们可以慢慢转人，说一些迎合对方的话，这样很快就能摸清楚对方的兴趣。比如说到什么样的城市去旅游，他说自己喜欢到什么样的城市，你就可以和他对这个城市进行讨论，因为那是他最感兴趣的话题。当你跟他交谈类似话题的时候，他感受到了你对他的关切，自然而然地就会喜欢你。

不论怎样，掌握了他人的“偏爱地图”就等于掌握了与他人聊天的话题。在运用“偏爱地图”的过程，我们不仅要学会纵向地使用它——找到他人的“偏爱”，也要懂得横向使用“偏爱地图”——将他人的“偏爱”综合起来使用。这样，我们聊天时才会游刃有余，他人也会更愿意与我们聊天和交往。

最新的时事话题，要马上使用

时事话题就是那些在一定时间、一定范围内高频率地运用于人们口头交际中的鲜活、新潮的话题。它和着时代的脉搏，折射出生活的灵光，为人们的日常言谈增添魅力与色彩。北大校长的讲话也是紧跟时代潮流，北大教授陈平原就此说过：“最近两年，大学校长在毕业典礼上致辞，越来越喜欢“飙潮语”，演讲中夹杂大量网络语言，借此收获满堂掌声。”可见，说一些流行语引起对方兴趣是一种不错的选择。

闲聊无时无刻都在发生，尽管他人的兴趣、家长里短、人生理想都可以作为闲聊的话题，但如果总是聊这些，难免会产生厌烦的感觉。出现这种情况的时候，我们不妨多来聊聊最新发生的时事话题，提高闲聊话题的新鲜度。换句话说，时事话题，或是新闻最近常提到的社会实践，也是我们可以切入话题的范畴。即使是闲聊，我们也要尽量让闲聊的内容保持新鲜。

越是时事消息就越能让谈话者聊得起劲，无论对方知道与否。重要的是，谈时事消息为谈话的双方能够畅所欲言提供了可能。时事话题具有很高的题材性和新鲜度，而且不必费尽心思刻意寻找。比如，我们每天都会浏览大量的新闻，新闻中的最新报道都可以拿来作为闲聊的话题。

我们从昨天晚上的《新闻联播》中知道，最近肉价一直在上涨而且涨得非常厉害，今天，如果我们在散步时遇到了自己的邻居就不必再担心会出现大眼瞪小眼的尴尬情况了，也不必再说一些像“今天的天气真好啊”“吃了吗”的客套话。因为你完全可以跟邻居谈一下最近的时事话题——肉价的涨幅惊人。通过肉价的上涨引出你们彼此之间的话题后，你们就有了谈下去的可能，我们可以通过肉价上涨进而谈到现在生活成本的提高，生活的不容易等等。例如，我们可以说：“哎，现在肉价越来越高了，猪肉都快 30 元一公斤了。”

因为对方对此也很熟悉，最近物价飞涨，情况最坏，对方也会回应我们一句：“谁说不是呢!”

有了这个互动的开始，我们就可以将话题延伸开去，将闲聊进行下去。倘若对方是一个很注重个人健康的人，我们就可以接着说：“不过听说总吃猪肉对身体不怎么好，容易‘三高’，我现在血脂就有些高，不知道是不是吃猪肉吃的?”

从某种意义上说，时事是万能的、实用性很强的话题题材。

以它为话题，既不会触犯他人的禁忌，也不存在价值观、利益等方面的冲突，完全不会引发他人的排斥感。同时，时事永远都是新鲜的，是多数人感兴趣的。更重要的是，时事方面的话题很好收集题材。我们只需要在日常的工作生活中多加关注身边发生的时事新闻，比如微博上的消息、新闻中的报道等等。

把近期的新闻作为话题，是与他人交谈的一个很好的选择。周围发生的、大家比较关注的事情，比如房价的情况、交通方面的最新情况等都可以作为聊天的话题。尽管时事话题能让我们在谈话中随时避免无话可说的尴尬，但我们也无法忽视它在快速拉近彼此距离、消除隔阂方面的作用相对欠缺。但总的来说，这并不影响时事话题对我们的吸引，因为，它能带给闲聊活力，能让我们闲聊的话题无论什么时候都有新意，进而赢得他人的认可。

另外，需要我们注意的是，信息和新闻是有生命的东西，所以“跑”得很快。为了更好地发挥时事话题的作用，就应该将收集到的时事话题马上运用到我们的聊天中来。只有保持闲聊题材的新鲜度才能炒热谈话聊天的气氛。

日常疑问，可直接当作话题

古人云：“善言者，必善问。”问话，是打开对方话匣子的最好办法。比如两个人正在交谈，突然有人向他们走过来，且用非常礼貌的态度问：“不好意思打扰了，请问现在几点了?”表面看我们被要求回答，因为对方的礼貌所以谈话的人不可能对问话者不管不顾地继续谈下去。也就是说在这种情况下，被问话的人都会选择先回答这个问题。这种现象的根源是我们所处的社会以及我们被培养的方式决定着我们的自觉反应。我们被教育要有礼貌，如果别人问话你不回答，就显得没教养，不尊重别人。

生活中，我们每个人每天都会碰到各种各样不懂的事或者问题，其数量相当庞大。其中只有极少数的是我们必须及时弄懂或解决的，绝大多数懂或不懂、解决或不解决，对我们的生活影响并不大，让我们觉得无所谓，因此我们常常忽略它们。殊不知，这些日常生活中的小疑问是闲聊中打开彼此话匣子的绝佳工具。

“××网的东西很便宜，但听说仿制品和劣质品很多，不知道怎样才能买到便宜的正品?”

“哪家超市的东西更物美价廉些呢?”

“我要寄点东西，不知道哪家快递更快些?”

“电脑运行得有点慢，你能帮我看看是哪儿出问题了吗?”

诸如上面的这些小问题，在生活中从来就没有停止过。它们存在于我们生活的角落并常被人们忽视。其实很多时候，我们并不需要非得给这些问题一个明确的答案。向他人说起这些，并不一定是为了解决问题，我们完全可以把它们当作与他人聊天的一个话题，用日常的疑问作为话题既便利，又没有限制。比如，在火车上你想与邻座搭话，就大大方方地问：“请问下一站是哪儿?”或者看到他正在看书也可以借此引出话题，问他这本书在讲什么。总之，日常的疑问有助于你迈出第一步。只要打开局面，你的旅途就不会孤独!

就拿“吃饭”来说吧，“食”是我们永恒的话题，对“食”的疑问从来没有间断过，当你发现很难吸引对方打开话匣子的时候，试着用下列问句作为你谈话的引子：

——今天中午吃什么啊?

——你觉得××的味道怎么样? ……

——××怎么做才更好吃啊? ……

——你今天带饭了? ……

事实上，人们总是希望能够解答他人的某些疑问，因为这样能显得自己知道的东西多。也正是因为这样，人们几乎不会拒绝他人正面提出的疑问，即使自己不知道答案，也会在心里认真思考，给出建议。因此，日常疑问就成了有力的“寻找话题”的工具。

当然，在问问题的时候也不能毫无顾忌。在提出疑问时我们应该保持虚心的态度，这样能表现出我们对对方的尊重。另外，聊天时如果在一个问题上纠缠过多，就会让气氛变得紧张，给对方造成无形的压力。虽然我们只是以这样的询问为聊天话题，即使对方不知道或答错了，也不会给予对方负面的评价，但是这样的询问形式势必会给对方造成一定的压力。试问，如果自己不是这方面的专家，当别人追根究底地问自己时，怎么可能不担心因回答不出问题而出丑，怎么可能会没有压力？并且，一旦真的把对方问住了，气氛就会变得非常尴尬，对方也会排斥我们。

以疑问作为话题，不断地将话题衍生，让气氛始终都是那么轻松、随意，便于彼此敞开心门来交往。并且，这种疑问可以让对方充分地感受到自己“无所不知”，进而萌生一种成就感。这种愉悦的心理体验会让对方对我们产生好感，与我们更加亲近。不过还需要注意的是，可以直接用来做聊天话题的只能是日常生活中的疑问，如果你的问题上升到了学术层面的深入探讨的话，就不能随随便便地直接拿来用了。否则极容易变成“请教”这种“有实质内容的探讨”，这样会使聊天的气氛变得严谨起来，不利于人与人之间毫无顾忌地聊天，更不利于消除隔阂、拉近彼此的距离。

总而言之，问题是展开话题的钥匙。几乎每个人或多或少都有“不知道是怎么回事”“不晓得怎么处理”的情况，这些疑难就是很好的闲聊话题。但在以此为话题闲聊时，一定要快速地衍生话题，要避免在同一问题上过多纠缠。比方说你问对方住在哪里，他如果只说地区而不说具体地址，你就不宜再问在某路某号。如果他愿意让你知道的话，他一定会主动详细说明的，而且还会补充上一句，邀请你去坐坐，否则便是不想让别人知道，你也不必再追问了。举一反三，其他诸如此类的问题，如年龄、收入等也一样不宜追问，以免引起对方不快。

一个话题衍生出十个话题的具体方法

对那些不会聊天的人来说，即使再怎么刻意、努力地收集话题，也仍会觉得与他人聊天时话题不够用。而善于聊天的人正好相反，他们不必专门收集话题，也能拥有取之不尽用之不竭的话题，从来不会为闲聊时没话题而担忧。这是什么原因呢？

其实出现这种情况最根本的原因是，会聊天的人懂得怎样从一个话题衍生出更多的话题。比如，两个人正在聊昨天看了什么电视，不会聊天的人可能说完自己看了××电视之后就无话可谈了，而对于会聊天的人来说，他会从看了什么电视当中衍生出无数的话题——剧中人物的现实意义、演员演的效果如何、导演的立意、哪个演员更适合演这个电视剧等等。

这样一来，聊天的话题就会取之不尽，用之不竭了。当然，要做到这一点并不容易，你可以参考以下几个方面来提高自己衍生话题的能力。

（1）培养自己对话题的灵敏度。

一个话题能衍生到什么程度，就要看说话者对这个话题反应的灵敏度，因此，我们要培养自己对任何话题都能够灵敏反应的能力。

（2）有意识地培养自己从多方面来看待问题的思维能力。

比如，当我们在谈论《小爸爸》这部电视剧的时候，我们不仅要看到这部电视剧本身，还可以有意识地训练自己关注与此相关的各个方面：现实生活中的小爸爸们都会遇到哪些问题？越来越多的80后甚至90后成为父母，他们是怎样教育孩子的？

现在社会上的一些年轻人为什么不想要孩子？……这样一来，话题就得到了无限的延伸了。

（3）在日常生活中尽量伸展接受信息的触角。

这样能让自己处于容易接受各种事物刺激的状态。当事件带给我们的感触是多方面的时候，我们便能轻松地衍生出更多的话题。具体来说，如果每天不看报纸、不听新闻、不与人聊天，那么显然接受到的刺激是相当有限的，闲聊的话题自然也就少之又少了。如果你在这方面做得不好就要多看多读以此培养语感，加强对语言的自发控制力，另外，平时应注意语言实践，多听、多说、多练，这样能够提高语言的敏感度、清晰度，增强语言材料的丰富性、逻辑性。如果我们在这方面比较欠缺，就要有意识地让自己多接触电视、杂志、网络等媒体。

（4）做衍生话题的训练。

只要听到一个有可能作为闲聊话题的事件，就训练自己以此为基础衍生出更多的话题。一开始，以衍生出三个话题为要求，然后逐渐增多，一点一点提升自己。

第五章　切入口才：从力所能及的准备开始

一个人的一生中会碰到很多机会，但机遇只偏爱有准备的头脑。多方面的知识和实践经验，对社会需求（包括对未来需求）的敏感，对技术发展方向的正确判断，一丝不苟和锲而不舍的精神，都有助于把握机遇，取得成功。

——王选

（曾任北京大学教授，著名计算机专家、科学家）

有意识地做120%的准备

俗话说："兵马未动，粮草先行。"只有先在事前做好充足的准备才能保证最终的胜利。饥渴难耐的行者，发现了水源，却没有带盛水的容器，一定会悔恨自己的粗心大意。悔恨之余，我们掩卷而思，人生不也是如此吗？只有事前做了充分准备，我们才能一路顺风，直达成功的彼岸。做任何事情，事先的准备都是必不可少的，和人谈话也是一样，有的时候，准备充分与否甚至决定着整个谈话的成败。要想不打无把握之仗，就要提前做好必要的准备。只有这样，我们才能应付随时可能出现的意外情况，尽可能地将事情掌控在自己手中。

作为服装厂的一名推销员，席婉负责的是几家比较大的商场的推销工作。这天，她照旧去拜访一家商场的经理。因为之前已经做好了准备，这次席婉没有一开始就贸然开口直接谈服装销售的问题，而是首先默默地递给了这位经理一张便签，上面写着："请问您是否可以借我10分钟，就一个经营问题提一点我的个人建议？"

这位经理已经在商场工作了很多年，但还没有人向他问过这样的问题，于是他觉得有点新奇，随后热情接待了席婉。对于商场来说，顾客就是上帝，他们的意见自然是不容忽视的。所以，当席婉被请进经理办公室以后，她便就目前该商场所销售的衣服的款式和质量提出自己的看法，并指出了很多需要改进的地方。经理听了她的意见后表示非常赞同。最后，席婉拿出自己销售的衣服给经理看，并逐一向经理指出其中款式和设计上的亮点。经理听完她的介绍愉快地说："你把你的样衣留下来，我跟其他领导再商量一下，我会尽快给你一个答复的。"

果然，不久之后，商场经理就直接给席婉打去了电话，并告诉她商场已经决定订购她们厂的服装了。

席婉为了这次推销，做了充分的准备工作。首先，她调查了商场衣服的大概款式、风格和质量。其次，根据调查的信息整理好了她要说的话。正是她这种提前准备的做法，才使得她能够在经理面前侃侃而谈、娓娓道来，最终赢得了这条销售渠道。

一些中外记者的采访经验也证明了有意识地做准备的重要性。如美国记者埃·利布林采访赛马骑术师阿卡罗时，提的第一个问题是："你左脚的马镫比右脚的马镫高多少？"阿卡罗对这个内行的知情问题反应极为热烈，兴致油然而生，不厌其烦地回答了记者提出的一系列问题。这个例子再清楚不过地显示出采访前情况准备充分的效果。事实上，利布林提的第一个问题并不是他采访的侧重点，他用这个提问作开头，目的是引发采访对象的兴趣，以便为触及实质性问题打下交谈的基础。由此可见，在交谈前做好充分的准备工作，是任何人都不容忽视的一项工作。

一般来说，我们把谈话前的事先准备分为两种：一种是在日常生活中的积累，这是提升谈话能力的必经之路，需要长期的积累；另一种是针对某一次具体的谈话做的准备，包括谈话对象的生平、喜好、特征、为人处世，以及谈话的背景、交谈的主题、提问的方式、需要得到的结论等。这种准备是一次具体谈话能够成功的必要前提。

中央电视台著名主持人水均益以自己渊博的知识、创造性思维和大气沉稳的主持风格赢得了广大观众的喜爱，他的采访对象遍布世界各地，值得注意的是这些采访对象大多都是有着世界级影响的人物。面对这样的人物水均益的压力可想而知，但他呈现给观众的都是自己挥洒自如的采访，镜头中的他也总是自信满满。其实，水均益的成功并不是偶然的，他在采访前的精心准备有着不可忽视的作用。

比如，在采访美国前国务卿基辛格博士之前，水均益就做了大量的准备工作，他搜集了各方面的资料，研读了解基辛格各方面的情况。在采访中的一个细节，体现了他的用心：水均益了解到采访后再过几天就是基辛格 71 岁的生日了，另外，他还是中美乒乓外交的发起人。于是，水均益在尖锐的提问之后又表达了他对这位中国人民的老朋友“生日快乐”的祝愿，使基辛格显得格外的激动。他们一边探讨一些实质性的问题，一边竟还在交流打乒乓球的技艺，使紧张的采访变得越来越和缓，以致使开始定死的 5 分钟采访时间成功地延长到 25 分钟。在采访结束时，基辛格博士还热情地向中国电视观众讲话，并随即往沙发边上挪了挪身体，使自己尽量和水均益并肩坐过来，然后两人异口同声地对着镜头说道：“Good—Bye!”

沟通之前要怎样做足准备、做哪些准备，这些都需要我们在交流前事先考虑清楚。在这一点上，不妨学学《杜拉拉升职记》里杜拉拉的做法。

杜拉拉有时在工作中碰到难处就和李斯特商量，李斯特常常很开明地指点杜拉拉找他的上司何好德直接沟通。杜拉拉在每次找何好德谈话之前，也总得先想好：要占用老板多长时间，本次谈话的主题是什么，别讲得太多，大老板很忙，也别讲得老板听不明白，以及谈话过程中老板可能会问哪些问题。

杜拉拉在和老板沟通之前，都会做好充分的准备，这一点是相当明智的。如果不做好准备就贸然和老板谈话，很有可能不小心说错了话或说出了不对老板口味的观点，招老板反感。也正因为杜拉拉深谙此道，所以才能在较短的时间内摸清大老板问话的常见规律，进而能够应对自如。

总而言之，只有做好充分的准备工作才能为你们的谈话找到话题，才能打开“瓶颈”，接下来的谈话才会顺利。在与陌生人交流的过程中，多准备一些话题可以避免无话可说而遭遇冷场的尴尬局面。在与任何人交谈之前，都应尽量多做些准备。如果你因为紧张或是一些别的原因，忘掉了自己要说的话，就可以从准备的话题中选择几个与对方交谈。例如，你可以从下列话题中选择两到三个与对方交谈，比如，对方可能感兴趣的事；衣、食、住、爱好、娱乐；令人感动、感伤的事；家人、家庭、气候变化；旅行及有价值的话；利益及有关赚钱的事；新闻、时事问题；一些人生经验、人生经历的话；关于对方工作的话题。

凡事预则立，不预则废。在交谈之前做好充分的准备，成功的大门虽然为所有人敞开，但它还是偏爱那些有准备的人。只有在交谈前做好充分的准备工作，才能练就一副“能说会道”的好口才。

克服紧张从力所能及的事开始

在公众面前讲话时感到恐惧、怯场是一种较为普遍的现象。20 世纪 80 年代，美国的心理学家曾进行过一次有趣的测验，题目是《你最害怕的是什么?》测验的结果竟然是“死亡”名列第二，而“当众演讲”却名列榜首。有41%的人对在公众面前讲话比做其他事情感到恐惧。可见，在大多数人看来，当众讲话是一件令人害怕的事情。

一位代表本单位参加演讲比赛的年轻姑娘，一站到讲台上，脸就涨得通红，两腿微微颤抖，说话的声音变调，呼吸也显得急促起来。她刚说了几句就忘词了。她越发感到恐惧，好像所有人的目光都像利箭一样射向她。她想尽快躲避，但又不甘心临阵脱逃。她不能当众出丑，给本单位丢脸，可她唯一能感觉到的是心跳加快，而脑子里一片空白，早已背熟的语句全都飞得无影无踪。她放弃了这次演讲，跑回自己的座位坐下。直到演讲结束，她也没敢把头抬起来。

一位即将毕业的研究生，作为见习老师第一次登上讲台，当学生起立，师生互致问候时，他想好的开场白不知跑到哪儿去了。惊慌中，他用颤抖的声音说了句：“同学们，再见!”同学们莫名其妙，面面相觑，见老师满脸通红，不知所措，不由得哄堂大笑。他努力让场面安静下来，但换来的不是镇静，而是脑门上涔涔的汗珠。当他下意识地掏出“手帕”揩汗时，台下又是一阵哄堂大笑。这是为什么？经一位学生暗示，他才发现自己手里拿的不是手帕，而是一只袜子——真该死！大概是昨晚洗脚时，不知怎么鬼使神差地把袜子装进衣兜了。他想避开几十双眼睛的注视，抓起板擦擦黑板，整个课堂闹得翻了天。他窘得无法自控，无地自容，只好跑下了讲台，慌乱中一抬脚又踢翻了讲台旁的热水瓶……

纵览古今中外，很多政治家、演说家最初都有过怯场的经历。就拿林肯来说，他当年在演讲台上窘迫不已，恐惧得甚至连一句话都说不出来，直到被轰下台去。但他并未就此消沉下去，而是勇敢地面对现实，勤讲多练，绝不放过每一次讲话机会，演讲水平日益提高。后来他的就职演讲被誉为最精彩的总统就职演讲之一。

又如雅典著名的演讲家狄里斯，在最初走上演讲台时，尽管经过周密细致的思索，做了充分的准备，但仍然遭到了失败。极度的恐惧让他语无伦次，别人不知他在说什么。但他并没有就此灰心泄气，丧失信心，而是比过去更努力地训练自己的讲话胆量。他每天跑到海边，对着岩石呐喊，向着浪花抒怀，回到家里对着镜子做发声练习，反复矫正，坚持不懈。经过几年的努力，功夫不负有心人，他终于成功了，被誉为"历史的雄辩家"。可见，克服恐惧是演讲成功者的必备素质，是迈向卓越口才的第一步。为此，平时做一些抗怯场练习，是非常有好处的。

千万不要小看恐惧对一个人谈吐的影响。至少有 90%的人，在公众环境发表讲话时，都会产生恐惧和紧张感，出现各种表达不清晰、不恰当的情况。千万别让恐惧掐住我们的喉咙，一定要培养一种自信的感觉，它会让你在与他人沟通的过程中受益无穷。

人们在讲话的时候会出现紧张感一般是由于以下两种心理因素：

第一种，不想献丑。这些人的想法是，一旦在他人面前说话，自己的粗浅根底、拙劣看法都会暴露出来，那么从此以后，哪还有自己的立足之地？所以，不说话或少说话更稳妥。

持有这种想法的人应该想一想，一个人尽量不暴露自己的短处，相对地，其长处也就无法尽显出来。其实，只要你认真地发挥全力，诚诚恳恳地把话说出来，必会有不错的表现。

第二种，不知道该如何组织说话的内容，所以会感到惊慌。有的人产生此种感觉是先天原因，如生来性格内向，他们说话低声细语，见到生人就脸红。还有一些教育不当的因素也占其中：儿童时期因长辈不加引导，孩子见到生人或到了陌生的地方，便习惯性地害羞、躲避，没有自信心。等到长大之后，便羞于与人接触，更羞于在公开场合讲话。

人人都可能在说话前后或说话过程中出现紧张、恐惧心理，即便演说专家、能言善辩者也不例外，都是从无数次失败经验中获得了勇气，掌握了大胆说话的技巧。那么，如何克服在领导面前说话的恐惧心理呢？按照以下几种方法多去练习，你就能泰然处之，游刃有余。

1. 练习追蝴蝶

在登台前最后一刻做，效果最好。

（1）双脚开立，与肩相齐，膝微屈，挺背，双臂放松垂于身体两侧。

（2）不必刻意呼吸，边叫“呜”边做蹦跳，一共10次，尽量用力，“呜”声要短、急、用力。每次做完“呜”，双拳向下猛砸。

（3）放松闭嘴，缓慢深呼吸。

（4）嘶嘶吸气，微张嘴，弯腰至膝，蹲于地。重复3遍，做缓慢深呼吸。

2. 练习摇来摆去

（1）双腿分开站立（与肩相齐），同时摆动身躯、脖子和头，先向右，再向左。

（2）让双臂自由摆动，随身体转来转去，最后双臂放松地围住双肩。

（3）在摆动时，尽可能大声叫：“我不在乎！”

（4）如此反复，也可叫：“不，我不在乎！”或“你奈我若何！”重复几十次。

（5）身体摆动时，保证头随身子转。

（6）尽可能轻松自在地去做。

3. 练习空手劈柴

（1）双足分开约40厘米，屈膝，握拳，手放两边，嘴唇紧闭。深呼吸三次后抬臂高举过头。

（2）哗啦一声，双手用力地劈下，并尽可能放喉大声叫喊："哈哈哈哈哈哈哈！"（屈膝）

（3）尽可能用劲地重复5次。

4. 练习劈柴动作

（1）两腿分开约35～45厘米，脚尖向前，两膝轻松放直，攥紧双手。

（2）吸气，摆动紧握着的手，高抬过头。

（3）把举起的手摆下来，猛向前屈，吐气。手下来时，大叫一声"哈"。（屈膝）

（4）吸气，再举手。

（5）重复上述动作，做上10次或20次。

注意：吸气时要闭着嘴，直到你的手下摆时叫"哈"，这样就可吸进更多氧气，练习就更有效。

5. 蒸汽机式练习

（1）双脚与肩齐站在那里，屈膝，将头抬起，闭嘴，右臂后拉，左臂前伸，尽量用力，同时深呼吸。

（2）左右臂换个方向，重复上述动作。节奏要平稳。

（3）开始要慢，随后要越来越快，持续做3～5分钟。记住要闭着嘴。

6. 心怀世界练习

（1）吸气，感觉你像是在扩张，张开双臂，拥抱整个世界。伸展四肢，感觉你的心脏是世界的扩充与展开。

（2）至少坚持1分钟以上，让世界置于你的怀抱中，手放胸前，双手轻抵。

（3）如此重复4次，把消极的意念都去除。努力去喜欢这个世界，把它容纳进来，放在心上，化恨为爱。

7. 减压练习

（1）站在门槛上，手掌挤着两边门框，鼓气用力。面部、头部、脖子会有热血上涌。尽量多坚持一会儿。

（2）突然完全放松。

（3）深呼吸。

（4）重复3遍。

讲话前先铺垫可以事半功倍

很多情况下，人们不好意思直接说出一些话，比如直接拒绝他人的请求或者不敢直接发表自己对某件事的意见或看法。面对这种情况如果能在讲话前加以铺垫，就能多多少少地缓和以上情况的发生。

例如，对于他人的话，人们总是会表现出情感反应。如果先说让人高兴的话，即使马上接着说些使人生气的话，对方也能以欣然的表情继续听。利用这种方法，可以拒绝不受喜欢的对象。所以，有难以说出口的意见之前，先加入类似的铺垫可以让你事半功倍。

有一个乐师，被熟人邀请到某夜总会乐队工作。乐师嫌薪水低，打算立即拒绝。但想起以往受过对方照顾，不便断然拒绝，他心生一计，先说些笑话，然后一本正经地说："如果能使夜总会生意兴隆，即使奉献生命，在下也在所不辞。"

此时夜总会老板自然还是一副笑脸，乐师抓住机会立刻板起面孔说："你觉得什么地方好笑？我知道你笑我。你看扁我，不尊重我，这次协议不用再提，再见！"

这样，乐师假装生气，转身便走。老板却不知该如何待他，虽生悔意，但为时已晚。

面对不喜欢做的事情由于某种原因不好意思直接拒绝，乐师以迎合的话为其拒绝做好铺垫，最后拒绝了对方。生活中我们在碰到这种事情的时候，不妨参照上例，制造机会，做好铺垫先使对方兴高采烈，然后趁对方缺乏心理准备，脸上仍有笑意的时候，找到借口及时退出，达到拒绝的目的。

另外，讲话前先做好铺垫也被广泛地运用在演讲中。

1940 年 12 月 17 日，罗斯福总统终于在美国白宫记者招待会上露面了。

此时，正当美、英、苏等国家共同抗击纳粹德国的关键时刻。英国处在欧洲反法西斯侵略的最前线，由于黄金外汇已经枯竭，根本无力按照“现购自运”原则从美国手中获取军事装备。作为英国的重要盟友，罗斯福深知唇齿相依的道理。在反法西斯战争旷日持久的情况下，英国一旦被纳粹击溃，希特勒一朝得势，势必严重威胁到美国在全球的利益。美国全力支持英国，是理所当然的事情。

但是，美国国会一些目光短浅的议员们只盯着眼前利益，丝毫不关心反法西斯盟友和欧洲糟糕的战局。而罗斯福却认为必须说服他们，要使《租借法》顺利通过以全力支持英国，他特别举行这个意义重大的招待会。

“尊敬的女士、先生们！”罗斯福在简要地介绍了《租借法》以后，紧接着就来说明他的设想了。“假如我的邻居失火，在数百英尺处，我拥有一条浇花的水管，要是赶紧借给邻居拿去接上水龙头，就可能帮他灭火，以免火势蔓延到我家。但是，在救火前要不要对他讨价还价？喂，朋友，十万火急，邻居到哪里去找钱。我想，还是不要他 15 美元为好，只要他灭火之后原物奉还。如果灭火后水管还好好的，他会连声道谢；如果他把东西弄坏了，他得照赔不误，我也不会吃亏。”

记者们紧追不舍，问罗斯福总统：“请问，总统阁下所说的水管一定是指武器了！”

“当然，”罗斯福毫不掩饰，“我只不过以此来阐述《租借法》原则而已。也就是说，如果你借出一批武器，在战后得到归还，而且没有损坏的话，你就不吃亏，即使军火损坏，或者陈旧了，干脆丢弃，只要别人愿意理赔，我想，你依然没吃亏，不是吗？”

这一番回答之后，再也没有人再对此提出任何质疑与反驳了。

罗斯福在开头讲了一个与其所讲内容有密切联系的故事作为自己演讲的铺垫，从而引出演讲的主题，引起了听众的兴趣，使演讲取得了事半功倍的效果。

每一个成功的人都是需要经历过程的，每一个过程都是为以后的路做铺垫，没有过程的洗礼，就永远不能到达心中的圣地！说话也是这样，要想让自己说的话更具吸引力，我们就要学会为自己要说的话题做好铺垫，循序渐进地引入主题，只有这样才能让我们说的话取得事半功倍的效果。

说话要学会洞察全场气氛

孔子在《论语·季氏》里说："言未及之而言谓之躁，言及之而不言谓之隐，不见颜色而言谓之瞽。"这句话有三层意思：一是不该说话的时候说了，叫作急躁；二是应该说话的时候却不说，叫作隐瞒；三是不看对方的脸色变化，贸然信口开河，叫作闭着眼睛瞎说。

这三种毛病都是缺乏瞬间读懂全场气氛的洞察力，没有注意说话的策略和技巧造成的。说话是双方的交流，不是一个人的单方面行为，它要受到各方面条件的制约，如说话对象、周边环境、说话时间等等，所以说话要学会瞬间读懂谈话场合的氛围，把握时机。如果不顾说话对象的心态，不注意周边的环境气氛，不到说话的时候却抢着说，很可能引起对方的误解。所以，说话前洞悉全场的气氛是非常重要的。

没有掌握周边环境的说话氛围，不论话的内容有多么精彩，也不会有任何意义。这就犹如一个有着强健的体魄、良好的技艺的棒球运动员，没有掌握好击球的瞬间，结果挥棒只能落空。

某学校为两位退休老教师举行欢送会。会上，领导非常得体地赞扬了两位的工作和为人。但是，两相比较之下，其中那位多次获得过“先进”的老教师得到了更多的美誉。这让另外那位老教师感到相当难过，所以在他讲完感谢的话以后，又接着说：“说到先进，我这辈子最遗憾的是，我到现在为止一次都没有得过……”这时，一位平日里与他不合的青年教师突然开口说：“不，不是你不配当先进，是因为我们不好，我们没有提你的名。”

一时间，原本会场上温馨感动的气氛被尴尬所取代。领导看气氛不对，马上接过话说：“其实，先进只是一个名义罢了，得没得过先进并不重要，没有评过先进，并不代表你不够先进，我们最重要的还是要看事实……”这位领导本来是想要缓和一下气氛，结果反而使局面更糟糕。

其实，会场的气氛之所以会如此尴尬，最主要的原因还是退休老教师、青年教师以及领导他们三人没有正确洞悉说话的氛围。首先是那位退休老教师，就算自己心里面有多少遗憾，也不应该在欢送会这样的场合上讲出来。而那位青年教师，也不应该在这样的场合上为图一时之快，说那些刻薄的话。最后，那位领导在场上出现尴尬的时候，应该极力避开那个敏感话题，而不是继续在这个话题上唠叨不休。

如果在与别人说话时的气氛好，或者当时所谈论的话题人人感兴趣，那么人们的谈话兴致便高，回应的速率也会很快，这样就避免了自说自话的尴尬，无形中减少人在发言时的恐惧感。生活中，无论是吃饭，还是学习，大家总喜欢说：“要有氛围！”没错，氛围真的很重要，尤其在与人交往的时候，如果渲染得当，可以大大增强你的吸引力。不信吗？那不妨来看一看下面的例子吧！

为了丰富学生的课余生活，某大学专门邀请一位著名教授举办了一个讲座，但由于临时改变地点，时间仓促，又来不及通知，结果到场的人很少。教授到了会场才发现只有十几个人参加。

他有点儿尴尬，但不讲又不行，于是他随机应变，说："讲座的成功不在人多人少，中国共产党第一次党代会才到了12人，但意义非同小可。今天到会的都是精英，因此我更要把课讲好。"

这句话把大家逗得开怀大笑。这一笑，活跃了气氛，再加上教授讲课充满激情，使得那一次讲座非常成功。

人际交往就如同舞台上的演出，为了演出的成功，不仅需要很好的台词、演技，还需要一种看不见、摸不着，却必不可少的——氛围。就像电影中，要有背景音乐来渲染气氛。在人际交往的场合，也往往需要营造点氛围，好像交际的润滑剂，使交际能顺利地进行下去。

有一家公司召开年终总结大会，董事长讲话时将一个数字说错了。

一个下属站起来，冲着台上正讲得眉飞色舞的董事长高声纠正道："讲错了！那是年初的数字，现在的数字应该是……"结果全场哗然，把董事长羞得面红耳赤。事后，这名员工因为一点小错被解聘了。

当然也有人做得很好。

有一家公司新招了一批员工，在董事长与大家的见面会上。董事长逐一点名。

"黄烨（华）。"

全场一片静寂，没有人应答。

一个员工站起来，怯生生地说："董事长，我叫黄烨（叶），不叫黄烨（华）。"人群中发出一阵低低的笑声，董事长的脸色有些不自然。

"报告董事长，是我把字打错了。"一个精干的小伙子站了起来，说道。

"太马虎了，下次注意。"董事长挥挥手，接着念了下去。

董事长从此就特别留意了这个小伙子。他发现这个小伙子其实是一个很有大局观的人。团队里面出了问题，他会首先站出来承担责任。而有了什么成绩，他也不会独揽。所以，在团队中，他的人缘非常好。

没多久，那个小伙子因为各种优异的表现被提升为公关部经理。

从第二个事例中我们可以看出，并不是因为那个小伙子站起来为董事长打了圆场，而得到提升。而是因为小伙子能够敏锐的洞察全场的气氛，能够看到事情背后隐含的问题，并及时快速地做出判断。他看出来，董事长读错字的这种情况，可能会影响到董事长身为高层领导的威信，这对于董事长以后的领导工作是很不利的。再往下深究，可能会影响到公司形象。而这个时候，自己站出来的话，顶多是工作上的失误，作为一个普通员工，这样的事情不会造成什么大的影响。这个时候，这名员工保全的就不仅仅是领导的“面子”，更是公司的“面子”。

在交际活动中，如果把交际桌看成是会议桌，气氛就很难营造起来，也无法让对方投入。想让对方投入，一般要靠自己的带动。有一种生意人，他们在会议桌上非常严肃、非常理智，然而，一旦到了社交场合，却又放得很开，与人斗酒、唱卡拉OK、开各式各样的玩笑，一副百无禁忌的样子。其实，他们是在营造交际气氛。

所以，我们要在不同的时间、地点、人物面前说符合周围环境气氛的话，这就要求说话者能够做到在说话前读懂全场气氛。该说话时才说话，而且要说得体的话。只要我们有充分的耐心，积极进行准备，等待条件成熟就顺理成章地表达自己的观点，不仅能赢得对方的开心，又能令自己舒心。以下五点可以让我们从容洞察说话场合的气氛：

第一，看准时机再说话，要有耐心，积极准备，时机到了，才能把该说的话说出来。

第二，沉默是金，并不是说要一味地沉默不语，该说话的时候就不要故作深沉。比如，领导遇到尴尬情况了，就需要你站出来为领导打圆场，同事有矛盾了，需要你开口让其化干戈为玉帛。

第三，别人在说话的时候，不要随意插嘴打断人家的话。

第四，看准时机，说不同的话。这些话都要与当时的场合、时间、人物相吻合。

第五，该说话的时候要说话，因为有时候机会转瞬即逝，错过这个说话的时机，也许以后就不会再有机会了。

灵活展现自我角色的“表演力”

即兴口才重在灵活变通，具备即兴口才的人能在面对尴尬的时候灵活变通，通过口才展现自我魅力。在即兴口才的规则中，想要成功就应该学会比别人会说一点、灵活一点，在灵活变通中展现自我。

纵观古今，于关键时刻舌灿莲花展现自我光彩的人不在少数。舌战群儒促成吴蜀联盟的诸葛亮，一段利辞使秦相范雎拱手让出相位的蔡泽，行者说六国得以安的苏秦，明其言让敌军卷甲归去的陈轸明……他们用无数的事实表明，在许多非常场合，施展灵活变通的口才，可以使你步出尴尬境地，赢得众人的赞许，并能于各种生存处境中游刃有余、如鱼得水，有时甚至可以力挽狂澜，起死回生，让自我角色在说话中自由的展现。

在《草船借箭》中扮演周瑜的演员有意捉弄那位扮演诸葛亮的演员，看这位“孔明”是否能灵活地变通。

当“诸葛亮”按戏文程序向“周瑜”说：“都督军务繁忙，亮不打搅了，就此告辞。”说罢，摇着羽扇欲走。“周瑜”一把拉住“诸葛亮”“先生慢走，”然后向前上方一指，“你瞧天边有一朵黑云，不知有何凶吉，请先生指教!”

因戏文里没有这句台词，这一问，把扮演诸葛亮的演员问愣了，连摇着的羽毛扇也停住了。他再一看“周瑜”脸色，知道是恶作剧，不由得支吾道：“这个么……”但他猛地眉头一皱，计上心来。于是从容地摇着羽扇答道：“都督，此乃天机，不可泄露，你附耳过来。”“周瑜”只得走近“诸葛亮”，把耳朵凑过去。

“诸葛亮”对着“周瑜”的耳朵低声骂道：“你这该死的，谁让你在台上胡闹，我把你……”“周瑜”被骂得满脸通红，但还是面向台下观众说：“先生高见，真乃当世奇才。”

故事中的“诸葛亮”运用自己的口才即兴发挥，可谓是灵活展现自我的典范。能够灵通的口才是每一个艺术表演者必须具备的基本素质，它能让其临危不乱，从容应对突发的情况。

俗话说：“变则通，通则久！”在一些暂时没有办法扭转的事情面前，我们应该学着变通，不能死钻牛角尖，此路不通就换另一条路。有更好的机会就赶快抓住，生活不是一成不变的，有时候我们转过身，就会发现，原来我们身后也藏着机遇，只是当时我们赶路太急，忽略了那些美好的事物。即兴口才的灵活变通也是如此。

晏婴是齐国有名的辩士。有一次，齐王派晏子出使楚国，在酒席上，狂妄强横的楚王见晏子身材矮小，出言嘲弄他：“难道齐国没有人了吗？怎么派你这样的人来当使臣？”

面对楚王的挑衅，晏子不慌不忙地说：“齐国首都临淄大街上的行人，只要举起衣袖，就能把太阳遮住，人们流的汗像雨一样，走起路来肩碰着肩，脚尖碰着脚跟，怎么会没人呢？”

楚王继续揶揄地说：“既然有那么多人，为什么派你这样的人当大使呢？”

这时，晏子说：“是啊，我们齐王委任使臣是有规定的，最有本领的人，就让他出使到最贤明的国君那儿去，没有本事的，就出使到无能的国君那儿去，我正因为无才又无貌，才被派来出使楚国!”

晏子面对骄横的楚王先示弱，承认自己正如楚王说的不行，这是他的“退”，这让楚王更加志得意满，然后在楚王最兴奋的时候，接着说齐王派遣使臣的规定，得出的结论是“正因为我最无能，所以被派到了最不贤明的楚国国君这里来”，给楚王一记当头棒喝。这种以退为进的辩术保住了自己的国格和人格，同时又让对方深受打击，比直接无礼地呵斥楚王，效果要好得多。

变通口才的威力巨大，实现过程却并不复杂，实现变通口才只需要比别人会说一点，思维懂得在死板处转个弯。借用诙谐的语言、变通的智慧，成功到达胜利的彼岸已经不再是难题。

一旦真正拥有灵活变通的口才技巧，就能于五花八门的交际圈中脱颖而出，成为众人瞩目的焦点。同时，无论是日常生活的即兴交谈，还是面对成千上万观众的即兴演讲；无论是小到两个人的谈情说爱，还是大至两国之间的商榷谈判；无论是职场环境中和上司、同事及下属的和睦相处；还是辩论场上的风云际会，变通的口才艺术都会助你一臂之力，让你的人生如沐春风，让你的事业青云直上。

利用语言的结晶，做真正的语言强者

季羡林说，世人都知道“鉴往知今”的重要意义。鉴往绝不是什么“发思古之幽情”，而是为了“知今”，而且两者都是为了预测未来，以便把将来的工作做得更好。在语言上同样需要鉴往知今，利用语言的结晶，做真正的语言强者。

所谓语言的结晶，就是那些通过智慧的打磨，被人们广泛认可，流传百世的名言、诗句、谚语、俗语等。这些语言精练、形象、生动而有美感，平时多积累并将它们运用到说话中，能为我们的语言增添不少色彩。事实上，在与他人交谈对话的时候，适当运用一些优美的词句，会让对方觉得我们有很高的涵养，而且很多语言结晶都有着各自的魅力，适当运用，可以让对方更好地领会我们的言外之意。

俗语是群众语言，有浓郁的地方特色，通俗易懂，是人民群众熟悉的、喜爱的语言，它包括谚语、歇后语等。这些语言大都来自社会实践，是人民群众创造发明的，在讲话时巧妙地运用，能够大大增强语言的感染力，容易被群众理解和接受。如果能够恰当地使用，可以增强讲话或演讲中的幽默感和说服力。

抗战胜利后的一天，上海一幢公寓里传出阵阵欢笑。原来，画家张大千要返回四川，他的学生们为他送行，梅兰芳等名流也到场作陪。宴会开始，张大千向梅兰芳敬酒，说："梅先生，你是君子，我是小人，我先敬你一杯!"众宾客都愣住了，梅兰芳也不解其意，笑着询问："此话作何解释?"张大千笑着朗声答道："你是君子——动口；我是小人——动手!"满堂来宾，笑声不止，宴会气氛一下子活跃起来。

张大千根据当时的氛围灵活地运用了"君子动口不动手"这一俗语，使得整个宴会的氛围活跃起来。由此可见，适当的利用语言的结晶，能为自己的语言表达增添无尽的色彩。

1985年5月，美国总统里根到前苏联访问，两国领导人举行会谈。在欢迎仪式上，前苏联领导人戈尔巴乔夫说："总统先生，你很喜欢俄罗斯谚语，我想为你收集的谚语再补充一条，这就是'百闻不如一见'。"

戈尔巴乔夫之意，当然是宣称他们在削减战略武器上有行动了。

里根也不示弱，彬彬有礼地回敬道："是足月分娩，不是匆匆催生。"

里根的谚语形象地说明了里根政府不急于和前苏联达成削

减战略武器等大宗交易的既定政策。通过对谚语的运用使里根的话更具说服力。

事实上，语言的结晶在任何场合中都适用。在论辩中巧妙地运用俗语、谚语等语言的结晶可以调节气氛，增强语言的感染力，从而达到明确地讲清道理、有力地反驳对方的目的。比如，运用多个成语，妙语连珠，文采熠熠，有一种强大的感染力和说服力；运用谚语，入情入理，也很有表现力；运用歇后语，言简意赅，生动形象；运用寓意深刻、韵味隽永的顺口溜，也可产生新鲜、奇特、生动的感觉。此外，也可以适当地引用名人的言论、公认的史料、数据以及广泛流行语等，从而更好地点明主题，佐证观点，使文义含蓄，富有启发性，使听者会心言外，深思彻悟。

因此，我们在日常生活中，应该有意识地多积累一些约定俗成的语句，这是提高说话水平的一条捷径，同时，要注意恰当地使用。

用被对方认同的事情作为开场

奥韦司基教授在他的《影响人的举动》一书中说："当一个人开始'否定'时，就形成了一道心理防线，他就要固执下去，来维护自己的人格尊严。即使他意识到自己的'不'并不正确，他也不会放弃自尊，而是继续固执下去。因此在开始谈话时，最重要的是先说一些对方认同的事情。

会说话的人，一开始就会说一些让对方认同的话，这能让他忽略分歧，不再抵触自己，进而愿意接受你的意见。就像打壁球，顺着球的方向打，它更容易前进。纽约市格林威治储蓄银行的职员詹姆斯·艾伯森曾因这种"用对方认同的事作为开场"的技巧，留住了一位顾客。事情是这样的：

有位顾客要在詹姆斯·艾伯森所在的银行开一个账户，詹姆斯·艾伯森便给了他一些例行手续的表格，但对于表格上的有些问题他毫不犹豫地回答，有些他却坚决不填。

要是刚来银行工作那会儿碰到这种情况，詹姆斯·艾伯森一定会告诉他，如果没有那些个人信息的话，银行不会给他开账户。那样做当然痛快，但那不是银行的目的，一个来开账户的人希望被尊重。于是詹姆斯·艾伯森决定使用让对方认同的事作为开场的技巧。因此，詹姆斯·艾伯森对他说，他拒绝填的那些信息，并不是非填不可。但他接着又说："可是，假设在你去世的时候，银行是否有责任把这笔钱转到你的继承亲友那里呢?"

听了詹姆斯·艾伯森的话，这位顾客作了认同的回答。

詹姆斯·艾伯森继续说："如果我们知道了你最亲近的亲属的名字，是不是很方便呢? 如果你去世了，我们就能够迅速而准确地实现你的愿望，对吗?"

这位顾客又作了肯定的回答。

其实，这时这位顾客的态度已经改变了，因为他了解到银行为什么会有这样的规定，不是为了别的，正是为了他自己。在离开之前，那位年轻人又听从詹姆斯·艾伯森的建议开了一个信托账户，把他母亲填为受益人，并很配合地回答所有关于他母亲的信息。

这里詹姆斯·艾伯森采用的就是"用被对方认同的事情作为开场"的切入技巧，层层引入，成功说服对方改变态度的。由此可见，当你希望别人同意你时，不要一开始就与他争论，而要以双方所同意的观点作为开始，打开对方认同自己的大门。

交际场合往往会出现这种情况：有的人口若悬河，滔滔不绝，十分健谈；而有的人即使坐了半天，也无从插话，找不到话题。为了让自己说的话被对方更好的接受，我们可以用被对方认同的事情作为开场。

曾经有一个实例，某家庭电器公司的推销员挨家挨户推销洗衣机，当他到一户人家里，看见这户人家的太太正在用洗衣机洗衣服，就忙说：

“哎呀！这台洗衣机太旧了，用旧洗衣机是很费时间的，太太，该换新的啦……”

结果，不等这位推销员说完，这位太太马上产生反感，驳斥道：“你在说什么啊！这台洗衣机很耐用的，到现在都没有故障，新的也不见得好到哪里去，我才不换新的呢！”

过了几天，又有一名推销员来拜访。他说：

“这是令人怀念的旧洗衣机，因为很耐用，所以对太太有很大的帮助。”

推销员先站在这位太太的立场上说出她心里想说的话，使得这位太太非常高兴，于是她说：

“是啊！这倒是真的！我家这部洗衣机确实已经用了很久，是旧了点，我倒想换台新的洗衣机！”

于是推销员马上拿出洗衣机的宣传小册子，提供给她做参考。

用“被对方认同的事情作为开场”这种推销切入话题的技巧，确实大有帮助，因为这位太太已被动摇而产生购买新洗衣机的决心。至于推销员是否能说服成功，无疑是可以肯定的，只不过是时间长短的问题了。

用被对方认同的事情做开场的技巧其实是利用了对方一种心理状态。当一个人不认同一件事的时候，他的整个身心都处于抵触中，并形成一种紧张感去抗拒别人的观点。反之，当一个人认同一件事，他的整个身心便处于欢迎和开放的状态，就越容易接纳我们的意见。所以，当我们用对方认同的事作为交谈的开场，就能让其更容易地接受我们的意见。

巧用封闭式提问和开放式提问

封闭式提问——是指提出答案有唯一性，范围较小，有限制的问题，对回答的内容有一定限制，提问时，给对方一个框架，让对方在可选的几个答案中进行选择。这样的提问能够让回答者按照指定的思路去回答问题，而不至于跑题。但封闭式提问有其不足之处就是具备一定的威胁性，会给他人一种不舒服的感觉。开放式提问是相对于封闭式提问的，它是指提出比较概括、广泛、范围较大的问题，对回答的内容限制不严格，给对方以充分发挥的余地。这样的提问比较宽松，不唐突，也很得体，可有效缩短对话双方心理、感情距离，但由于答案的松散和自由，难以深挖。因此，为了准确地判断出对方的需求，我们在提问的过程中，最好将“开放式”与“封闭式”结合起来，利用开放式询问启发对方说出自己的意见、看法，然后利用封闭式提问法进行准确定位，进而找到对方需求，赢得谈话想要的信息。

开放式提问和封闭式提问经常被销售人员运用。当销售人员想与顾客有所连接时，他通常会使用封闭式提问来向顾客提问。如：“我能提一个问题吗?”当我们问这个问题时，几乎没有一个人会拒绝，他们会停下手中的事情，因为他们很好奇我们到底要问什么，这样销售人员就有机会继续跟顾客谈下去。在谈话过程中为了避免话题结束，销售人员会采用开放式提问，以使客户打开自己的心扉，说出自己的想法、感受和顾虑，借此机会深入到客户的内心世界，获得一些深层次的需求信息。比如，一个护肤品销售人员，会这样问顾客：

“您能谈谈自己对护肤品的期待吗?”

“对于您现在正在使用的护肤品您有什么看法吗?”

“您主要想在什么方面有所改善呢?”

“您能告诉我您最真实的想法吗?”

“您对护肤品的价位有什么期待呢?”

“您希望用了我们的护肤品后取得什么效果呢?”

这样的开放式提问就能让顾客打开心扉，销售人员就可以从顾客的回答中获得信息进而根据实际情况推销自己的护肤品。不过销售人员也会遇到很多滔滔不绝的顾客，他们在面对销售人员的提问时，经常漫无边际地谈天说地。这时候就需要销售人员将问题转移到自己的销售目的上来。这时封闭式提问就会起到关键性作用。由此可见，开放式问题问得太多的话，会让对方的回答没有目的性，我们也难以收集到有用的信息，如果封闭性问题问得太多的话，会让对方很有压力，让沟通的气氛变得紧张。

开放式提问和封闭式提问的运用需要使用者在与他人谈话的过程中，根据实际情况灵活使用。当然这是非常需要技巧的，我们可以遵循这样一条原则——在谈话之初用封闭式提问打开对方心扉后，再用开放式提问让谈话者畅所欲言，如果对方的畅所欲言变得无边无际了，我们就可以用封闭式提问将他拉回主题，如此灵活应变就能达到想要的谈话效果。

第六章　切入口才：智慧的语言是扣人心弦的力量

大智慧者必谦和，大善者必宽容，大骄傲者往往谦逊平和。有巨大成就感的人，必定也有包容万物、宽待众生的胸怀。

——周国平

（毕业于北京大学，著名哲学家、作家）

最真实的表达才能打动人心

不管我们用什么技巧或是什么手段，我们在谈话中最大的目的就是打动别人，获得别人对你的认同感，不论是谈判中的胜利还是平时闲谈中博得赞同，其实都是一个打动别人的过程。

而最能打动人心的话往往不是技巧而是真实的表达，技巧和窍门带来的认同感会随着言谈实质内容的变化而变化，但是由真实的话语带来的认同感却能保存很久，历久弥新。

美国前参议院议员罗慈和当时的哈佛大学校长罗威尔在欧战结束后不久，一同被请到波士顿去辩论国际联盟的问题。当时罗慈对国际联盟的观点谈不上是主流观点，所以被大多数人所不认同。罗慈自己也觉得波士顿的大部分听众都对他的意见表示仇视。

可是他决定让听众都赞同他的意见。我们不妨来看看他演讲的第一段：

校长、诸位朋友、诸位先生、我的同胞们：

罗威尔校长给了我这一个机会，使我能够在诸位面前说几句话，对此我感到十分荣幸。我们两人是多年的老朋友，而且都是信奉共和党的人，他是我们拥有最大荣誉的大学校长，是美国最重要、极有权威和地位的人，他还是一位研究政治最优秀的学者和史学专家。现在，我们对于当前的重大问题，在方法上也许有所不同。然而，在对待世界和平以及美国幸福的问题上，我们的目的还是一样的。如果你们允许的话，我愿意站在我本人的立场上来简单地说几句。我曾用简明的英语，一次又一次说了好多遍了，但是，有人对我产生了误解，竟说我是反对国际联盟的，而无论它是一个怎样的组织。其实，我一点也不反对，我渴望着世界上一切自由的国家，大家都联合起来，成立我们所谓的联盟，也就是法国人所说的协会。只要这个组织能够真正联合各国，各尽所能，争取世界永久和平，促成环球裁军的实现。

听完罗慈讲完这一段话，即使最强烈反对他的人，也无法对他提出相悖的意见。为了称颂听众们对祖国的忠诚和热爱，他称听众为“我的同胞”；为了缩小同思想流派彼此意见相悖的范围，他坚持着说他们的不同点只是方法上琐碎的小枝节，而对于美国的幸福以及世界的和平诸多大问题，他们的观点是完全一样的；为了赞美他的对方，他敏捷而郑重地提出他们共同的思想。

最后他更进一步地说，他也赞成国际联盟的组织是应该有的。分析到最后，他和对方的不同点，只是他觉得“我们应该有一个更完善的国际组织”。

任听众对演说者的意见有过怎样激烈的反对，对他的主张有多么的不认同，但是当听完这样一个开头之后，听众们都觉得心平气和了些，感觉自己的心被打动，也不再那么仇视罗慈。

但是如果罗慈的演说开头就运用政治家熟练使用的演讲技巧，用讽刺夸张等手法把那些信任国际联盟的人加以批评和嘲笑，说他们的观点真是幼稚、荒谬达到极点，并且一点都不认同他们，那结果当然必败无疑，肯定会被众多听众攻击，而不会打动他们。

从罗慈这篇质朴的演讲稿中，我们可以看到通篇没有任何技巧，唯一彰显的就是真诚和真实，而这恰恰是最打动人心的。

真实的表达能让听众产生一种信任感、安全感，多一分真心，多一分赤诚，就能多收到一个好的反馈，大量的事实证明，讲话的魅力并不在于话说得多么流畅动听，而在于是否真诚，讲坦率诚实的话，永远能获得他人的支持和拥戴。

一位农民工被老板拖欠工资，实在走投无路，他爬上该城市主干道的立交桥，要跳桥自杀。人的生命何其宝贵，他的行为引起了大家的注意，很多人都在下面劝他，让他赶紧撤回到安全的地方，不要做傻事，让他想想自己的未来，但是这位农民工去意已决，他一步步攀上立交桥最高的地方，准备下跳。

在这千钧一发的时刻，公安部门的谈判专家来到了现场，谈判专家看到农民工的生命危在旦夕，他马上拿起扩音器说道："兄弟，老婆孩子热炕头想不想？谁把你害成这样的你恨不恨？你这样死了一了百了，欠你钱的人高兴了，他永远不用给你钱了，你老婆孩子遭殃了，他们娘俩可怎么过？你这一死可让你老板高兴得拍大腿啊！"

农民工听完这些，他无力地坐倒在桥边上，放声大哭，这时他身后的民警迅速上前，一把把他抱住，拖到了安全的地方。

之所以这么多人劝农民工，他都不下来，而谈判专家的几句话就能让他放声大哭，关键点就在于谈判专家的真实打动了他的心。

一个人在想死的时候，跟他说道理，跟他说生之可贵、死之可惜都太虚了，他根本听不进去，这些没有办法打动他，唯有最真实的，和他最切身相关的，才能触动到他绝望的心，从而重新激起他求生的欲望，真实的话看似朴实无华，却蕴含着最大的能量。

由此可见，真实的语言，不论对说话者还是对听话者来说，都至关重要。说话的魅力，不在于说得多么流畅、多么滔滔不绝，而在于是否善于表达真诚。

总之，真诚的语言是最能打动人的，巧妙地运用充满真情诚意的话语，可以促使说者与听者产生情感共鸣，可以使双方的关系变得融洽，从而营造出一种良好的沟通氛围，赢得广泛的人际关系，为成功创造有利的条件。

要有直言不讳表达观点的勇气

当今社会，非常讲究语言的艺术性，我们常被长辈或者老师教导说话要婉转含蓄不要得罪人，但是我们往往忽略了直言不讳也是我们在当今社会交流所需要的，作为一个完整的社会人，我们不能丧失直言不讳的勇气。正如马寅初所说："言人之所言，那很容易；言人之欲言，就不太容易了；言人之不敢言，那就更难了，我就是要言人之欲言，言人之不敢言！"

对待我们在乎的人，我们的亲人、爱人和朋友，在他们需要建议时，在他们迷茫时，我们作为他们亲近的局外人，更要直言不讳地点明问题，给出看法，如果碍于面子或者情面而支支吾吾不直接说出自己的想法，那么这就不仅仅是做不到直言不讳的问题了，某种意义上，是没有尽到作为一个朋友、亲人、爱人的责任。

丽萨和玛丽是一对好朋友，虽然丽萨家境贫寒玛丽家庭富有，但是并没有阻碍她们的友谊。

一天，她们两人去城里逛街，丽萨透过橱窗看到一对有流苏的翡翠耳坠，她像着了魔一样拉着玛丽的手跑到店里面。丽萨迫不及待地让店员拿出耳坠给她试戴，玛丽也看到了那副耳坠，她深知这种款式的耳坠是不适合日常佩戴的，这样的耳坠一般用于出席舞会、宴会搭配晚礼服。而丽萨暂时根本没有机会佩戴这样的耳坠，并且这幅耳坠价格不菲，是丽萨好几个月的生活费用。

玛丽心想，她可能只是试戴一下，试完就知道不适合自己了。玛丽转过头去，看到丽萨已经将那一对耳坠戴在了耳朵上，耳坠夸张无比，映衬着丽萨现在穿着的白衬衫加衬衫裙，一点美感都没有，显得非常滑稽。

丽萨兴奋地问玛丽："亲爱的，你看这对耳坠怎么样?"

玛丽非常想告诉她，她戴着这个显得非常滑稽，可是话到嘴边她又停住了，她说："耳坠很适合你，但是这耳坠不适合日常佩戴，它太华丽了。"

丽萨听到了朋友的"称赞"更加兴奋，她说："我要存钱买下这对耳坠，我爱死它了!"

玛丽看着丽萨因兴奋而满脸通红，终于没说什么，于是两人走出了饰品店。

接下来的两个月，丽萨节衣缩食，在工作之外还打零工，丽萨终于攒够了钱，她拉着玛丽又来到了那家饰品店。玛丽在路上一直暗暗祈祷，希望那副耳坠已经被人买走，不要让丽萨用辛苦挣来的钱买这样一副她根本用不上的耳坠，但是她想归想，却一点儿都没有劝说丽萨放弃买这副耳坠。

到了饰品店，丽萨看到那副耳坠还在，她高兴得像个孩子一样马上让店员把耳坠包起来，玛丽想阻止她，但是终究还是没有勇气说出口。

第二天，玛丽下班后来找丽萨一起吃午饭，她本以为丽萨情绪会非常好，因为丽萨戴着她钟爱的耳坠去上班，却发现丽萨情绪很低落，原来，同事们看到丽萨的耳坠后，非但没有人夸好，反而都在暗中笑话她没品位，不会穿戴，丽萨觉得很沮丧，丽萨这时问玛丽："我现在也好后悔，怎么会买这样不实用的东西，你当时怎么也没劝我一下呢?"玛丽听她说完，不知道说什么。

我们交朋友，都喜欢交诤友。所谓诤友，就是能直言不讳地说出自己的言行和思维不合适、不正确的人，是能不顾及所谓的情面给我们中肯建议的人。既然我们都喜欢这样的人，那么面对我们在乎的人就要有勇气直言不讳，直言不讳可能会伤害到我们在乎的人，让他们小失面子，但是最终他们还是会感谢你！

直言不讳不仅仅是为了我们在乎的人好，也是为自己争取机会。

法国19世纪的作家左拉，其处女作《给妮侬的故事》的发表并非一帆风顺，而是颇费一番波折。

左拉捧着一叠厚厚的书稿，前前后后光顾了三家出版商，向他们推销自己的作品，可是那时的左拉初出茅庐，没有人看好他的书稿，三家出版商都让他吃了闭门羹。

一天，左拉又去找第四家出版商。

左拉来到第四家出版商拉克鲁瓦的办公室外面，他心里打起退堂鼓来，担心再次遭拒绝，但是他还是相信一定有人能赏识他的才华，于是他镇定了一下，自信满满地走了进去。

左拉敲响了拉克鲁瓦办公室的门，只听里边说："请进。"

左拉走进了拉克鲁瓦的办公室。拉克鲁瓦抬起头看这个其貌不扬的青年人进来，手上还捧着一叠书稿，于是他问："你是要出书吗?"

左拉清了清嗓子，坦率地说："已经有三家出版商拒绝接受这部书稿，您是第四家出版商。"拉克鲁瓦顿时愣住了，要知道从来没有一个作家会对出版商说自己的作品不受欢迎，如果这样，书稿肯定出版不了。可是，这个毛头小子居然一见面就坦率地说自己曾经碰过多次壁。

左拉看到呆若木鸡的拉科鲁瓦，随后又说："但我相信我很有才华，您从这本书里完全可以看得出来。"拉克鲁瓦为左拉的坦率所感动，但心想他不会是在吹牛吧？不妨先看看他写得怎样……

看完书稿后，拉克鲁瓦发现左拉的确很有才华，又不自吹自擂，而且为人坦率好交往，便决定为他出版《给妮侬的故事》这本书，并与左拉签订了长期的出版合同。

拉克鲁瓦每天都会见到很多的年轻人要求出书，但是为何左拉能够打动拉克鲁瓦的心，最终让自己的首部作品成功出版呢？原因就是左拉的坦率和直言不讳，让拉克鲁瓦眼前一亮，又觉得他诚恳无比，打动了拉克鲁瓦。

直言不讳并不是我们聊天社交中要避免的不好的言谈方式，相反，无论是规劝他人不要犯下更大的错误，还是为自己寻求机会，直言不讳都是很有效的方法，只要我们坦诚、正直，那么相信对方都会理解你真正的用意，而不会为了你的直言而生气。

说真话需要勇气，更需要智慧

说真话毋庸置疑是我们推崇的，人与人交往贵在一个“真”字，以真心方能换来真情，但是我们也会发现，在日常生活中，直言不讳地说了“真”话，却没换来别人的好感，有时甚至让别人讨厌那个说真话的人，说真话的人没有得到应有的良好反馈。

其实，说了真话却没有换得真心和好的反馈，问题并不在说真话而在于说真话的技巧或者智慧上。两个人表达同一个事实，完全能收到不同的效果。

南北向长街的东西两边各有一家医馆，两家医馆里的先生是同门师兄弟，医术不分伯仲，但是两家医馆的生意却大相径庭，街东边的医馆每天患者络绎不绝，还有好多外省的人慕名来瞧病，而街西边的医馆总是门可罗雀。

一天，西街医馆的先生和东街医馆的先生一起在他们的老师家小聚，西街医馆的先生抱怨没人上他那瞧病，东街医馆的先生抱怨病人太多顾不过来。他们的老师知道这俩师兄弟医术不分伯仲，所以很奇怪为何他们坐堂的医馆生意会差这么多，他决定暗中查访一次。

转过天来，他安排了一个正好得了风寒的小厮，吩咐了几句，让小厮乔装后分别去两家医馆瞧病。

小厮先来到街西边那家医馆，坐堂的先生给他号了号脉说："你得的是风寒病，别看风寒是小病，但是要是拖着不看最后还是会变成大病把人病死，你多亏来得早，不然怎么死的都不知道，我先给你开一服药你喝着，喝完再来复诊。"小厮听完那叫一个气，要不是是奉命过来瞧病，他真想把那包药扔先生脸上。

小厮溜达一会儿后，又来到了街东边的医馆，照样让坐堂的先生给瞧病。

那位先生号完脉说道："啊，你这是风寒，小毛病不要担心，吃一服药就好了，回家后一定按方煎药按时服药，发发汗，保证药到病除。"小厮听完千恩万谢地走了。

回到老师家里，老师看了看两位徒弟开的药方，都是治疗风寒的好方子。但是等他听完小厮描述在两家看同样的病，他的两位学生所说的话语后，老师顿时明白了，为何他的两位徒弟的医馆生意如此差别了。

其实两位坐堂先生说的话都是一个意思，即小厮的风寒喝点药就能好，但是区别在于，两个人说的话虽然都反映了最真实的情况，但是西边医馆的坐堂先生，说实话一点技巧都没有，他的实话让病人徒生恐惧和怒意，而东面的医生，说同样的内容，却能让病人如沐春风。

这个故事告诉我们，说话诚然要实在、要真实，但是也要注意技巧，了解禁忌，在说实话的同时，用幽默来软化语境，不失为一种让讲述者说出实话又不伤害到大家的技巧。

人与人在交谈的过程中，总会有一些让人不便、不忍或者会伤害到他人又或是语境不允许直说的话题内容，这个时候就要将“词锋”隐遁，或者是把“棱角”磨圆一些，让语境软化一些，好让听者容易接受。

同时，不仅仅是为了自己身边的人，同时也是不要让自己违心，我们还是有必要学会智慧地说实话。

一个法国出版商想得到著名作家的赞扬，借以抬高自己的身价。他心想，预先取之，必先予之，要得到一个大人物的好感和赞扬，必须先赞扬他。

这天，他去拜访一位知名作家。来到作家书房后，他看到作家的书桌上正摊着一篇评论巴尔扎克小说的文章，灵机一动，便说：“啊，先生，您又在评论巴尔扎克了。的确，多少年来，真正懂得巴尔扎克作品的人太少了，算来算去，我觉得也只有两个人真的懂，其他的全都是趋炎附势。”

作家思维多么的敏捷，一听出版商说完，就明白了出版商的意图，但是他没说什么，仍然让他继续说下去。“这两个人，其中一个是您了。可是还有一个呢？您说，他应当是谁？”

作家非常厌恶这个出版商给自己脸上贴金的行为，但是又不能直接说：“不管另一个是谁，反正不是你”。

作家想了想说道：“那当然是巴尔扎克先生自己了。”

出版商本来美滋滋地等着作家夸奖自己呢，没想到作家这样回答了他，他顿时像泄了气的气球，悻悻地走了。

出版商想求得知名作家的赞扬，怀有目的地登门拜访。作家呢，对出版商的小九九洞若观火，但又不好直接拒绝、实话实说，就特别巧妙地把这个问题解决了。出版商把世间懂巴尔扎克作品的人确定为两个，一个，他自然要送给作家了，另一个，他是给自己预备的。但自己说出来，那太没涵养，况且自己认可的东西并不一定能得到作家的赞同，还是启发作家说出来吧。由此，出版商一直沿着自己的设计和思路，准备着一种情感——他期待着作家的赞扬，让作家指出他是懂巴尔扎克作品的人。

作家并不回绝对方的话，因为那太扫人兴了。但是，他有意漠视对方的“话外音”，一句答话，让对方的期待栽了个大跟头，作家回答的是，另一个懂巴尔扎克的人是巴尔扎克自己。于是双方没戏唱了，只好散场。

作家说出了实话，没有让自己违心，同时也没有把局面弄得很糟糕，这就是说真话的技巧。

中国有句古训，良药苦口利于病，忠言逆耳利于行。没有人否认说真话在社交活动和人际交往中的重要性，但是正因为是“忠言”所以会有很多棱角，会有很多不尽如人意的地方，此时我们就需要把忠言有技巧地说出来，让忠言不但能发挥自己的作用，同时也让忠言在发挥作用的同时不引起任何人的不愉快。

坦诚亦可委婉，说话少碰钉子

一般来说，我们都喜欢坦诚直率、坦坦荡荡的人，这样的人说话直截了当，让人一听了然，好沟通。但在特定的语言环境中，适当地“拐弯抹角”有时会比直来直去产生更佳的语言效果，一方面可以保护我们自己不被情绪激动的人在语言或者肢体上误伤，一方面也能在平和的环境中，在不激怒别人的情况下，指明问题。

中国人讲究曲径通幽的含蓄美，虽然它和条条大路通罗马是一个意思，但一比较即有明显的差别，委婉含蓄的优点即刻立现。

有一个人去一家酒店喝酒，发现店家自酿的酒味道酸而抱怨不止，老板听到之后很生气，把那个人吊在房梁上。这时又进来了一位客人，看到吊在房梁上的人很奇怪，便问店老板，这是怎么回事，老板回答到：“我们小店自己酿的酒风味非常好，但是这个人却说我们家酒酸，你说他可不可恨，是不是该吊起来。”客人回答到：“那给我一杯，让我尝尝。”客人喝完后，店主问：“客官，这酒不错吧?”客人攒着眉毛对店主说：“唉，你还是把这人放了，把我吊起来吧。”

乍一听起来故事中客人答非所问，不知所云，可一联系上文并不难领会其意思——酒确实酸。客人的对答不仅表达出了自己的真实思想——酒酸，又避免了与店主的正面冲撞——被吊。可以说故事中客人，就是言谈中“拐弯抹角”的技巧运用得较为成功的例子。他没有直接说出他所要表达的思想，而是借用在某一具体而特定的语言环境中建立起来的与原意密切相关的一个句子进行表述，联系上下文方能得知其中奥妙，他使话语避免了火药味和无趣，变得委婉含蓄从而产生了更为理想的表达效果。

语言是多姿多彩的，同一个思想可以由不同的言语方式表达，可以直截了当无遮蔽地直说，也可以含蓄委婉地表达，在说话艺术中有这样一种说法，叫作“多兜圈子，少碰钉子”，说的就是婉转地表达能在沟通中更好地帮助我们。

大家都知道刘备三顾茅庐，不辞劳苦打动了诸葛亮，在隆中便能够知晓世事定下三分天下的策略，但是在诸葛亮出山的过程中，曾有一位名不见经传的普通女人起到了重要的作用，她便是后来的诸葛夫人黄月英。

黄月英是沔阳一位隐士黄承彦的女儿，她虽然容貌称不上国色天香，但是却才智过人，其智慧不亚于当世任何一位男性。

黄承彦非常欣赏诸葛亮的才华，所以有心把女儿嫁给诸葛亮，于是便邀诸葛亮来黄府一叙，诸葛亮听闻黄月英才智过人所以也一直想找机会一睹黄月英的才华。

碰巧，此时的诸葛亮刚好受了刘备、关羽、张飞三人的两顾茅庐之请，他对于是否出山心中也举棋不定，正想请教一下黄老先生，便欣然赴约。

到了黄府，黄承彦叫出女儿黄月英与诸葛亮相见。诸葛亮看到黄月英虽然相貌平凡，但倒也落落大方，颇有风度，心中不由得有了几丝好感。互相问候之后，诸葛亮便把刘备两顾茅庐的事情告诉了黄承彦，想征求他的意见。

黄承彦想了想道："那你现在到底想不想出山？"

诸葛亮答道："想来想去，还是隐居南阳、躬耕陇亩为好。如今天下大敌，世事难料，还是苟全性命于乱世，颐养天年吧！"

黄承彦心想，身处乱世根本没有一块净土可以让人晴耕雨读，只要乱世未止，早晚有一天战火会燃到自己头上，但是黄承彦一想，刘、关、张三人两次去请他都没有说服他，他又有何德何能劝服诸葛亮呢？正当他思索之时，黄月英便接过话题说道：

"小女子才疏学浅，但想向先生进一言：避乱隐居，固然悠闲，但处于乱世之中，你会清静吗？苟全性命也绝非易事，孔融是个书生，但却被曹操所杀；祢衡洁身自好，也死于非命。先生难道不应该吸取教训吗？依我看，先生人称卧龙，有旷世之才，应当挺身而出。况且，刘备是一个有雄图大略的人物，曹操最忌惮的人便是他了。他亲顾茅庐，说明他礼贤下士，非常器重你，你应该出山辅佐他，大丈夫一生一世，为什么要默默无闻，而不去干一番大事业呢？"

黄月英的一番话，使诸葛亮不由得对她肃然起敬觉得此女可娶，心中十分佩服她的才华，同时也不再打算退隐生活，不问世事，而是准备出山辅佐刘备。

黄月英的一番进言如催化剂般使诸葛亮猛然醒悟，于是在刘备三顾茅庐之后，他出山辅佐刘备，最终帮助刘备建立蜀国。

黄月英对诸葛亮的劝说就是教科书式的坦诚而婉转的说话方式，她没有一上来就用功名利禄和人身安全来说服诸葛亮，而是用其他人的例子以及天下苍生所指来劝说，说得诸葛亮点头称是，可见委婉劝进的话是十分有号召力的，用情感人，委婉劝进的话别人最爱听，也最容易成功。

委婉含蓄的表达是一种语言的艺术。委婉含蓄绝不是避重就轻无意义的兜圈子，它和口无遮拦相对，它的最终目的也是要说明问题。从说明问题的角度来说，直言不讳、开门见山虽然简单明了，但给人的刺激性太大，容易伤害对方的自尊心，同时也有可能因为刺激到了别人而伤害到了自己，所谓祸从口出说的就是这个道理。

委婉含蓄的语言，是劝说他人的法宝，委婉的语言能适应人心理上的自尊感和存在感，这两点被满足后，人就容易产生赞同。可以这么说，委婉含蓄的语言就是智慧、成熟的表现。另外，茅盾说："在生活中，每个人都应当是春晖，给别人以温暖。在今天，人与人之间的关系，更应该如此。朋友之间，待之以诚，肝胆相照，不就是相互照耀、相互温暖吗？"而委婉的坦诚正是向对方送温暖的一种方式。

避免正面冲突，迂回制胜

我们都有过这样的经历：我们在向人讲述什么或者试图说服别人时，一般都不会直接表达心中所想，不会一上来就说"你应该怎样""你最好怎样"，而是都会做一些铺垫，慢慢引出自己的中心思想。其实这就是迂回话术在我们日常生活中不自觉地应用。

为了表达自己的真实意义，我们可以用幽默来帮助自己迂回。幽默是一种高级的说话方式，能迅速化解怒火，并且了解到问题所在。

有一次，一位女士怒气冲冲地走进食品商店，向营业员大呼小叫："我让我儿子在你们这儿买的果酱，为什么缺斤少两？"

服务员一愣，随即又镇定下来，她确信她没有缺斤短两，她想了想个中原因，就有礼貌地回答："请您回去称称孩子，看他是否重了。"这位妈妈听完营业员说的话，恍然大悟，脸上怒气全消，心平气和而又略带愧疚地对服务员说："哦，对不起，误会了。"

商店的服务员认准自己不会称错，那么便剩下一种可能，即是那位顾客的孩子把果酱偷吃了。但是她如果明说"我不会称错的，肯定是你孩子偷吃了"，或者"你不找自己儿子的麻烦，倒问我称错没有，真是莫名其妙"，这样，不但不能平息顾客的怒气，反而会引发一场更大的争论产生更激烈的冲突。

但是服务员用幽默委婉的语气指出妇女所忽视了的问题，这样既维护了商店的信誉，又避免了一场争吵，赢得顾客的好评。

有很多时候，明明是占理的一方却吃亏了，进而遭到大家的指责，原因就在于说话方式，是不问青红皂白很直接地把自己的"理"说出来而一点不管别人的感受，还是曲曲折折表达自己的优势，且顾及了别人的面子和尊严，不同的方式会产生截然不同的效果。

曲折迂回的表达很大一部分的作用就在于顾及他人的感受，保全他人的面子和尊严，从而避免别人因尊严和面子的丧失而失去控制，最后自己说话的目的没达到不说，还会伤害到自己。

古时候，有一个小县官喜欢附庸风雅，画艺虽然不佳，但是画画的兴致却很高。他尤其喜欢画老虎，但是实在是水平有限，他画的虎不像虎，反而像猫。

他每画完一幅画，都要在厅堂内展出示众，让众人评说。差役们都要看他颜色行事，所以不管他画得多不好，大家只能说好话，不能说不好听的话，否则，轻则扣月俸，重则要挨板子。

有一天，县官又完成了一幅"虎"画，悬挂在厅堂，召集全体衙役来欣赏。

县官得意地说："各位瞧瞧，本官画的虎如何？"

众人都不想说违心的话，又不敢说实话，大家都低头不语。县官见无人附和，就点了一个差役，说："你来说说看。"

那差役战战兢兢地说："老爷，我有点怕。"

县官："怕，怕什么？别怕，有老爷我在此，怕什么？"

差役甲："老爷，你也怕。"

县官："什么？老爷我也怕。那是什么，快说。"

差役甲："怕天子。老爷，你是天子之臣，当然怕天子呀！"

县官："对，老爷怕天子，可天子什么也不怕呀！"

差役甲："不，天子怕天！"

县官："天子是天老爷的儿子，怕天，有道理。好！天老爷又怕什么？"

差役甲："怕云。云会遮天。"

县官："云又怕什么？"

差役甲："怕风。"

县官："风又怕什么？"

差役甲："怕墙。"

县官："墙怕什么？"

差役甲："墙怕老鼠。老鼠会打洞。"

县官："那么，老鼠又怕什么呢？"

差役甲："老鼠最怕它！"那人指了指墙上的画。

那位被点名差役是智慧的，他若是直接说，这老虎像猫，那他就会触犯到老爷，若是他说这老虎栩栩如生，那么他又没办法面对他自己和他的同僚。于是他就采取了很幽默的迂回方式来回答。他没有直接说县太爷画的虎像猫，而是绕着弯说话，让县官在众人面前保住了脸面，又避免自己欺骗自己，同时也让自己避免了一场灾难。就算县官闻言哭笑不得，也不好意思当面责罚他。

差役一步步把县太爷往自己要求的路上指引，最后顺水推舟说出了实话。顺势而言，曲线说话，是人们在与别人交谈或争论时解决问题的最佳办法。

迂回婉言在拒绝他人时也十分管用，能在拒绝别人的同时，也不伤害别人。

北宋大文豪苏轼在京做过大官。一日，其乡友带上厚礼想求他帮忙谋个一官半职，并说："如您不便，劳令弟之驾也行。"乡情不便明伤，苏轼便先给来客讲了一则"寓言"。大意是，某人穷极盗墓，数掘无获，便想去掘伯夷、叔齐之墓，只听伯夷在墓里说："我是在首阳山饿死的，除了一把枯骨，别无一物，何以如尔愿？"盗墓人丧气地说："那我就挖开叔齐之墓，碰碰运气吧！"伯夷又说："连我也不过如此，我弟弟就更帮不上忙了！"苏轼的弦外之音是，你的苦衷我知道，但我们兄弟俩都无法帮忙啊！乡友悟知求官无望，只好知趣地带上礼物走了。

苏东坡没有直接拒绝，而是使用了一个典故，让求官者明白了他的意思，而且也不至于面子上挂不住。

直接的交谈无疑能带来高效而简洁的沟通，但是直接的话语是一把双刃剑，的确有好的一面，但是直接的话语往往也是冲突、误会的源头。在我们对自己的谈话方没有十足把握的时候，我们最好还是迂回一下，为我们要表达的中心思想做一些铺垫，等事情具备后，再将心中所想表达出来，这样能避免冲突，也能达到谈话目的。

第七章　谦逊口才：低调的语言才是深入人心的大智慧

高调和低调是相对的，一个人如果有充分的自信，或者自己对自己的生活各方面很享受的话，他不需要外在的修饰来高调。

——王志东

（毕业于北京大学，新浪网创始人）

莫把高帽往自己头上戴

有人说，低调的人，一辈子像喝茶，水是沸的，心是静的。低调是一种品格、一种姿态、一种谋略，是为人处世的大智慧。俗语云“树大招风”，人又何尝不是。若根基尚浅就高调行事，甚至意欲招风唤雨，便难免遭受枝损叶落的厄运。低调做人，不仅可以保全自己、融入群体，也可以让自己暗蓄力量、韬光养晦，在不显山、不露水中成就事业。

在与他人交流时，低调的语言就如春雨一般，滋润对方的心田。而华丽的高调言辞则会幻化成丑恶，令人感到不快。因此，在与他人进行沟通交流时，掌握低调说话的诀窍，才有可能在复杂的人际关系中进退自如、游刃有余。那么，怎样才能做到低调说话呢？下面就介绍几点低调说话的技巧。

首先，事不关己要少说。俗话说：“事不关己，高高挂起”。我们这里并不是倡导冷漠的人际关系，相反，而是提倡热心地倾听。说得多往往发生分歧引起不快的几率就相应增大，静静地倾听往往能给人谨慎内敛的印象。当然，少说并不等于不说，在与他人的交流过程中，要学会做一个聪明的听众。当对方发表正面的言论时，要适当地表示认可，反之，则对其进行反问，反问的力度要柔和，尽量使用“可能”“大概”等词语，且不可太多。这样既可以让对方有机会来论证自己的言论，又能展现你作为一个低调的倾听者的形象。

其次，自己的功绩往低了说，他人功绩往高了说。人都有趋利避害的本能，赞美总是能使人感到愉悦。如果经常在他人面前高度评价自己，无形中会使他人有一种被强迫而感到自卑的压抑感。相反，如果经常将交流对象的功绩拿来赞美、夸奖，就会使对方对你有一种亲近感。因为看起来你很关注对方，而且你让对方感到很愉悦。这样你与对方的距离在不知不觉中就拉近了。

李先生是某单位的干部，在他刚到该单位的那段日子里，几乎连一个朋友都没有，因为他正春风得意，对自己的机遇和才能很满意，因此，每天都使劲吹嘘他在工作中的成绩，但同事们听了之后不仅没有人分享他的“成就”，而且还极不高兴，后来，还是由当了多年领导的老父亲一语点破，他才意识到自己的症结到底在哪里。

从此以后，他开始很少谈自己而多听同事说话，让他们把成就说出来，远比听别人吹嘘更令他们兴奋。后来，每当他有时间与同事闲聊的时候，他总是先给对方机会一吐为快，而自己只是在对方问他的时候，才谦虚地说一下自己的成就。

每个人都有表现自己的欲望，以此满足自己的虚荣心。这时，你若耐心倾听，并及时给予其肯定的言论，便会使对方充分感受到你的善意，从而获得大家的喜爱。因为大家都忙着表现，而听众太少，所以你在无形中便为自己赢得了人缘，所以，有时即使是懂，也要暂时装作不懂。你要给对方高谈阔论、口若悬河的讲述创造契机，使对方心理上达到满足。

再次，家长里短要顺着说。熟人、朋友聚在一起，经常会谈论一些周围人的八卦，这时候，最好不要发表过于极端的观点，对谈论的话题顺着大家的思路往下接，不必为这些无关紧要的家长里短进行辩论，以免引起不必要的矛盾。

然后，自己的事调侃着说。自我调侃是展现低调姿态的一个妙招，用得好可以达到事半功倍的效果。例如将一些自己曾经“犯二”的事情拿来博众人一笑，既会给人留下幽默风趣的印象，也会传达出你的谦虚和善意，无形之中会拉近你和他人的距离。

最后，发自内心的真诚。这一点看似和低调说话没有直接的关系，但却是以低调的语言达到深入人心的目的的基础。

1775 年 6 月，在波士顿郊区莱克星顿和康科德美国独立战争的序幕拉开后的几个星期，革命领袖之一亚当斯·约翰（后任美国第二届总统）在费城召开的大陆会议上站起来提名乔治·华盛顿为大陆军总司令的候选人。后来，大陆会议经过投票，一致赞成亚当斯的提名。

而华盛顿当时是如何面对提名的呢？当时年仅 34 岁的华盛顿眼中闪烁着泪花，对人们说了这样一句话：“这将成为我的声誉日益下降的开始。”

华盛顿得知自己被提名，首先考虑到的是自己的责任，并流下了真诚的泪水，为他后来当选为大陆军总司令和荣任美国第一任总统奠定了人格基础。

真诚是人与人相交的基础。一个虚伪做作的人，即使再低调，也不会令人产生好感。所以，与他人交谈时，要通过言谈展现你的真诚，让他人通过语言感受到你的真诚。在交流中表露真诚最重要的一点是要做到谈话尽量以对方为中心，切忌以自我为中心的自我鼓吹。

许多人在其谈话中总是不知不觉就以自己为中心，总有意突显自己、刻意地展现自我，甚至有意无意地贬低别人，有的人经常在聚会或其他一些公开场合高调宣传自己的光辉事迹，希望能够在自吹自擂中获得别人的敬佩，使自己的虚荣心获得满足。殊不知，这样的做法往往会让听者产生巨大的心理反感。卡耐基曾指出，如果我们只是在别人面前表现自己，使别人对我们感兴趣的话，我们将永远不会有许多真实而诚挚的朋友。朋友，真正的朋友，不是以这种方法来交往的。自吹自擂会让周围的人觉得反感无趣，从而不愿与你交谈，所以，在交流中会心不在焉，慢慢转向与其他人的谈话。久而久之，他们会觉得你跟不上他们的节奏，所以，要想在人际交往中左右逢源，就要学会静水深流，高调做事，低调说话，以低调的语言深入人心方可在复杂的人际关系中进退自如、游刃有余。

语气傲慢遭人厌

我们谈话的实质内容就好像是一个没有包装的商品，只有给它加上包装，才能摆在陈列柜里出售，否则，即使本身再好，也上不了台面，而装饰我们语言的就是语气。

语气在和别人谈话中有着重要的作用，有的人说话对方容易接受、愿意接受，有的人说话对方就不容易接受、不愿接受或者很难接受。这其中的原因，大多是由于语气的不同造成的。一句同样的话，如果用不同的语气来说，就会起到不同的甚至相反的效果。抑扬顿挫的语气可以把欢乐的事情描述得很悲伤，欢快愉悦的语气可以把不幸很乐观地表现出来，语气应该帮助我们表达内容而非是阻碍我们表达，破坏我们和别人的谈话。

例如“对不起”这三个字，如果用真挚的语气说出来，那就是满怀着自己对别人造成伤害和困境的歉意；如果用油腔滑调的语气说出来，那就是另外一种情景了，那是对被伤害的人的不在乎和奚落，所以，一定要注意自己在说话中的语气，不要让语气成为我们真实表达的阻碍。

语气傲慢，是我们真实表达较大的阻碍之一，无论是有心用傲慢的语气，还是无意之中带上了傲慢的语气，都会让听众感到反感，从而达不到你真正要求的沟通效果。

语气谦卑者使人喜欢，语气傲慢者使人反感。同样的话，用不同的语气说出来，就会起到不一样的效果，所以，在说话的时候，要注意自己的语气，不要给人一种傲慢的感觉。

真心实意的无攻击性的话，如果无意间带上了傲慢的语气，那么对于说话者来说是很吃亏的，因为他本无意伤害别人，但是却造成了别人的反感和厌恶。

美国前总统富兰克林年轻的时候恃才傲物，常常语出惊人且习惯咄咄逼人，不顾及别人的面子，这让周围的人很是看不过去，但是很少有人规劝他。

一次，有位朋友诚恳而温和地对他说："你从来都不会尊重他人，什么事都是自以为是，别人受了几次难堪后，谁还愿意听你夸耀的言论呢？你的朋友们将一个个远离你。你再也不能从别人那里获得学识和经验，而你现在所掌握的知识和学问，在我看来，还是太有限了。"

富兰克林听完朋友的话后，很是震惊，他从来也没有想到，自己不加修饰的言谈竟然造成了这样的后果，他在朋友心里竟然是这样的讨人厌。从那以后，他便处处注意自己说话的语气，言语尽量做到语气委婉谦逊，生怕不小心又伤害到别人的尊严和面子。

果然不久之后，那些曾一度躲避远离他的朋友，又一个个回到了他的身边。

倘若富兰克林没有听进好朋友的劝说，而是自始至终一意孤行，说话傲慢无礼，不把他人看在眼里而以上位者自居，那就不会有后来万民的拥护和景仰，正是他的谦和才使之拥有了丰富的人脉资源，最终成为美国一位杰出的领袖。

曾国藩曾经说过："傲为凶德，惰为衰气，二者皆败家之道。"意思是说，傲慢和懒惰都是招致败家的行为，言谈语气中带有傲慢的口气，会让人疏远你、厌恶你，久而久之就没有朋友，没有人愿意和你来往，那么必然会施展不开，然后慢慢败落。

其实对于言谈傲慢这种行为，还有一种原因就是底气不足，正因为自己对自己说的话底气不足，甚至于对自己这个人底气不足，才会虚张声势，从口气上去压倒对方，显得自己很“强”。牛顿与爱因斯坦等大师在登上了科学的巅峰之后，仍然保持着谦恭的态度，从来不对学生们颐指气使。所以，只有无知自卑的人，才会在言谈中带有傲慢。

言谈傲慢，是没有修养和教养的表现，有修养、有教养的人，说出来的话一般不会让人觉得他傲慢，唯有自以为是的浅薄的人，才会语带傲慢。

有一个男青年的妈妈向情感专家诉苦，说自己的儿子外貌英俊，毕业于名牌大学，并且就职在一流的公司，但是他多次相亲都被女孩子拒绝了。母亲非常着急，想知道症结所在，就委托情感专家和她的儿子谈话。经过交谈之后，情感专家马上就明白了女孩子们拒绝他的原因。那就是他自恃为强者，随口讲话充满了优越感和傲气。他不知道傲慢就是无知，只想以大话与空话博取女孩子的欢心，结果却招致了众人的反感。

相反，19世纪的法国名画家贝罗尼有一次到瑞士去度假，他发现瑞士风景优美，于是他每天背着画架到各地去写生。

有一天，他在日内瓦湖边用心画画，旁边来了三位英国女游客，看了他的画之后，就在一旁指手画脚地批评起来，一个说这儿不好，一个说那儿不好，语气十分轻慢，但是贝罗尼非但没有让她们闭嘴，反而是都一一修改过来，最后还跟她们说了声：“谢谢！”

第二天，贝罗尼有事到另一个地方去，在车站又看到了昨天的那三位女游客，正在交头接耳的讨论些什么。过了一会儿，那三个英国妇女也看到他了，就向他走过来，问他：“先生，我们听说大画家贝罗尼正在这儿度假，所以特地来拜访他。请问你知不知道他现在在什么地方?”贝罗尼朝她们微微弯腰，回答说：“不敢当，我就是贝罗尼。”三位英国妇女听后大吃一惊，回想起昨天的不礼貌，一个个红着脸跑掉了。

三位女游客对画画的艺术知之甚少，所以对贝罗尼指指点点，而贝罗尼不但画技出众，同时也是一个很有修养的人。将那三位女游客和贝罗尼的行为和语言进行对比就不难看出，越是有修养的人，越是显赫的人，就越谦恭，只有肤浅的人，才会用傲慢来“装点”自己的话语。

所以，要顾及别人的感受，言谈中应该杜绝傲慢的语气，避免我们本身真挚的话语被傲慢裹挟，成为阻碍我们的绊脚石。

交谈中，藏好你的优越感

锦衣夜行是说一个人有了荣华富贵却不在人前展现，跟“家有千金不垂堂”是一样的道理——如果家里很有钱，那就不要很随意地在堂屋里坐卧了。这两句话都是说，即使生命中有了富贵，也不要显露。

在说话的艺术里面，其实也适用类似的道理，如果我们在某方面有过人之处，那么我们在言谈中最好能收敛一点，不要处处谈论自己的优势，不要处处显露自己的优越感。这是有教养的体现，也是对别人情绪的照顾。在某种意义上，这样还能保护到我们自己，棒打出头鸟的道理，相信大家都明白。

法国哲学家罗西法古说：“如果你要得到仇人，就表现得比你的朋友优越吧；如果你要得到朋友，就要让你的朋友表现得比你优越。”这句话真是至理名言。

当我们的朋友在言谈中表现得比我们优越时，他们就给自己造成了一种重要人物的感觉，但是，如果我们的言谈表现得比他们还要优越，那落差就产生了，他们就会转而产生一种自卑感，造成羡慕和嫉妒，还会生出恨意。

很多时候，优越感还会使自己处于尴尬的境地，因为你表现得很优越，但别人并不买你的账，或者你以为自己在某个人面前很优越，但是事实上，别人比你更为强大更为优越，那你只能尴尬，自取其辱了。

孔门十哲之一子贡有一次去承地时，看见路边有一个衣衫褴褛、脏兮兮的人，问了名字，方知道他名叫丹绰。子贡上前，他想自己有一万个理由来表现自己的优越，他衣着光鲜，轻车劲马，学富五车，而丹绰只是个流浪汉，于是子贡用轻率的口气，漫不经心地问道："喂，这里到承地还有多远？"

但是丹绰默不作答。

子贡见丹绰不理他，他不高兴地说："人家问你，你却不回答，是否失礼？"

丹绰掀开身上裹着的破布说："看见别人却心存轻视之意，是否有失厚道？看见熟人却装作不认识，是否有欠聪明？无故轻视侮辱别人，是否有伤道义？"

子贡一听此人出言不凡，顿时心生敬意，马上下车，恭恭敬敬地说："我确实失礼了！您刚才指出了我三大过失，您还可以再告诉我一些吗？"

丹绰说："这些对你已经足够了，我不必再告诉你。"

此后，子贡对人再也不敢起轻视之心，在路上遇到两个人就在车上行礼，遇到五个人就下车行礼。

子贡以为自己很优越从而轻慢了一位哲人，所以他非但没有展现出优越感，反而被丹绰羞辱了一番，十分尴尬，但是好在子贡能立即认识到自己的错误，收起了自己的优越感。

其实，我们中的大多数人在人际交往中，都会不自觉地让自己的优越感有所收敛，我们会掩饰自己的优越感，或者努力在客观的优越中并不滋生主观的优越感，在身心内外的两个世界中找到平衡的支点。因为我们作为社会人，需要朋友，需要认同，那么只有收起自己的长处，才能让自己“泯然众人”，以便最大限度地寻找与他人的共性，从而融入群体、融入社会。

但是，为何还有那么多人在社交中不掩饰自己的优越感呢？那是因为每个人都有虚荣心，都想向别人炫耀自己的成就，这种情绪可以说是本能。但是优越感有时候却不是一个好东西，它使人们对你敬而远之，它使你逐渐失去朋友。优越感其实是很轻浮的一种自我意识，尤其是你与他人交往的时候。

我们要做到的就是比别人优越，但是不要表现得比别人优越，就如19世纪的英国政治家斐尔爵士告诫那些向他求教的人说：“如果可能的话，要比别人聪明，却不要告诉人家你比他聪明。”

村子里有一个笨小孩，非常愚笨，大家都喜欢看他笑话，逗他玩，他也从来不反驳。

一天，几个人又把他围住，开始逗他，他们扔了一张5元、一张10元钱在地上，让小孩捡起来，随便拾起来哪个都可以拿回家，笨小孩蹲了下去，把5元的那一张捡了起来，就回家了。于是大家开始变本加厉地说着小孩多么的笨、多么的傻，然后常常拿捡钱的把戏来嘲笑他。

转眼10年过去了，笨小孩到了考大学的年龄，大家都不看好他，觉得他就是去充数的，但是考完试的一个多月后，全村只有笨小孩一人收到了录取通知书，全村人都惊呆了，不敢相信这个事实。他上大学的那天，和他要好的朋友问他，他学习这么好，可是当年怎么那么傻？

笨小孩笑了说：“我爹娘天天干活顾不上我，大家都逗我玩，那么多双眼睛看着我，我娘就放心让我出来玩啦。”

“那为何每次你都只捡5元的，不捡10元的？”朋友又问道。

笨小孩哈哈大笑说道：“我要是捡了10元的，那以后就没人让我捡钱啦，只有我一直不停地捡5元的，那些大人才会一次一次让我捡钱啊。”

毫无疑问，这个“笨小孩”真的不笨，他比任何人都聪明，但是他从来都不表现得比别人聪明，于是乎，他反而为自己赢得了方便，甚至赢得了利益。

最后，即使是有真才实学的人，如果他以自己的才能为傲，不停地向别人展示自己的优越，那么他的才能只会为他带来悲哀；一个只想着炫耀的人，不管他是否真有才华，也不管他有多么崇高的身份地位，终究也将会因过度地表现而自曝其短，遭人耻笑。大智若愚的人经常给人惊艳，谦虚内敛的人总是让人钦服，狂妄傲慢的人则由于无知容易成为天下人的笑柄。

谦逊示人，切勿炫耀

追古溯今，中国从来就将谦虚视为美德，体现一个人说话的技巧。尽管一些人认为说话谦逊是虚伪的，抑或是存在傲慢的成分，但在日常生活与工作中，在和他人进行沟通合作的时候，谦逊的说话语气常常会得到他人的认可与尊重，能够增强自身的自信心。

谦逊是中华民族的传统美德，也是当今生活与工作中人与人交流谈论的重要准则。一些人因为获得了一定的成功，取得了一定的成就，就忘乎所以、飘飘然起来，行为上表现得极为夸张，和谁交谈永远都是高姿态，不断地炫耀自身的能力与水平，使得周围的人对他都很难有共同语言与话题，渐渐地远离他。因此，不管是在生活中还是在工作中，都不要目空一切、居功自傲。

唐人孔颖达，字仲达，8岁上学，每天背诵一千多字。长大后，很会写文章，也通晓天文历法。隋朝大业初年，举明高第，授博士。隋炀帝曾召天下儒官，集合在洛阳，令朝中士与他们讨论儒学。颖达年纪最小，道理说得最出色。那些年纪大、资深望高的儒者认为颖达超过他们是耻辱，便暗中刺杀他。颖达躲在杨志感家里才逃过这场灾难。到唐太宗，颖达多次上诉忠言，因此得到了国子司业的职位，又拜酒之职。太宗来到太学视察，命颖达讲经。太宗认为讲得好，下诏表彰他。但后来他却辞官回家了。

孔颖达当初之所以受到刺杀，就是因为当初他小小年纪不懂得谦虚，虽然“说得最出色”并不是他的错，但俗话说“枪打出头鸟”，所以他才会在再次受到皇帝表彰时毅然辞官回家。

做到谦逊说话，不但要有谦逊的态度，还应该适当地使用敬语。敬语体现的是说话者对对方的态度，所以，从听话者的角度出发，要按照双方交谈过程中是不是应用了敬语来明白对方将自己放在了什么位置上。因此，在和他人进行交谈的时候，要适当地应用敬语。

曾经有一个学者，学富五车，精通各种知识，所以自认为无人可以和自己相比，很是骄傲。他听说有个禅师才学渊博，非常厉害，很多人在他面前都称赞那个禅师，学者很不服气，打算找禅师一比高下。

学者来到禅师所在的寺院，要求面见禅师，并对禅师说：“我是来求教的。”

禅师打量了学者片刻，将他请进自己的禅堂，然后亲自为学者倒茶。学者眼看着茶杯已经满了，但禅师还在不停地倒水，水溢出来，流得到处都是。

“禅师，茶杯已经满了。”

“是啊，是满了。”禅师放下茶壶说，“就是因为它满了，所以才什么都倒不进去。你的心就是这样，它已经被骄傲、自满占满了，你来向我求教，怎么能听得进去呢？”

喜欢炫耀的人是很难结识到良师益友的，谦逊是一种风度、一种情操。如果你不想让有真知灼见的朋友对你避而远之，最好收敛一些，把你仅有的一点见识藏好。

要想做到谦逊待人，不但要放低自身姿态、适当地使用敬语，还要经常倾听他人对自己的看法与意见，当局者迷，旁观者清，要谦虚地让他人对自己进行评价与评估，这不但能够发现自身的不足，还能得到他人的称赞。借助谦逊的姿态来阐述自己独到的看法，才会让他人认可自己的建议与规划，认为这一规划是会实现的，也会获得成功的。一些成功的领袖通常都会采取这一策略获得他人的认同。

南朝刘宋王僧虔，是东晋名士王导的孙子，宋文帝时官为太子庶子，武帝时为尚书令。年纪很轻的时候，僧虔就以擅长书法闻名。宋文帝看到他写在白扇子上面的字，赞叹道："不仅字超过了王献之，风度气质也超过了他。"当时，宋孝武帝想以书名闻天下，僧虔便不敢显露自己的真迹。大明年间，他曾把字写得很差，因此平安无事。

僧虔无疑是个聪明人，知道皇帝想以书法名闻天下时就故意把字写差，不炫耀自己的能力，由此保住了一条性命。因为当你把别人比下去，就给了别人嫉妒你的理由，为自己树立了敌人，更何况对方还是皇帝。所以，谦逊示人不仅是一种说话方式更是一种做人态度，是为人处世应该遵循的原则。

当他人在某些层面可能和我们的看法不相同，存在一定的差距时，你与他进行辩论之后，也应该让他对自己的看法进行评价，这样对方就会认为你是一个比较谦逊的人，也就赢得了他对你的认可。

放下架子再说话

架子，也可以说是某种姿态，指的是人与人交往过程中应该采取何种语言进行交流。端着架子，说出高傲的话语，给人高人一等的感觉，但是无形之中拉开了双方的距离，放下架子再说话，给人一种亲切之感，也会达到意想不到的效果。

第二次世界大战胜利前夕的一次进攻战期间，莱茵河畔上，美国将军艾森豪威尔正在散步。这时，一个士兵迎面朝他走来，士兵的脸上满是沮丧的神情。当士兵抬头看到将军时，一时慌了手脚，不知该如何是好。艾森豪威尔亲切地笑道："孩子，你感觉怎么样？"那士兵想也没想就说："将军，我特别紧张。"艾森豪威尔"哦"一声继续说道："那我们可是一对了，我也如此。"士兵听这位大将军并没有言传的冷酷，反而言谈间满是亲切，于是精神放松下来，很自然地跟将军一边聊天一边散步。

正是艾森豪威尔亲切的话语，让士兵的士气大振，在战争中表现出英勇的气魄。在日常生活中，放下架子再说话也有异曲同工之妙。亲切的话语，放低的架子，能够让周围的朋友感受到你的关心与帮助，产生好感，自然就会形成良好的关系。

李成，一个很有魄力与胆识的年轻人，经过十几年的努力打拼，通过双手与聪明才智建立了属于自己的商业帝国，但是他为人高傲，常常认为自己是高高在上的，无人能够超越的，因此，在对待朋友时也一直拥有着一定的优越感。

一次，商场上的朋友因为资金周转不灵，银行借贷融资又出现困境，恰好李成手里有充足的流动资金，就想先借来周转一下，并按照银行的贷款利率支付一定的利息。当这个朋友向李成打电话表明意图的时候，李成一口答应，当这位朋友刚要表达谢意的时候，李成接着说："这么小的公司都管理不好，怎么能管好大集团呢，你看我，就从来没有出现过这种情况。"虽然这位朋友挺感激李成能够借给他周转资金，但是之后彼此的关系越来越淡，联系也越来越少。

上述的事例中，假如李成在朋友资金周转有困难需要求助的时候，没有摆出一副救世主的姿态，而是给予真诚的帮助与安慰："大家都会有落难的时候，朋友间就是要相互帮助的，这笔钱你先用着，有困难再说。”相同的事情，不同的说辞，差异化的姿态，给对方的心理冲击是不同的，那个朋友对你不但有感激之情，更存在一份恩情、一份忠义之感。放下架子再说话，既赢得了友谊，也赢得了信任。

中西方文化的差异使得二者对于“架子”有着不同的看法，当《功夫熊猫》出现在国内的院线时，一些人就指出这部电影是对熊猫——中国国宝的亵渎与丑化，希望观众不要观看这部电影。但是伯格指出：“我觉得这很有趣，因为有人嫉妒了。在好莱坞，嫉妒是最高的赞美。但我真的觉得，很多中国人太严肃了。他们认为拿熊猫来开玩笑是不可思议的事情。如果中国电影人来做这个题材，我知道他们会很犹豫是否应该这样设计。这就是文化的差异，在美国，我们可以开玩笑，比如华盛顿可以是傻瓜、林肯可以变成僵尸战士……在我看来，中国电影人在做剧本设计时，不要那么严肃，西方观众不太喜欢端着架子说教的电影。”

中国传统儒家文化的教育理念使得父母在家庭中占据着绝对的优势，一直秉持着这样的家庭教育理念，孩子一定要听父母的，如果不听的话，就会挨打，这就是所谓的“棒打出孝子”。

肖宾的父母接受的教育不多，传统观念较重，认为孩子不听话就应该进行打骂，这样肖宾才会乖乖听话。在肖宾小时候，比较害怕父母的打骂，也认为父母高高在上，自己没有力量去辩解，但是随着年龄的增长，肖宾对父母独断专行的行为日益不满。现在，不管父母让他做什么，不论父母所说的正确与否，他几乎事事都与父母对着干。

有一次，肖宾中午放学之后没有回家吃饭，晚上回来后，妈妈问他中午怎么没有回家，在哪里吃的饭？肖宾看了妈妈一眼，没有吭声。这让很看重自己权威身份的妈妈很生气，她进一步逼问道：“说，你到底上哪去了？为什么没回家吃饭？”“有事。”肖宾被妈妈逼急了，敷衍地说道。“啪”的一声，肖宾的脸上挨了妈妈一巴掌。他没有吭声，瞪着眼看了妈妈一会儿，走开了。从此之后，肖宾看父母像仇人似的，肖宾的逆反心理更重了。

要想和孩子平等相处，父母就要放下姿态来和孩子做朋友，换位思考。父母不再是高高在上的、难以企及的，孩子不应该抬起头来看父母，父母应该放低架子用亲切的话语主动了解孩子的内心世界，让孩子明白父母也是会尊重自己的观点与看法的，也易于接受父母的教育，降低逆反情绪出现的几率。

学校是孩子的第二个家，在接受教育的时候，老师是学生接触时间最长的人。和学生建立良好的信任关系，开展教学活动，这是每个老师的希望。

一天，下课后李老师跟一群学生一起走下教学楼，听到前方的一位男同学对另一位男同学说："我一点也不喜欢刘老师，不管谁出现一点小问题，这个同学就遭殃了，轻则被骂，重则还会被打呢，这个老师太不尊重我们学生了，背后我们都叫他'金毛狮王'呢。"

听完这些话，这位老师心头一震，是呀，当老师在说学生不尊敬老师的时候，这些老师又何尝尊重过这些学生呢，又何尝放下老师高人一等的架子和同学建立起信任的关系、平等的友谊，用平和的语气来处理师生冲突呢。随着社会的进步与市场经济的发展，教育是社会发展的重要构成部分，老师要想改善和学生的关系，就要放下"师道尊严"的架子，改善师生关系，迎合时代发展潮流。

谦虚，但要适度

谦虚使人进步，骄傲使人落后。谦虚是对自己的成就与能力有一个中肯的认识，不做过分的评价，更不会当众炫耀以求引起他人的关注。但说话过度谦虚就会引起别人的反感。谦虚的话语虽是人际关系的润滑剂，能使人在复杂的人际关系中游刃有余、进退有据。但是，物极必反，如果过度谦虚，反而会获得适得其反的效果。刻意的过分谦虚就是虚伪的表现，而虚伪的人就难有真朋友。因为，虚伪的人说什么话都会显得做作，也可以说是矫情，人们对做作虚伪的人的讨厌程度可见一斑。

另外，过于谦虚也会给别人一种能力不够，不敢担当责任的感觉。

小韩毕业于某名牌大学自动化专业，而且有丰富的实习经验。他去开发区一家外资企业面试时，招聘者问他："你觉得自己能胜任这个职位吗?"

小韩谦虚地答道："现在我还不敢说自己能胜任，但是我保证会在工作中多向领导请教，多向同事学习，在实践中边干边学，积累经验。"

之后，招聘者带着小韩到生产车间实地参观，看到先进的生产设备后，小韩显得有点惊讶，说："哇，这么先进的设备，我以前怎么没有见过呢?"他激动地对身边的领导说："如果公司聘任我，我一定珍惜机会，努力钻研这些先进设备和技术。"

可是小韩的愿望未能达成，他应聘失败。小韩感到纳闷，就打电话去公司询问，招聘者告诉他："我们招聘的人才，必须能胜任本职工作，要能立即派上用场，而不是招收培训生。"小韩从招聘领导的话语中领悟到含意，悔之晚矣。

小韩的失败让人感到惋惜，但是那又能怪谁呢？怪他自己太过谦虚，让人觉得他没有自信、没有实力。即使他再有才华，别人也不知晓，又怎么能看重他呢？即使他的能力有人知晓，但是他畏畏缩缩的显得不自信，别人也难以认可他，他又怎么能在竞争中获胜呢?

小韩具备某些能力，但他说话过度谦虚，没有将自己的能力中肯地表达出来，以致别人认为他并不具备某方面能力，而使自己错失良机。如果在与人交流时一味地谦虚，对自身的能力没有客观的认识和表达，即使你是金子，也无法让人感觉到你的光芒。有些人具备某些能力，但是在周围的人面前，总是刻意谦虚地说自己这不行、那不行，这样会被别人认为你的潜台词是在说“我这么优秀是因为你们太差劲了”“你们跟我这种高能力的人没法比”……无疑，这会给你的成功之路平添许多障碍。因此，说话过度谦虚是不可取的。在别人面前提到自己的能力的时候，要有客观的论述，要承认自己有一定的能力，但也有很多不足，比如在某某方面，自己还得向对方多多请教，这样将对方对自己的夸赞巧妙地回敬给对方，既给人以谦虚有礼的感觉，又给对方带了高帽，可谓一举两得。

那么我们说话时要怎样才能做到谦虚但不过度呢？这里有李开复讲述过的一个故事：

记得我刚进入苹果公司开始自己的第一份工作时，公司里有一位经理叫西恩，大家都知道他是一个非常有才华的人。

有一天，我鼓足勇气去向西恩讨教有效沟通的秘诀。西恩说：“我的秘诀其实很简单：我并不总是抢着发言，当我不懂或不确定时，我的嘴闭得紧紧的，但是，当我有好的意见时，我绝不错过良机——如果不让我发言，我就不让会议结束。”我问他：“如果别人都抢着讲话，你怎么发言呢？”西恩说：“我会先用肢体语言告诉别人，下一个该轮到我发言啦！例如，我会举起手，发出特殊的声响（如清嗓子声），或者用目光要求主持人让我发言。但是，如果其他人的确霸占了所有的发言机会，我就等发言人调整呼吸时，迅速接上话头。”我又问他：“如果你懂得不多，但是别人向你咨询呢？”西恩说：“我会先看看有没有比我懂得更多的人帮我回答。如果有，我会巧妙地把回答的机会‘让’给他；如果没有，我会说：‘我不知道，但是我会去查’，等会开完后，我一定去把问题查清楚。”他的一席话让我学到了很多东西——只要把握好说话的度，选择好说话的时机，就可以得到周围人的尊敬，而且，别人也会从你的话语中了解到你是一个渊博而谦逊的人。

故事中的西恩无疑是掌握了说话谦虚但不过度的原则。首先，对谈论的话题不懂或不确定时，尽量不多发言，因为盲目地发表看法容易失了分寸，从而给别人留下狂傲、无知的印象；其次，当对所谈论的话题有比较全面的了解并有了独到的见解时，则要恰当地把握时机让自己表达出来，不要为了说话谦虚而刻意贬低自己的言论，客观中正地说出来就行。这样会使你的形象得到提升，给别人留下更深刻的印象；当自己不懂而别人又向你询问时，你可以诚实地告诉对方你不知道，并保证自己会去弄明白，这样既不会让人觉得你无知，又会给人以谦逊诚实的印象，不必夸大其词，甚至借机奉承对方，这时的奉承会使对方误解为讽刺挖苦。

适度谦虚的说话原则在人际交往中扮演着重要的角色，古语云："巧言令色，鲜矣仁。"如果一个人说话时过度谦虚，则容易被人认为是不真诚，让人敬而远之。所以要把握好谦虚度，与人交流时如果刻意将自己说得一文不值以求达到奉承对方的目的，可能会让对方感到虚伪，从而疏远了彼此的距离。

总之，谨言慎行，分清场合，充分把握好说话的适度原则，方能在复杂的人际关系中游刃有余。

和领导说话一定要放低姿态

领导虽然和我们一样都是普通人，但是因为领导处在一个可以发号施令的地位，下属对于他有一种本能的敬畏，而领导自己也有他自己的优越感。在领导的认知里，他一定要得到下属的尊重，所以我们在和领导说话时，一定要放低姿态，让领导感受到我们的尊重。

赞同领导的意见是最为首要的尊重，当然这并不是要我们成为没有个人观点的应声虫，领导需要的也不是这样的下属。当我们想要改变领导的想法时，我们要做的不是直接指出他的错，而是放低姿态，保持尊重，不去强调自己，而是运用语言技巧把领导的观点转到正确的一面，让领导慢慢意识到你的观点是正确的。

江瑞大学毕业之后参加了××市的事业单位考试，很幸运地考上了本市的一家事业单位。因为机会难得，江瑞在工作中任劳任怨、兢兢业业，就这样他在这里工作了5年。但是因为他并不是善于表达自己的人，除了本部门的人之外，大多数人都对他不太熟悉，并且因为他生性耿直，说话大大咧咧，他还得罪了很多人，其中也包括他的领导。

这一年江瑞所在的单位，政府给了一些补贴房，因为所有人都想得到补贴房，所以单位决定按照工作年限和表现分配这批补贴房。江瑞正好在符合标准的人当中，他十分高兴，连忙将这个好消息告诉了家里人，同时也做好了入住的准备。

但是当分配名单出来之后，江瑞发现上面甚至有比他晚工作的同事的名字，却没有他的名字，他感到十分生气，认为是领导将他忘记了，于是怒气冲冲地来到了领导的办公室。

他推门冲了进去就说："王主任，你是怎么办事的，我的工作年限和工作表现都符合标准，但是补贴房的分配名单里却没有我，你是不是把我漏了。你是领导，怎么能这么不负责任，赶快把我添上。"

说完这话江瑞就等着王主任的答复。这时，王主任心想，江瑞真不懂事，因为他的办公室里还坐着其他部门的领导。江瑞的无理让他在这些人面前颜面扫地，让他们觉得自己是一个在下属面前完全没有威信的领导。

王主任虽然心里很生气，表面上还是要维持领导的风度，他说："小江啊，不是我把你忘了，咱们单位有几个外地的大学生要结婚，急需用房。我想你是老员工了，不会和他们计较的，所以就先分给他们了，你不要介意啊，明年我不但优先把房子分给你，还一并给你提干，怎么样?”

听了领导的话，江瑞十分高兴，他说：“你这样说还差不多，那我先出去了。”江瑞洋洋得意地以为领导被自己的气势压住了，这个单位没有他是不行的。他欣慰于自己的认真工作得到了领导的认可。从这以后，江瑞一直等着领导提升自己。但是不知道为什么在以后的几年里，领导既没有将房子分配给江瑞，也没有给他提干。

后来江瑞辗转得知，领导对于他那天的无礼言行十分愤怒，他已经被领导列入不再重用的黑名单里了。

职场中的人际关系是非常复杂的，有时我们得罪领导的原因不是做错事，而是态度不够良好，没有表现出对领导的尊重，维护领导的尊严。

适时向领导谏言是十分必要的，但不是每一个领导都有接受批评的胸襟。其实，即使领导能够接受批评，在他的内心里也依然觉得非常不舒服。忠言未必要逆耳，选择合适的态度，放低自己的姿态，一样可以达到自己预期的谈话效果，甚至能取得更好的结果。

只要我们的出发点是好的，同时懂得运用语言的技巧，尊重领导，把自己的姿态放低，注意谈话的时机和场合，避免领导的地雷区，在和领导交谈时就比较容易得到领导的认真对待和信任。

说话还是低调一些好

现代社会提倡表现自己，但这个“表现”只能充分体现在做的方面，而不是说的方面。这就是说，我们说话应该尽量低调一些。

有的人在日常生活中说话调子非常高，显得自己很有能耐，无所不知、无所不会。这样的人很难得到大家的好感。如果在说话的时候有这样的毛病，必须要改正，不然永远会被自己的交际圈子边缘化。

在进入这家公司的头几个月，陆洁连一个知心的朋友都没有交到。为什么呢？因为她每天都使劲吹嘘自己在工作方面的成绩、她新开的存款户头……陆洁自认为工作做得不错，并且引以为荣，但令她费解的是，她的同事们不但不分享她的快乐，而且显得非常不高兴。陆洁渴望他们能够喜欢自己，很希望成为他们的朋友，但大家似乎都在躲着她。

迷茫的陆洁到一位咨询师那里寻求指导。这以后，她很少再谈起自己的成绩来，而是尽量多说些其他的话题。现在当陆洁和同事们一起闲聊的时候，就请他们把自己的欢乐都说出来，让大家一起分享。只有在特定的场合下，她才说一下自己的成绩。时间长了，大家就打成一片了。

陆洁不再彰显自己的成绩，开始低调地对待身边的朋友和同事，慢慢地，大家对她开始有了好感。

陆洁刚开始说话非常傲慢，自然不会得到大家的认可，受到了一定的“冷待遇”，后来，她反思自己的行为，开始低调说话，以谦和的态度和别人进行交流，这样才不会招致对方的反感，反而让自己获得更多的亲和力，从而获得了广泛的人缘。

旅居美国的徐女士开了个中餐馆，女儿从英国牛津大学毕业回到美国以后，在纽约曼哈顿一家金融机构供职，每月薪水上万美元。徐女士当然非常自豪，自己几乎是身无分文来美国发展的，结果30年来当初的很多理想都没有实现，现在这些理想在自己女儿的身上终于实现了，她高兴得几乎发疯。于是，在面对亲朋好友的时候，徐女士每次和别人说话都要谈及女儿的风光，炫耀女儿的薪水。女儿对此极力阻止，说如果经常突出自家的好处，人家会有什么感受，不要因此伤害了别人的感情。

显然，徐女士女儿的话在情在理，我们在与亲人、朋友、同事等交往的时候，要防止太过高调，过分突出自己，让别人感觉相形见绌，让别人感觉心里不平衡，产生不快，以至于影响互相之间的关系，而应多提到别人的好处，让别人也有优越的感觉。这样可以在和别人分享快乐的同时建立起良好的人际关系。

为人处世，低调一点总是没错的。过于高调只会得罪人，将自己陷于不利境地，实在是得不偿失。

第八章　思辨口才：说服他人，征服人心

西方采取的是强硬的手段，要征服自然，而东方则主张采用和平友好的手段，也就是天人合一。要先与自然做朋友，然后再伸手向自然索取人类生存所需要的一切。宋代大哲学家张载说："民，吾同胞，物，吾与也。"

——季羡林

（曾任北京大学教授，历史学家、思想家、作家）

说服对方，征服人心

如果有人问你，世界上什么投资回报率最高？你会给出怎样的回答？因开办日本第一家麦当劳而获誉"日本麦当劳之父"的藤田田的答案是，感情投资花费最少，回报率最高。藤田田在自己所著的畅销书《我是最会赚钱的人物》中提到，日本麦当劳每年支付巨资给医院，作为保留病床的基金。当职工或家属生病、发生意外，可立刻住院接受治疗。即使在星期天有了急病，也能马上送到指定医院，避免多次转院带来的麻烦。有人曾经问藤田田，如果员工几年不生病，那这笔钱岂不是白花了？藤田田回答："只要能让职工安心工作，对麦当劳来说就不吃亏。"

张云毕业于一所专科学校的旅游专业。作为新员工第一天上班，根据公司制度安排新员工前三个月进行轮岗，结合表现最终定岗。张云的第一个工作是熟悉总经理秘书的日常工作，

在帮总经理整理文件时秘书为总经理送来了咖啡。

喝了一口，总经理喃喃地说："怎么又放这么多糖。"总经理的声音很轻，秘书没有听到，因为总经理性格随和，并没有责备秘书之意，也没有要求换一杯咖啡，而是将就着喝了。但是张云知道了总经理的口味不要太甜。

一个偶然的机会，秘书不在，张云代班。她做的第一件事就是，冲泡了三杯咖啡，分别放入不同比例的糖，这几杯咖啡都端到了总经理办公室。

张云对总经理说："总经理，今天我代班，不太了解您喝咖啡时喜欢放多少糖，所以就准备了这几杯，麻烦您选出合您口味的，以后我就知道要放多少糖了。"

以后几天的工作里，张云都以细致贴心的工作深得总经理的赞赏。轮岗期结束，刚好秘书岗位空缺，张云自然被安排在秘书岗位上。

张云以细致的工作作风和好学的工作态度得到器重，一年后做了人事主管。

毫无疑问，一句"总经理您看哪杯咖啡适合您"让总经理眼前一亮，不自觉地感叹张云的细致和谦逊。征服人心不止是说句贴心话这么简单，更是处处留心和用心贯彻这句话背后的行动。

"不论人们如何仇视我，只要他们肯给我一个说话的机会，我就可以说服他们。"美国总统林肯曾如此高调和自信的宣扬道。他之所以如此自信，就在于他能够将别人和自己的心理距离拉近，使之由仇视变为好感。这篇演讲曾在他成功竞选总统中扮演着很重要的角色。

南伊里诺斯州的同乡们，肯塔基州的同乡们，密罗里州的同乡们，我听说在场的人群之中，有些人想为难我，我实在不明白你们为什么要这样做，因为我也是一个和你们一样爽直的平民，那么为何我不能和你们一样拥有发表意见的权利呢？亲爱的朋友，我并不是来干涉你们的人，我也是你们之中的一分子！

我生于肯塔基州，长于南伊里诺斯州，和你们一样都是从艰苦环境中生存过来的人，所以我了解南伊里诺斯州和肯塔基州的人。我也了解密罗里州的人，而你们也应更清楚地认识我，如果你们真的认识我，你们就会了解我，知道我不会做不利于你们的事。所以同乡们，请让我们以友好的态度交往，而我立志做世上最谦和的人，绝不伤害任何人，也绝不干涉任何人。因此，我现在对你们诚恳要求，请求你们允许我说几句话。你们都是勇敢而豪爽的人，我想这一点要求，必定不会遭到拒绝。那么，现在让我们诚恳地讨论一个严重的问题吧……”

林肯以朴实而富有情感的话语，首先把自己放在和听众一个阵营之中，并列举出相同点，消除选民的敌视同时激发对自己的信心。林肯击败了用语华美、口若悬河的对手道格拉斯，赢得了亿万选民的心。而以前竭力反对他的那些选民，在听了他的竞选论辩后，也为其真情真义所感动，转而投给他认同与信赖的一票。

真诚要比单纯追求流畅和精彩更重要。要想做到说服他人，首先要怀揣一颗真诚的心。

1915年，小洛克菲勒还是科罗拉多州一个不起眼的人物。这一年发生了美国工业史上最激烈的罢工，并且持续两年之久。愤怒的矿工要求科罗拉多燃料钢铁公司提高薪水。由于群情激奋，公司的财产遭受破坏，军队前来镇压，因而造成流血，不少罢工工人被射杀，而此时小洛克菲勒正负责管理这家公司。

小洛克菲勒后来赢得了罢工者的信服，他是怎么做到的呢？小洛克菲勒花了几个星期结交朋友，并向罢工代表发表了一次充满真情的演说。那次的演说可谓不朽，它不但平息了众怒，还为他自己赢得了不少赞誉。演说的内容是这样的：

“这是我一生当中最值得纪念的日子，因为这是我第一次有幸能和这家大公司的员工代表见面，还有公司行政人员和管理人员。我可以告诉你们，我很高兴站在这里，有生之年都不会忘记这次聚会。假如这次聚会提早两个星期举行，那么对你们来说，我只是个陌生人，我也只认得少数几张面孔。但上个星期以来，我有机会拜访整个附近南区矿场的营地，私下和大部分代表交谈过，我拜访过你们的家庭，与你们的家人见过面，因而现在我不算是陌生人，可以说是朋友了。基于这份互助的友谊，我很高兴有这个机会和大家讨论我们的共同利益。由于这个会议是由资方和劳工代表所组成，承蒙你们的好意，我得以坐在这里。虽然我并非股东或劳工，但我深觉与你们关系密切。从某种意义上说，也代表了资方和劳工。”

充满真诚的话语和设身处地为对方考虑的立场，是化敌为友最佳的途径。人是这个世界上感情最丰富的一个群体，借助感情来经营企业，将会收获到巨大的财富。每个人都不仅仅是围绕着物质利益而活的，人有精神需求，有互相交流感情的需要。如果满足了这种精神需求，就更愿意为企业付出自己的努力。

对话或谈判时也是这样，假如对方的实力比你强或者十分强硬并坚持立场，情势上不允许你强出头，你最好不要正面反驳对方。这时，你该明白一点，对方就像是一面墙、一把剑，如果正面冲过去，免不了会受皮肉之伤，甚至造成不可收拾的后果，即对方拒绝和你进行沟通或者彼此形成敌对的态势。

举例来说，当对方对你说：“尽管我们公司很想买升级电脑，但最重要的是费用上的考量。”你就可以如此回复：“我了解贵公司有费用方面的考量，所以我才会提这样的建议，让贵公司使用升级电脑，不仅处理速度快，还可以搭配更多应用软件，使人事费用和其他业务成本可以大大降低。从长期看，贵公司反而可以省下更多经费呢。”结果，对方也发现原来可以省更多费用，这样一来对方就会从心里感到你是为他们考虑的，很可能马上答应签约。

古语有云："攻心为上，攻城为下。"说服他人宜从"心"开始。不管是对谁，只有将心比心，站在别人的立场去思考，对你的说服工作才会起到事半功倍的作用。尤其是在商业中，无论对朋友或顾客，都要学会运用将心比心的技巧，这样你就会赢得别人的信赖，从而更好地说服别人。

让对方放下戒心再说服

通常情况下，当你要和说服的对象较量时，彼此都会产生一种防范心理，特别是在危急关头。这时候，要想成功说服别人，你就必须注意消除对方的防范心理。从潜意识里来说，防范心理的产生是一种自卫，是人的一种本能，也就是当人们把对方当作假想敌时产生的一种自卫心理。我们都知道，跟抱着戒备心的人不容易交流，因为对方心里有这样的想法："那个人和我完全是两个世界的人。"这时，我们应该搭建一座心灵的"桥梁"，让对方放下戒心听你说话，让对方知道你和他是同一立场的。只有对方放下戒心才能将你说的话听进去。

有一次，一个出租车女司机把一男青年送到指定地点时，对方掏出尖刀逼她把钱都交出来，她装作害怕样交给歹徒 300 元钱说："今天就挣这么点儿，要嫌少就把零钱也给你吧。"说完又拿出 20 元找零用的钱。见这个出租车出司机这么爽快，男青年有些发愣。这个女司机趁机说："你家在哪儿住？我送你回家吧。这么晚了，家人该等着急了。"这个男青年见司机是个女子又不反抗，他便把刀收了起来，让这个女司机把他送到火车站去。这个出租车女司机见气氛缓和，就不失时机地启发男青年："我家里原来也非常困难，咱又没啥技术，后来就跟人家学开车，干起这一行来。虽然挣钱不算多，可日子过得也不错。何况自食其力，穷点儿谁还能笑话我呢！"见男青年沉默不语，她继续说："唉，男子汉四肢健全，干点儿啥都差不了，走上这条路一辈子就毁了。"火车站到了，见男青年要下车，女司机又说："我的钱就算帮助你的，用它干点正事，以后别再干这种见不得人的事了。"一直不说话的男青年听罢突然哭了，把300多元钱往她的手里一塞说："大姐，我以后饿死也不干这事了。"说完，低着头走了。

在这个事例中，那个女司机典型地运用了消除防范心理的技巧，最终达到了说服的目的。

不论是谁，对被说服都会怀有戒心，不希望因被说服而有所损失，也不想因被说服而丢了面子。所以，一般情况下，都会对外来的说服保持戒心，处于封闭状态。在这种情况下，勉强说服只会增加对方的戒心。这时，要说服对方，就要从一般性问题开始，等消除了对方的戒心后再言归正传。但是人的需要是各不相同的，每个人都有各自的癖好与偏爱。要想让对方放下戒心你首先应当去满足别人的心理，然后你的计划才有实现的可能。例如，说服别人最基本的要点之一，就是巧妙地诱导对方的心理或感情，以使他人就范。如果你特别强调自己的优点，企图使自己占上风，对方反而会加强防范心。所以，应该注意先点破自己的缺点或错误，使对方产生优越感。

关于这一点，曾有一个非常有趣的故事：

有一位年轻人是美国有名的矿冶工程师，毕业于耶鲁大学，又在德国的佛莱堡大学拿到了硕士学位。可是当年轻人带齐了所有的学历去找美国西部的一位大矿主求职的时候，却遇到了麻烦。原来那位大矿主是个脾气古怪又很固执的人，他自己没有学历，所以就不相信有学历的人，更不喜欢那些文质彬彬又专爱讲理论的工程师。当年轻人前去应聘递上学历时，满以为老板会乐不可支，没想到大矿主很不礼貌地对年轻人说："我之所以不想用你就是因为你是德国佛莱堡大学的硕士，你的脑子里装满了一大堆没有用的理论，我可不需要什么文绉绉的工程师。”聪明的年轻人听了不但没有生气，反而心平气和地回答说：“假如你答应不告诉我父亲的话，我要告诉你一个秘密。”大矿主表示同意，于是年轻人对大矿主小声说：“其实我在德国的佛莱堡并没有学到什么，那三年就好像是稀里糊涂地混过来一样。”想不到大矿主听了却笑嘻嘻地说：“好，那明天你就来上班吧。”就这样，年轻人在一个非常顽固的人面前通过了面试。

或许你觉得那个大矿主心理有问题，观念比较偏激、夸张，甚至有些滑稽，可年轻的工程师若不让矿主的“问题心理”得到满足，又怎么能让他聘请自己呢？

总而言之，要想说服一个人就应先让这个人放下对你的戒心。要做到这一点你可以参考以下几点意见：

（1）善于观察与利用对方微妙心理，是帮助自己提出意见并说服别人的要素。

一般来说，被说服者之所以感到忧虑，主要是怕“同意”之后，会不会发生意想不到的后果，如果你能洞悉他们的心理症结，并加以防备，他们还有不答应的理由吗？

至于令对方感到不安或忧虑的一些问题，要事先想好解决之道，以及说明的方法，一旦对方提出问题时，可以马上说明。如果你的准备不够充分，讲话时模棱两可，反而会令人感到不安。所以，你应事先预想一个对方可能考虑的问题，此外，还应准备充分的资料，给客户提供方便，这是相当重要的。

（2）让对方充分了解说服的内容。

有时，虽然有满腹的计划，但在向对方说明时，对方无法完全了解其内容，他可能马上加以否定。另外还有一种情形是，对方不知道我们要说什么，却已先采取拒绝的态度，摆出一副不会被说服的模样，或者眼光短浅，不听我们说者也大有人在。如果遇到以上几种情形，一定要耐心地一项项按顺序加以说明。务求对方了解我们的真心，这是说服此种人要先解决的问题。

说服方式比内容更重要

我们在与他人说话时，说话的内容当然重要，但是，一个人对你说的话能听进去多少、你对他人的说服程度如何，很大程度上是由你的语言表达方式决定的。

俗话说，怎么说要比说什么更重要。因为用不同的说话方式，可以决定我们能否把该强调的重点充分地表达出来。因此，必须承认，在对他人进行说服时注意自己的说话方式，并非浪费时间的事情。掌握正确的说服方式，能使我们判断出自己的想法是否合乎情理，同时也能让对方对我们有一个正确的评价，进而接受我们的观点或意见。

任教于美国明尼苏达教育学院的罗伯·格林教授，曾请求参加一次研讨会的75位来宾分别写下自己焦虑不安的原因。结果，令人焦虑不安的主要原因有：

“当我还没有讲完的时候，其他的人已开始发表自己的意见，使得我的话被这些家伙打断。”

“不听别人讲话，自己一味地说。”

“在讨论会时，别人只想发表自己的意见，而忽视我的言论。”

“说话时有被人轻视的感觉。”

“话讲一半，忽然被人打断。”

“在社交场合独占风头的人。”

你是否注意到，以上这些原因都和说话方式有关系呢？这表明一个人的说话方式比内容更重要，我们在进行说服的时候，应该意识到这样一个问题，那就是说服他人要讲究说话的策略。

在说服他人的过程中，讲究策略的谈话能让你更好地与他人沟通，这往往是你能否达到目标的关键因素。生活就像一场场的气势对决，只要你希望别人接受你的意见或按照你的想法行事，不管对方是你的家人、朋友、情人，还是你的上司、同事、下属、客户，你都需要注意你说服的方式。

一次，孔子带着他的几名得意弟子出外讲学、游览，一路上非常的艰辛。这一天，孔子一行人来到一个村庄，他们在一片树荫下休息，正准备吃点干粮、喝点水，没想到，孔子的马挣脱了缰绳，跑到庄稼地里吃了人家的麦苗。一个农夫上前将马扣了下来。

子贡是孔子最得意的学生之一，平常能说会道。他凭着不凡的口才，自告奋勇地上前企图说服那个农夫，争取和解。然而，他说话文绉绉，满口之乎者也，天上地下，将大道理讲了一通又一通，虽然费尽口舌，但农夫就是听不进去。

有一位新学生，他跟随孔子不久，论学识、才干远不如子贡。当他看到子贡与农夫僵持不下的情景时，便对孔子说："老师，请让我去试试看。"

于是他走到农夫身旁，笑着对农夫说："你并不是在遥远的东海种田，我们也不是在遥远的西海耕地，我们相互之间靠得很近，相隔不远，我的马怎么可能不吃你的庄稼呢？再说了，指不定哪天我的庄稼也会被你的牛吃掉，你说是不是？我们该彼此谅解才是。"

听完这番话，农夫觉得很在理，责怪的意思也消失了，于是将马还给了孔子。旁边几个农夫也互相议论说："像这样说话才算有口才，哪像刚才那个人，说话不中听。"

子贡和孔子的新学生表达的其实是同一个意思——希望农夫能够谅解马吃了庄稼这件事，但子贡满口之乎者也的说话方式显然没有新学生直白的说话方式更容易被农夫接受。由此可以看出，要想说服他人一定要注意说话的方式，要不然，你再能言善辩，别人不买你的账也是白搭。

在工作中，领导希望下属能尽快完成某项任务，直接的命令甚至责难很难调动下属的积极性。只有采用正确的说服方式，才能让下属积极地提高自己的工作效率，取得想要的说服效果。例如：

有一个杂志社，要批量印刷最新一期的杂志了，时间紧迫，可是有一个编辑到现在还没有将稿件交上来。为了尽快完成工作任务，主编决定让这个编辑加快速度。

主编将编辑叫来问道："马上就要印刷出版了，你能不能快点将稿件交上来？"

编辑说："我正在赶稿，明天肯定交。"

主编听了心里很生气，说道："这马上就要拿去印刷了，你能不能快点完稿啊。就是因为你的稿件没交，其他人到现在都不能排版，你知道你一个人给社里带来多大麻烦吗？赶快回去赶稿，马上交上来！"

听了主编的话，编辑的心里十分不好受，他是因为最近身体不适写不了稿所以只好晚交，可是主编没有了解情况就这样说，让他觉得很委屈。当晚他彻夜难眠，写稿也写不下去，第二天就申请辞职了。

而在另外一家杂志社，主编遇到了同样的情况，但他说服的方式却完全不同。

这家杂志社的主编对编辑说："我想你迟迟不交稿件一定是为了精益求精吧，不过咱们杂志社还没到那个水平，不用要求那么完美，我们还是该什么时候交就什么时候交，也要照顾到其他同事的排版工作嘛。其他同事的抱怨我都给你安抚下了，我知道你是为了写出更好的作品，不过其他同事的情绪也是要体谅的。快回去赶稿吧，尽快完成。"

在这家杂志社的小编听到主编这一番话不但感激涕零，还觉得自惭形秽，当天下午就把稿件赶出来交了。

很多时候我们会发现，同样的话在有些人口中说出来，我们听了就难受、就气愤，而同样的内容被另外一些人说出来，我们就容易接受。这就是说服方式不同的结果。懂得说服技巧的人明白，粗暴的、强硬式的说服效果远不如婉转的、温和的说服方式有效。因此，我们在说服他人的时候，一定要因时因地因人而异，选择适合的说服方式，只有这样才能让对方心服口服地接受你说的话。

最实用的说服法——层层剥笋法

我们说服一个人的时候，大多数情况下不能一次性说服。或者表面上被说服的人，内心还是不服。想从根本上解决这一问题，就要求我们要善于以情定疑，把道理说透。一旦消除了这些疑虑，自然就能够赢得对方的信任。不过，消除别人的疑虑并不是一件很容易的事情，而需要一点一点、层层递进，穷追不舍，把道理讲明白、讲透彻，这就是层层释疑的方法。要想真正说服一个人，必须做一些说服的工作，层层深入，循序渐进。

笋子在成为竹子之前，是有多层外皮包裹的，剥笋时总得一层层地剥开，才能剥到所需要的笋心。所谓层层剥笋，就是在说服他人的过程中紧扣主题，从一点切入，由小至大，由远至近，由浅到深，由轻到重，逐层展开，直至揭示问题的本质，进而达到引诱对方就范的说服方法。恰当地运用层层剥笋术，可使论证一步比一步深化，增强语言力量，让他人心悦诚服地接受。

1921 年，美国百万富翁哈默听说前苏联实行新经济政策，鼓励吸收外资，就打算去前苏联做粮食生意，当时前苏联正缺粮食，恰巧美国粮食大丰收。此外，前苏联有的是美国需要的毛皮、白金、绿宝石，如果让双方交换，是一笔不错的交易。哈默打定了主意来到了前苏联。

哈默到达莫斯科的第二天早晨，就被召到了列宁的办公室，列宁和他进行了亲切的交谈。粮食问题谈完以后，列宁对哈默说，希望他在前苏联投资，经营企业。西方对前苏联实行新经济政策抱有很深的偏见，哈默听了，心存疑虑，默默不语。

列宁看透了哈默的心事，于是耐心地对哈默讲了实行新经济政策的目的，并且告诉哈默："新经济政策要求重新发展我们的经济潜能。我们希望建立一种给外国人以工商业承租权的制度来加速我们的经济发展。"经过一番交谈，哈默弄清了苏维埃政权的性质和前苏联吸引外资企业的平等互利原则，于是很想大干一番。但是不一会儿，他又动摇起来，想打退堂鼓。为什么？因为哈默又听说苏维埃政府机构，人浮于事，手续繁多，尤其是机关人员办事拖拉的作风令人吃不消。当列宁听完哈默的担心时，立即又安慰他道："官僚主义，这是我们最大的祸害之一。我打算指定一两个人组成特别委员会，全权处理这件事，他们会向你提供你所需要的帮助。"除此之外，哈默还担心在前苏联投资办企业，前苏联只顾发展自己的经济潜能，而不注意保证外商的利益，以致外商在前苏联办企业得不到什么实惠。当列宁从哈默的谈吐中听出这种忧虑，马上又把话说得一清二楚："我们明白，我们必须确定一些条件，保证承租的人有利可图。商人不都是慈善家，除非觉得可以赚钱，不然只有傻瓜才会在前苏联投资。"列宁对哈默的一连串的疑虑，逐一进行释疑，一样一样地都给他说清楚，并且斩钉截铁，干脆利落，毫不含糊，把政策交代得明明白白，使得哈默的心好像一块石头落了地。没过多久，哈默就成了第一个在前苏联租办企业的美国人。

列宁用层层递进的方法打消了哈默的顾虑，他斩钉截铁、干脆利落地阐明了国家对待外资的政策法规，成功说服了哈默。假如当初列宁不是很巧妙地解开哈默的疑问，那么哈默很有可能就不会在前苏联投资了，这样一来无论对哪一方都将会是一种损失。

当对方心存疑虑时，想赢得对方的信任，最好采用层层释疑的方法，将对方的疑团解开，让其甩掉心理包袱，那么彼此间的交往就会变得顺畅多了。在下属说服领导时，这一点尤为重要。

有一天，孟子觉得齐宣王没有当好国君，于是对齐宣王说："假如你有一个臣子把妻子儿女托付给朋友照顾，自己到楚国去了，等他回来时，他的妻子儿女却在挨饿、受冻，对这样的朋友该怎么办呢？"

齐宣王不知道孟子的用意，于是非常干脆地回答说："和他绝交！"

孟子又问："军队的将领不能带领好军队，应该怎么办呢？"

齐宣王也觉得问题太简单，于是以更加坚定的口气回答："撤掉他！"

孟子终于问道："一个国家没有治理好，那又该怎么办呢？"

齐宣王这才明白了孟子的意思——国家治理不好，应该撤换国君。虽然齐宣王不愿接受这种观点，但是在孟子层层剥笋的巧妙言说之下，也只有忍受这种观点了。

复杂难说的事要由浅入深地论证说明。我们在劝说领导的时候就可以使用这种方法，层层说理，把道理讲透，把话说到领导心里。在运用层层剥笋法进行说服的时候，需要在说服前，把论证方案设计得环环相扣，天衣无缝。

战国时，楚襄王是个昏庸的国君。大夫庄辛直言进谏，楚襄王非但不听，还训斥庄辛是"老糊涂"。庄辛只好离开，到了赵国。不久，秦国占领了楚国的大片国土。楚襄王有所醒悟，于是把庄辛找回来商量对策。

庄辛是这样说的："蜻蜓捕食虫子，自以为很安全，却不知道小孩子用粘胶捕捉它，一不留神就会成为蚂蚁的食物。黄雀俯啄白米，仰栖高枝，自以为无患，谁知公子王孙将要把它射下，调成佳肴。天鹅直上云霄，自以为无患，谁知射手要把它射下来，把它做成食物。蔡灵侯南游高丘，北登巫山，饮茹溪之水，食湘江之鱼，左手抱了年轻的美女，右臂挽着宠幸的姬妾，不以国政为事，哪知道子发受了楚王之命要把他杀掉。大王您左边有个州侯，右边有个夏侯，御车后跟着鄢陵君和寿陵君，食封地俸禄之米粟，用四方贡献的金银，同他们驰骋射猎于云梦之间，而不以天下国家为事。您不知穰侯正接受了秦王的命令，他们的军队要占领我们的国家，把大王驱赶到国外去呢！”

一席话，听得楚襄王“颜色变作，身体战栗”，到了非纳谏不可的境地。

在这里，庄辛变直言进谏为层层剥笋，连设四喻，从小到大，由物及人，层层递进，步步紧逼，天衣无缝，使楚襄王心服口服。下属想要对领导进行劝说时，不妨也借鉴庄辛的做法，运用层层剥笋的思维，让领导不得不服。人的思想是非常复杂的，对一件事物的理解也是有所不同的，当一件事想不明白、不理解时，往往就会表现得疑虑重重。

以其人之道，还治其人之身

以其人之道，还治其人之身是指按照对方的逻辑去理解或推论，由此及彼，物归原主，使其搬起石头砸自己的脚，自食其果。这种返还说服法，要善于抓住对方一句话、一个比喻、一个结论，然后用它去说服对方，即把对方给自己的荒谬语言或不愿接受的结论，经逻辑演绎后还给他，以其人之道，还治其人之身。比如，餐馆里有一位顾客叫住老板：“老板，这盘牛肉简直没法吃！”老板：“这关我什么事？你应该到公牛那里去抱怨。”顾客：“是呀，所以我才叫住了你。”顾客按照老板的荒谬逻辑，推论出老板即是“公牛”，让对方哭笑不得，自食其果。这位顾客所用的幽默方法就是以其人之道，还治其人之身。

以其人之道，还治其人之身，其实就是类比在说服口才上的运用。类比是逻辑方法的应用，它是根据两个对象之间具有某些相同或相似的属性，从而推出它们的其他属性也相同或相似的方法。在借题发挥的过程中，如能因势利导，针对对方的话题或本方的观点，做出富有创造性的生动形象的类比，可以使对方心悦诚服，使我们处于主动地位，取得意想不到的效果。

一次辩论赛上，正反双方代表针对“发展旅游业，利弊孰大”展开激烈辩论。

正方认为，发展旅游业一方面可以吸引外资，为国家经济发展奠定长远基础，另一方面人员流动有利于各个国家和地区经济文化交流，有利于增进人民之间的了解，所以发展旅游业利大于弊。

反方认为，发展旅游业利大于弊这个结论是有条件的，他们提出：“旅游业受世界经济整体形势影响太大，可以说世界经济咳两声，旅游业就会得感冒甚至是肺炎，现在旅游业不景气是事实，旅游业繁荣需要世界经济拉动，但可惜的是世界经济这个发动机也出了故障，动力不足。”

反方发言有两个类比：一是世界经济与旅游业是咳嗽与感冒的关系，二是世界经济与旅游业是发动机与机器的关系。世界经济咳嗽，旅游业就感冒，世界经济出故障，旅游业就无法工作，从而说明了发展旅游业利大于弊是有条件的结论。

不管是在生活中还是在工作中，都会遇到突如其来的诘难，如果处理得不好，就会影响自己的生活和工作，还会影响到与他人和客户的关系，此时采用类比的方式处理会更轻松一些。

一家公司的经理在一次业务谈判中，受到了另一家公司业务员的顶撞，为此，他气冲冲地找到那家公司的经理，吼道：“如果你不向我保证，撤销上次那个蛮横无理的工作人员的职务，那么，显然是没有诚意和我公司达成协议！”

这家公司的经理听了笑着说："经理先生，对于工作人员的态度问题，是批评教育还是撤职处理，完全是我们公司的内部事务，无需向贵公司做什么保证。这就同我们并不要求你们的董事会一定要撤换与我公司工作人员有过冲突的经理的职务，才算是你们具有与我公司达成协议的诚意一样。"

先前怒气冲冲的经理顿时哑口无言，态度也和缓了许多。

在这里，后一家公司的经理就巧妙地运用了类比的技巧，用对方的理论反驳对方。虽然说这两家公司有很多不同之处，但有一点却是相似的，即两家公司对工作人员或经理的处理完全是各公司的内部事务，与有没有诚意和对方合作无关。该经理就是抓住了这一相似点作比，从而告诉了对方所提要求的不合理之处，表达了对其诘难的反驳。

以其人之道，还治其人之身，还要懂得"顺藤摸瓜""借竿上树"。这种方法用于对付那些耍赖之人最有成效，往往能使对方的无理取闹不攻自破，使对方作茧自缚。

一位懒汉去朋友家做客。早晨起床后，自己不但不收拾床铺，朋友替他叠被时，他还振振有词地说："反正晚上要睡，现在何必去叠！"饭后，懒汉将碗筷一推，一动不动地坐在沙发上闭目养神。朋友又得收拾桌子，又得洗刷碗具，懒汉说："反正下顿还要吃，现在何必洗呢？"到了晚上，朋友劝他把脚洗一洗，这样既讲卫生，又有益于健康。懒汉又耍懒，反驳说："反正还要脏，现在何必要洗呢？"于是，朋友打算惩治他一下。第二天，吃饭的时候，朋友只顾自己，对懒汉不管不顾。懒汉来到饭桌旁，见没有自己的碗筷，便嚷道："我的饭呢？"朋友问道："反正吃了还要饿，你又何必去吃呢？"睡觉的时候，朋友也同样只顾自己，不理懒汉，懒汉见状，焦急地问道："我睡哪儿？"朋友反驳道："反正迟早要醒，你又何必要睡？"懒汉急了，叫道："不吃，不睡，不是要我死吗？"朋友泰然答道："是啊，反正总是要死，你又何必活着？"问得懒汉哑口无言。

故事中的朋友紧紧抓住了懒汉的荒谬逻辑，顺竿上树，以其人之道还治其人之身，使得懒汉无话可说。总而言之，在使用“以其人之道，还治其人之身”式的说服术时，关键在于抓住对方的语言逻辑，然后以此为基点，推出荒唐的结论，令对方的诘难不攻自破。

前苏联诗人马雅可夫斯基在一次演讲会结束后，与对他怀有敌意的发问者展开了争论。发问者说：“您的诗太骇人听闻了，这样写诗是短命的，明天就会完蛋，您本人也会被忘却，您不会成为不朽的人。”

马雅可夫斯基答道：“请您过1000年再来，那时我们再谈吧。”

问者又说：“您说，有时应当把沾满‘尘土’的传统和习性从自己身上洗掉，那么您既然需要洗脸，这就是说，您也是肮脏的了。”

诗人回答：“那么，您不洗脸，就认为自己是干净的吗？”

问者又说：“您的诗不能使人沸腾，不能使人燃烧，不能感染人。”

诗人答道：“我的诗不是大海，不是火炉，更不是鼠疫！”

这段话引起人们的掌声和笑语，诗人巧妙地运用了类比的手法，使自己的反驳充满了幽默感。诗人反驳了对方的观点，给唇枪舌剑的争辩添上了诙谐的情调。

拥有好口才的人会在说服他人的时候，适时的用类比的方式，以其人之道还治其人之身，找一个相似的事物所具有的属性或特点来说服对方接受自己的观点。这是一种以曲为直的方法，在达到反驳目的的同时，让对方也能心平气和地接受你的观点。

目标转移，声东击西

所谓声东击西，兵法原文是这样写的："凡战，所谓声者，张虚声也。声东击西，声彼而击此，使敌人不知其所备。则我所攻者，乃敌人所不守也。"它的意思是，凡是作战，所谓声，就是虚张声势。在东边造声势而袭击的目标是西面，声在彼处而袭击此处，让敌人不知道如何来防备。这样我所攻击的地方，正是敌人没有防备的地方。

说服别人有很多技巧，其中有一种很重要的方法就是声东击西。明说是"东"，其暗示的却是"西"，换句话说就是先将说话的目标放在"东"，实际却在讲"东"的时候透漏出"西"的意思，这样将目标转移的说话方法，能在潜移默化中让对方从你的话中领悟出内在道理，从而改变原有的决定。

冯玉祥向来提倡廉洁简朴。他在开封时，不准部下穿绸缎衣服。一见到有穿绸缎的，他便要想办法批评一下。有一次，冯玉祥看见有个士兵穿着一双缎鞋，连忙上前深深地做了一个揖，随着一个九十度的鞠躬，而且还左一个大揖，右一个鞠躬，把那个士兵弄得莫名其妙，呆若木鸡。最后，冯玉祥告诉他说："我并不是给你行礼，只因为你的鞋子太漂亮了，我不敢不低头下拜啊！"那个士兵吓得魂飞魄散，连忙脱下新鞋，赤着脚跑回去了。

面对穿缎鞋的士兵，冯玉祥并没有直接批评他奢侈，而是采用这种"声东击西"的方式，用给鞋下拜来提醒士兵应该节俭。使用声东击西说服法时，"声东"就是制造声势，同时也带有伪装的色彩，其目的是为了后面更好地说服。而声势越大，伪装得越像，就为自己提供了越好的说服环境。"击西"是说服的真实目的，这一步最好在前面"声东"中就能表达进去，即把它融进去而又不被对方发现。因此，这是较难的一步，实际操作时要认真对待。

汉武帝的乳母曾经在宫外犯了罪，武帝想依法处置她。乳母向东方朔求助。东方朔说："这不是唇舌之事，你如果想获得解救，在你将被抓走的时候，一定要不断地回头注视皇上，但不可说什么。这样做也许有一线希望。"乳母经过汉武帝面前，果然一步三回头。东方朔在武帝旁边侍立，于是对乳母说："你也太痴了，皇上现在已经长大成人了，哪里还会要你的乳汁养活呢?"武帝听了这几句声东击西的话，面露凄然之色，当即赦免了乳母的罪过。

说服，范围说得大一点就是与人斗智力、斗谋略。避开对方的注意力，分散其力量，松懈其斗志，然后出其不意、攻其不备，使他措手不及。就连英明的汉武帝也中了"声东击西"之计，这不能不说是杰出之作。

先将目标转移的说服方式，适用于有些话不方便直说的情况下，特别是下级想要说服上级的时候。

春秋时期，齐景公非常喜欢打猎，于是让人养了很多老鹰和猎犬。有一次，负责养老鹰的烛邹不小心给逃走了一只。齐景公大怒，要把烛邹杀掉。晏子听说后想劝说齐景公不该杀烛邹，但他没有直接劝，而是采用了声东击西的方法，暗示景公不该杀烛邹。晏子说："烛邹有三条大罪，不能轻饶了他。让我先数说他的罪状再杀吧！"景公点头称是。

晏子就当着齐景公的面，指着烛邹，一边扳着手指数说道："烛邹，你替大王养鸟，却让鸟逃了，这是第一条大罪；你使大王为了一只鸟的缘故而要杀人，这是第二条大罪；杀了你，让天下诸侯都知道我们大王重鸟轻士，这是你的第三大罪。三条大罪，不杀不行！大王，我说完了，请您杀死他吧！"齐景公听着听着，听出了话中的味道。停了半晌，才慢吞吞地说："不杀了，我已听懂你的话了。"

其实，晏子列举的三大罪状表面上是在指责烛邹，实际上是说给齐景公听的，说烛邹犯了三大罪，暗示如果因此而杀死烛邹会给齐国带来不好的影响，人人都能听明白，齐景公自然也不例外。很多时候就是这样，面对那些身份比自己高的人，虽然他们做出的行为不当，但自己又不好直白地指出。为了说服齐景公知道自己的过失并加以修正，晏子声东击西，不直接说齐景公这种做法的对错，成功说服了齐景公让他放了烛邹。

齐景公在别人指出自己错误的时候没有勃然大怒，反而诚心接受的原因就在于，给他提意见的晏子并没有说："大王，你为什么不改？为什么要冤枉喂马人？"而是假借养鸟人是错误的始作俑者，给他解释大王治他罪的原因，这样做实际上是说给齐景公听。这样的说服法能够减轻被说服者内心的负担，避免了因直接受批评而颜面尽失的可能。所以，故事中，齐景公才会在最后听从臣子的劝说，实际上也是借着晏子的话下了个台阶，婉转地承认了先前的不当言论。

声东击西法，是一种更加含蓄迂回的说话技巧。声东击西的特点就在于巧妙地利用话语的多义性或双关性等来做文章。用这种说服方式说出的话语，从字面上的意思看似乎并不是直接针对被说服的那个人，但话语中却暗含了说服的深意，使被说服者虽有觉察却又抓不住把柄，达到成功说服他的目的。在很多情况下，相同意思的话用不同的语言来表达，效果迥异。有时言在此而意在彼，令人回味无穷。

声东击西的关键是让对方"开窍"。当你想要说服一个人改变自己原有的决定却又因为某些原因不方便直言时，完全可以采用这种背道而驰、指东说西的方法，既说出了自己的意思，又能让对方在反讽的语言环境下"开窍"，这样做不仅保全了对方的面子不至于让对方生气，同时也可以起到保护自己的作用。

说服他人，不要直奔主题

现实生活中，很多人在说服他人的时候都喜欢直奔主题，仿佛要求别人一下子就接受自己的观点。殊不知，对于大多数观点和自己不一样的人来说，要一开始就让他们接受你的观点并不容易。特别是对于自以为是的人，要说服他，最忌正面交锋、针锋相对，这样不但不能达到预期的目的，反而会激怒被说服者，使其更加坚守自己的观点。因此，我们在说服他人的时候，最好不要直奔主题。先为自己要说服他人认同的事或观点做好铺垫，是说服的明智之举。

这一点尤其体现在下属与领导的交流中，先为说服打下良好的铺垫往往会起到事半功倍的效果。

某建筑公司的李工程师，有一次说服了一个刚愎自用的人。一个工头常常坚持反对一切改进的计划。李工想换装一个新式的指数表，但他想到那个工头必定要反对。李工去找他，腋下挟着一个新式的指数表，手里拿着一些要征求他的意见的文件。

当大家讨论着关于这些文件的时候，李工把那指数表从左腋下移动了好几次，工头终于先开口了："你拿着什么东西?"

李工漠然地说："哦！这个吗？这不过是一个指数表。"

工头说："让我看一看。"李工说："哦！你不要看了！"并假装要走的样子，并说："这是给别的部门用的，你们部门用不到这东西。"

但是，工头又说："我想看一看。"

当他审视的时候，李工就随便但又非常详尽地把这东西的效用讲给他听。

工头说："我们部门用不到这东西吗？它正是我想要的东西呢！"

李工故意这样做，果然很巧妙地把工头说动了。

这位工程师的做法可谓聪明之举，他没有直奔主题而是先为自己要说服的话设悬念，引起工头的好奇心，让对方在无防备的情况下轻易就被说服了。

事实上，很多事在某些情况下都是不能明说的，你的直言不讳，往往会使他人觉得脸上无光，威名扫地。所以不直奔主题而采用迂回地表达反对性意见，可以避免直接的冲撞，减少摩擦，使他人更愿意考虑你的观点，而不被情绪所左右。

唐朝时，庐江王李瑗谋反被唐太宗镇压，李瑗家被满门抄斩，但李瑗的小妾是位美人，太宗李世民不忍杀她便据为己有。满朝文武都觉得太宗这样做极不合适，但没有人敢站出来直接指责皇上。

这一天，李世民跟王珪谈话，王珪注意到那位美人就侍立在李世民的身旁。

李世民指着美人说："这是庐江王李瑗的妾，李瑗杀了她的丈夫而娶了她。"

王珪听后，立即反问道："那么，陛下认为庐江王这样做对还是不对？"

李世民答道："杀人而后抢人妻子，是非已经十分明显，卿何必还要问呢？"

王珪答道："今天，庐江王因谋反被杀，可是，这个美人却为陛下占有，我认为陛下肯定认为李瑗做得对。"

李世民听了，深感惭愧，立刻把美人送还她的家族，同时对王珪能指出他的错误，大加赞赏。

这个故事中王珪采用迂回的方式向领导谏言，表达反对性意见，并被领导心悦诚服地接受。事实证明，很多时候如果下属过于直接地进谏，会使领导自尊心受损、愤怒不已。因为这种方式使得问题与问题、人与人面对面地站到了一起，除了正视彼此以外，已没有任何的回旋余地，而且这种方式最容易形成心理上的不安和对立的情绪。

为了避免被说服的对象产生抵触情绪，我们在说服他人接受某一观点的时候最好不要直奔主题。要在说服之前做好铺垫，因为，通过间接的途径表达自己的意见反而更容易被人接受。这里的原因其实很简单，间接的方法很容易使自己摆脱其中的各种利害关系，淡化矛盾或转移焦点，从而减少对方的敌意。

引导对方多说“是”

说服他人无疑就是要让他人给予自己一个肯定的答复——“是”。说服别人的最终状态是让他人与自己相互背离的观念融合在一起。然而，无论是在商场、情场还是在战场，说服他人又何尝是一件易事。

在说服过程中，可以让对方在没有防备的情况下，诱其说“是”。对方在不知不觉中会一步步坠入圈套。这时候你就牵住了他的“牛鼻子”，对方不得不跟着你走。

有个小和尚聪明绝顶，他最擅长的说服方式就是用智慧诱导对方说“是”，这位小和尚的名字就叫一休。

有一次，足利义满把自己最喜爱的一个龙目茶碗暂时寄放在安国寺，没想到被一休不小心打碎了。就在这时，足利义满派人来取龙目茶碗。

大家顿时大惊失色，不知所措，茶碗已被一休打碎，拿什么去还呢？

一休道：“不必担心，我去见大将军，让我来应付他吧！”

一休对将军说：“有生命的东西到最后一定会死，对不对？”

足利义满回答：“是。”

一休又说道：“世界上一切有形的东西，最后都会破碎消失，是不是？”

足利义满回答：“是。”

一休接着说：“这种破碎消失，谁也无法阻止是不是？”

足利义满还是回答："是。"

一休听了足利义满的回答，露出一副很无辜的神情接着说："义满大人，您最心爱的龙目茶碗破碎了，我们无法阻止，请您原谅。"

足利义满已经连着回答了几个"是"字，所以他也知道此事不宜再严加追究了，一休通过自己聪明的头脑和机敏的语言，帮助自己和安国寺安然地渡过了难关。

一个人的思维是有惯性的，当你朝某一个方向思考问题时，你就会一直考虑下去，这就是为什么有些人一旦沉醉于某些消极的想法之后，就一直难以自拔的道理。在人际交往中我们应懂得并运用这一原理。与人讨论某一问题时，不要一开始就将双方的分歧亮出来，而应先讨论一些你们具有共识的东西，让对方不断说"是"，渐渐地，你开始提出你们存在的分歧，这时对方也会习惯性地说"是"，然而他发现之后，可能已经晚了，只好继续说下去。

"是"的反应其实是一种很简单的技巧，却为大多数人所忽略。懂得说话技巧的人，会在一开始就得到许多"是"的答复。这可以引导对方进入肯定的方向，就像撞球一样，原先你打的是一个方向，只要稍有偏差，等球碰回来的时候，就完全与你期待的方向相反了。也许有些人以为，在一开始便提出相反的意见，这样不正好可以显示出自己的重要而有主见吗？但事实并非如此，在现实生活中，这种"是"反应的技术很有用处。詹姆斯·艾伯森是格林尼治储蓄银行的一名出纳，他就是采用这种办法挽回了一位差点失去的顾客。

有个年轻人走进来要开个户头，艾伯森先生递给他几份表格让他填写，但他断然拒绝填写有些方面的资料。

在艾伯森先生没有学习人际关系课程以前，他一定会告诉这个客户："假如你拒绝向银行提供一份完整的个人资料，我们是很难给你开户的。"但今天早上他突然想，最好不要谈及银行需要什么，而是顾客需要什么。所以他决定一开始就先诱使顾客回答“是，是的”。于是，艾伯森先生先同意他的观点，告诉他，那些他所拒绝回答的资料，其实并不是非写不可。

“但是，假定你碰到意外，是不是愿意银行把钱转给你所指定的亲人?”

“是的，当然愿意。”他回答。

“那么，你是不是认为应该把这位亲人的名字告诉我们，以便我们届时可以依照你的意思处理，而不致出错或拖延?”

“是的。”他再度回答。

年轻人的态度已经缓和下来，他知道这些资料并非仅为银行而留，而是为了他个人的利益。所以，最后他不仅填下了所有资料，还在艾伯森的建议下，开了一个信托账户，指定他母亲为法定受益人。当然，他也回答了所有与他母亲有关的资料。

由于艾伯森先生一开始就让他回答“是，是的”，这样反而使他忘了原本存在的问题，而他高高兴兴地去做他建议的所有事情。

促使对方说“是”的方法很多，但目的都是要以最简单的方式使对方说“不”。当你与别人交谈的时候，不要先讨论你不同意的事，要先强调——而且不停地强调——你所同意的事。因为你们都在为同一结论而努力，所以你们的相异之处只在方法，而不是目的。让对方在一开始就说“是，是的”。假如可能的话，最好让你的对方没有机会说“不”。

很多人先在内心制造出否定的情况，却又要求对方说“好”，表现肯定的态度，这样做是不可能让对方点头的。假如你要使对方说“好”，最好的方法是制造出他可以说“好”的气氛，然后慢慢诱导他，让他相信你的话，他就会像是被催眠般地说出“好”。

换句话说，你不要制造出他可以表示否定态度的机会，一定要创造出他会说“好”的肯定气氛出来。当你向别人发问，你可以连续不断地追问下去，而最后使对方不得不说“好”。这是制造肯定气氛最高明的技术，也是让对方点头的第一种妙方。

譬如当你看到某种东西，你先连续问对方五六次：“它的颜色很漂亮吧?!”“它的手工很精细吧?!”“它的造型很完美吧?!”“它的……”让对方答出一连串的“是”之后，你再问他原先你想获得他肯定回答的问题，那他一定会说“是”。因为在此之前，他已被你催眠似的说“是”，很自然地，在回答你这关键问题时，他也会说“是”。

所以，要使对方回答“是”，问问题的方式是非常重要的。什么样的发问方式比较容易得到肯定的回答呢？当然是你的问题已经暗示了你所要得到的答案，这就是使对方点头的第二种妙法。

譬如当你在说服别人购买你的商品时，不应该问顾客喜不喜欢、是否想买。你应该问他：“你一定喜欢，是吧!”“你一定很想买，是吧!”你必须用“这颜色很漂亮吧!”来代替“这颜色很漂亮吗?”因为，你问他：“颜色漂亮吗?”他可以回答“不漂亮”。可是，你问他“颜色很漂亮吧!”他就不得不回答：“很漂亮。”

你一定在电影上看过那些老谋深算的律师，在法庭为被告辩护时，一定是一步一步诱导原告说出对被告最有利的情况。

第三种使对方点头或说出肯定答案的妙方是，当你向对方发问而他还没有回答之前，自己也要先点头。你一边发问一边点头，可以诱导他更快点头。因为你的行动和态度会诱导对方的行动和态度。所以只要善用此原理，就会更快地得到对方肯定的答案。

要想和别人建立合作关系，在与人交谈的时候必须记住至关重要的一点：不要从分歧开始，而要从双方都同意的地方开始。这么做能够让对方意识到你们的目标是一致的，不同的只是方法而已。谈话的开始阶段极为重要，如果你从一开始就使对方说“是”，你将获得事半功倍的效果，反之，你将面临重重障碍。

诱导劝说术借助引诱于无形的方式，让对方在不知不觉的情况下陷入语言的“陷阱”。所以在说服对方时，可以先设好“圈套”，然后通过引导对方多说“是”使其慢慢走进“圈套”里，这时候你就掌握了主动的优势地位，可以轻松让对方同意你的观点。

第九章　精辟口才：话不在多，抓住关键就行

与其啰嗦而长，毋宁精炼而短。

——茅盾

（北大校友，著名作家）

言多必失，不该说的就闭嘴

我们在公共场所常常有这种经历，当有很妙曼的女孩子和很英俊的男孩子在我们面前走过，我们往往会惊叹于造物主的妙手能把人类造化得如此美貌，但是很多情况下，往往只要他们一开口、一说话，他们方才留在我们心中的美好形象就轰然崩塌，或是觉得语言粗俗，或是觉得矫情抑或是无知。再去看他们时，就不觉得他们有多美好了。

这样的场景或许极端，但是非常能说明问题，我们给别人的感觉，一方面是举止，一方面就是言行，如果不能保证自己的言行是合适的，那么就会让别人对我们造成不好的感觉，所以，言多必失，不该说话的场合与时机或是不能确保自己言谈是否合适的情况下，我们还是不说话为好，以免给自己招致不好的印象甚至是灾祸。

有这样一则故事，说的就是不该说话时非要说话就会给自己招致灾祸。

从前有一只乌龟，有一年碰上多年不遇的干旱，所居住的

湖泊完全干涸了，自己也不能爬行到有食物的水草丰泽之地。当时有一群大雁居住在湖边，也准备迁往他方，乌龟就向它们苦苦哀求，要求把它带离此地。

一只大雁就用嘴叼着这只乌龟，往高空飞去。大雁经过一座城镇，乌龟忍不住气，向大雁问道："你这样不停地飞，到底要飞到何处?"

大雁听了，只好回答，刚一张口，叼在嘴里的乌龟就径直从高空落下，摔在地上，被人拾取，宰杀享用了。

乌龟多嘴多舌而致堕地身亡，恰好说明了一个道理：如果不谨慎口舌，就会招致恶果。

和上文的乌龟比起来，尽情地用语言表达思想，表达感情似乎是合理的，其实不然，不管是因为无知还是情绪的激动，在不该说话的场合说话，多半会招致灾祸。

沙皇尼古拉一世登基后，国内爆发了一场由自由分子领导的叛乱，他们要求俄国现代化，希望俄国的工业和国内建设必须赶上欧洲的其他国家。尼古拉一世残忍地平定了这场叛乱，同时判处其中一名领袖李列耶夫死刑。

行刑的那一天，李列耶夫站在绞首台上，绞刑开始了，李列耶夫一阵挣扎之后绳索突然断裂了，他猛然摔落在地上。在当时，类似这样的事件被当成是上天恩宠的征兆，犯人通常会得到赦免。李列耶夫站起身后确信自己保住了脑袋，他向着人群大喊："你们看，俄国的工业就是如此差劲，他们不懂得如何做好任何事，甚至连制造绳索也不会!"

一名信使立刻前往宫殿报告绞刑失败的消息，虽然懊恼于这突如其来的变化，尼古拉一世还是打算提笔签署赦免令。

"事情发生之后，李列耶夫有没有说什么?"沙皇询问信使。

"陛下，"信使回答，"他说俄国的工业如此差劲，他们甚至不懂得如何制造绳索。"

"让我们来证明事实与之相反吧。"沙皇说，于是他撕毁赦免令。第二天，李列耶夫再度被推上绞刑台。这一次绳索没有断。

李列耶夫坚持自己的意见，坚持自己的信念其实没有错误，但是他在那样的场合下还是喋喋不休，言多必失，祸从口出，仅仅为了满足一时的骄傲或者感情的宣泄，最终却被人剥夺了生命的权利。

有个人去医院看病，告诉医生他的左胸痛，然后他又接着说："但这也不是什么大病，是老毛病了，可能是肺炎，你给我开点消炎和止痛的药就好了。"医生一边给他做检查一边说："你这么厉害呀！还知道是肺炎，那还跑到我这里来干什么，自己去药店买消炎药就好了啊。"这个人很生气，连连指责医生真差劲，没有一点服务道德和职业素质。但是，最后检查完之后却发现是他根本不是肺病，而是心脏病，多亏发现得早，不然后果不堪设想。

很多时候，在有专业人员在场的情况下，就不要说一堆无用的话，这不仅仅是管住自己嘴的问题，更是对别人尊重的问题。因为有专业人员，你只需做你应该做和应该说的，把问题和事实客观地讲出来，无需加入你的观点和判断，更不可加入你的个人感情，在别人不问你的时候就什么话也不要说，千万别自作聪明或是自以为是甚至目中无人地去说一些你不应该说的话，而且是在不合适的时间说。

如果一个人总是滔滔不绝地讲话，而不去听不去想，那么说得多了话里就自然而然地会暴露出许多问题。比如你对某事某物的看法、你对事态发展的判断、你今后的打算等，这些如果从谈话中流露出来，然后被你的对手所了解，那么他完全可以根据你所说的制定出相应的策略来战胜你。

有一句谚语叫作："人们有1年的时间学会说话，却要用60年的时间学会闭嘴。"一方面，说明不该说话时不要说话有多么的重要，另一方面，说明人们对于自己说话冲动的克制和掌握是需要学习的。善于闭嘴并不是一言不发，而是确保自己说的每句话都不是废话，最起码不会带来负面效果。

少说，话才有力量

1936 年 10 月 19 日，我国著名的文学家鲁迅积劳成疾，不幸病逝，举国为之惋惜而悲痛，不久之后公祭大会举行。

整个会场气氛压抑，空气好像铅块一样，公祭快结束时，邹韬奋先生发表演讲。邹先生走到台前，清了清嗓子，看到眼前站满了强忍悲痛之心的人，他缓缓说道："今天天色不早，我愿用一句话来纪念先生：许多人是不战而屈，鲁迅先生是战而不屈。"说罢便离开了。

邹韬奋在公祭大会上的这一句话演讲，当时在上海被人们誉为最具特色、最具力量的演讲。在天色已晚，人心透亮的情况下，不论说什么都只会让悲伤的人更悲伤。但是这一句话的演讲，分明让我们感受到话里边蕴含着极为丰富的内容——既有对当时政治战线、思想战线、文化战线上"不战而屈"的投降派的谴责，又有对鲁迅先生勇敢战斗、决不屈服的可贵品格的赞颂。哀而不伤，悲而不怨，既表达了对鲁迅先生的追思，又鼓舞人心，给人以力量，"不战而屈"和"战而不屈"，同样的四个字用不同的组合方式，老辣地批评了那些屈服的人，赞颂了鲁迅这样刚毅的人。这极其精练的一句话不到 20 个字，对比鲜明，使高尚者更高尚、卑微者更卑微。

仅仅不到 20 个字，就能富含这么多作用，体现这么多内容，可见，说话并非越多越好，言简意赅，说到点子上才是关键。

生活中不乏话多的人，每每到他说话的时候都会叨叨说不停，以为这样才能体现语言的力量。其实不然，话越多，说的话就越没价值，就越没力量。

据史书记载，子禽曾经请教老师墨子："老师，一个人说多了话有没有好处呢?"墨子回答他说："话说多了能有什么好处呢？这就好像池塘里的青蛙，它们整天地叫，即使叫得口干舌燥，也从来没有人注意它们，但是雄鸡却不一样了，它们只在天亮的时候叫两声，大家听到鸡啼就知道天要亮了，于是都注意到它们。所以说，话说多了没用，要说在点子上才有用。"子禽听后恍然大悟。

墨子的话告诉我们一个道理，我们说话，不在多而在精，只要能说到点子上，几句话就能解决问题。我们应该用最洗练的语言表达我们的意思。语言的精彩与否不在于话的多少，而在于是不是简练有用，是否能解决问题。

有一个误区是，很多人常常认为，好的口才是指能说会道、口若悬河、滔滔不绝，其实这是不对的。相反地，喋喋不休不仅仅会暴露我们的缺点，还会让我们显得缺乏诚意，因此容易受到别人的轻视和怀疑以及产生一些其他负面的看法。

真正口才好的人，说话往往清晰明了、逻辑严谨。事实上，口才好的一个体现就是让对方在短时间内听明白你的意思，而能够达到这一点的关键，就是语言简练。

有一次，艾森豪威尔将军应邀参加一个社团的演讲。在他之前，已经有五名演讲者逐一发言，其中不乏滔滔不绝的长篇大论。最后终于轮到艾森豪威尔将军上台了，那时已经将近天黑，台下许多听众都筋疲力尽，昏昏欲睡。艾森豪威尔环顾四周，说道："在我前面几位先生的演讲十分精彩，加起来可以构成一篇耐人寻味的长篇小说了，我实在没有能力再加一个字，可是这篇文章应该加上一个标点符号，这样才显得完美，就让我来为这篇长篇小说加上一个结束的句号吧!"艾森豪威尔将军说完，就潇洒地走回自己的座位上，结果，他的话语博得了满堂的喝彩。

鲁迅先生曾经说过："时间就是生命，无端地空耗别人的时间，无异于谋财害命。”说话简洁能给别人一种生机勃勃、聪明利索的感觉。现代社会节奏快，时间观念强，每个人都追求生活的高效率，简单明了的交谈，能让我们迅速完成对话的目的——或是要了解什么，或是要说明什么，只要一点点时间就会解决。

那么，我们如何才能做到说话言简意赅呢？实际上，很简单，我们可以从以下几方面着手。

首先，要注重培养自己分析问题的能力。透过现象看本质，只有我们对一件事情了解透彻后，才能分清这件事情中什么是重要的、什么是不重要的、这件事的内核是什么，掌握了这些，我们再向别人表述时才知道要说哪些内容、哪些内容是可以不说的。

其次，我们要尽可能多地掌握一些词汇。中国文化博大精深，有时候一个特定的词语就包含了丰富的意思，如果能扩充这样的词汇库，那么，不仅会精练你的语句，还让你显得很有文化。

最后，说话一定要条理明晰。如果遇到复杂的问题，三言两语说不清，那就分条来说，在说每一条内容时抓住重点，这样，虽然信息量很大，内容很复杂，但是逻辑是清晰的，每一条内容是洗练的，所以能够很好地让人理解和接受。

但是值得我们注意的是，我们虽然强调说话的简练和洗练，但是一定要把问题说明白，不能为了少说而不说，说话得简明并非过于简单，这也要求我们言之有物。同时，我们也要注意说话态度，不要给人以“爱答不理”的错误印象。

总之，说话言简意赅，能帮助我们提高沟通效率，减少沟通成本，无论是节省时间，还是让别人觉得你可靠可信，都有很积极的意义，值得我们为之努力。

高谈阔论不见得就是真理

美国某汽车公司需要采购车座上的绒垫，当时有三家供应商提供的产品无论在价格还是品质上都不分伯仲，这让汽车公司的采购人员十分为难。采购人员决定同时约这三家供应商的销售员聊一下，再比较一下究竟用哪一家。

当日，其中两家供货商所派的销售员，都能说会道。而另外一家供货商的销售员，突患喉疾，说话都费尽，更别谈和其他几位唇枪舌剑一分高下了。果不其然，其中两位销售将产品的优势介绍得非常详尽，而他却只能沙哑着喉咙，很勉强地说："我实在发不出声来，我们公司的商品，我只能写给你们看。"

采购人员一见他这种情形，便对他说："你不必写了，你把产品拿出来，我可以自己看！"于是第三位销售站在旁边默不作声，任采购人员看他带来的样品。

结果大出意料，那两位精于推销辞令的销售空手而归，而那位声音沙哑、没法说话的销售，带着一笔巨大的订单回去了。

虽然第三位销售没法说话是一个偶然的事件，但是这个真实的案例很好地说明了，不开口的效果有时反而胜过高谈阔论。

被西方学界誉为"开放社会之父"的卡尔·波普尔曾经说过这样的一句话："受过不充分教育的人傲慢，喜欢高谈阔论。他们佯装具有我们所不具有的智慧，其诀窍之一是，同义反复和琐屑之事再加上自相矛盾的胡言；另一个诀窍是写下一些几乎无法理解的夸大言词，不时添加一些琐屑之事。"

这句话的意思是高谈阔论、夸夸其谈、吹得天花乱坠的人，很有可能是没有底气，且什么都不懂的人。

大文学家托尔斯泰也说过："高谈阔论者往往是知之甚少者，知之甚多者往往沉默寡言。这样的情形之所以很普遍，是因为知之甚少者总是以为他知道的东西便是最重要的东西，于是想讲给所有人听。”

真正知识丰富而智慧的人知道，宇宙浩瀚，贤人藏于市井，比自己有智慧的人太多了，所以，他不会轻易高谈阔论、滔滔不绝，他只讲别人问他的东西，以及他需要讲的东西。

仔细想想确实有道理。我们在与人沟通交流时常常会遇到这样的情况，我们为了显示自己的知识、能力，会自顾自地沉浸在自己的思绪中，高谈阔论、夸夸其谈，恨不得把自己的本事一股脑儿全说出来，全然没有留意到周围人。

某外贸公司因拓展外贸业务，决定向社会公开招一名管理人员。招聘广告登出后，人才招聘处便里三层外三层被围了个水泄不通，经过笔试和面试两道关之后，最后敲定在剩下的甲、乙、丙三个人中间选出。

这三位候选人都非常优秀，无论是写方案还是聊产品都思维清晰、语出惊人。这使招聘者颇感为难。最后，公司决定来一次“煮酒论英雄”：在某酒家设宴招待三位应聘人员，通过酒宴对应聘者再次进行筛选。

招聘总经理坐在应聘者中间，和三位应聘者推杯换盏，天南海北随意聊天，因为包括经理在内的 4 个人都是健谈的人，他们见多识广，聊得非常高兴。

公司设置的笔试和面试只能反映应聘者的专业知识和部分素质，同时这三位都是有备而来，且分外警醒，都绷着弦，所以有些缺点暴露不出来。然而在气氛热烈的酒宴上，这三个人认为大局已定，思想不再设防，于是，一个不戴面具的、真正的“自我”便赤裸裸地展现在招聘经理面前。

席间乙率先出言：“我原来那公司老板管理不善所以现在倒闭了，当时要我去管，绝对能管好。总经理，你只要录用我，我保证让公司效益翻番，现在咱们的政策得大调，客户关系也得重新调理，这都不用您操心，我全包……”

丙见乙说了这样的话，他也不甘落后，马上说：“总经理，我这次是横下一条心来报名应聘的，我已向原单位辞了职。我坚信，凭我研究生毕业的水平和原来在学生会及工作上多次成功的经验，肯定能胜任公司的工作，你们一定会录用我的……”

唯有甲听着那两人的慷慨陈词，不发一词，直到他看到总经理询问的眼光后，才缓缓说出：“总经理，能结识您很荣幸，我非常愿意为贵公司效力。坦白说，我对公司的了解有限，所以我不能说我的到来会给公司带来多少利益，我只能说我会尽我最大的努力和激情协助您的工作。如果确实因名额有限而不能被录用，我也不会气馁，我会继续奋斗。我相信，如果不能当您的助手，那我一定能成为您的对手……”

等这三个人说完话，用谁不用谁就很明了了，甲最终得到了那个职位。

乙和丙想破脑袋也想不到，自己输在了高谈阔论上，本以为口若悬河能给自己加分却暴露了自己性格上的缺点，最终导致失去大好的工作机会。

夸夸其谈、高谈阔论的人，有很多种不同的表现，但可以总结他们的基本特征，那就是表里不一、言行脱节。

他们往往表现出颇有一副令人肃然起敬的样子，在不同的场合，总是抓住机会哗众取宠、滔滔不绝、口若悬河，表现自己，显得见解独到。可是话一出口，他们的“使命”也就完成了，他们的本事止于他们的言谈，一旦遇到真的困难、真的难题，他们往往是最先退缩的。

我们要时常问问自己，反省一下，在我们与别人沟通交流时，我们是个喜欢高谈阔论的人吗？我们是否也说过那些不着边际的大话？如果有，那么一定要警惕，在没有酿成大祸的时候，在朋友还没远离我们的时候，停止高谈阔论，做个低调的人吧。

知识愈浅薄的人，愈想夸夸其谈

中国有句俗语叫作“满瓶不响，半瓶咣当”，说的是真正有才华肚里有货的人，往往不吱声，话不多，但是没有学识的人、浅薄的人，就会抓住机会说个不停。面对这种情况我们也常常训诫自己，多说话不如少说话，说话要恰当无误，千万不要花言巧语。正如古人所云：“话说多不如少，惟其是勿佞巧。”

真正有学识的人是有底气的人，是自信的人，唯有心虚的人或者浅薄的人才会通过夸夸其谈来掩饰自己的无知和浅薄。

一个无知的人不知道自己要说什么才能回答别人的疑问，解决别人的问题，他不知道要说什么才能表达出自己的观点，很有可能他根本就没有自己的观点，所以他才会主动或者被动地堆砌语言，来掩盖自己的心虚和无知，给别人造成一种其实他什么都明白，他什么都能说得清的假象。

浅薄的人处处想表现自己，所以不放过任何一个可以说话、表达的机会，好像只要说得多就能显示出他的本事和风采。

“宁可把嘴巴闭起来，使人怀疑你是浅薄，也不要一开口就让人证实你的浅薄。”这是一句值得我们时刻铭记在心的至理名言。

在我们不明白某件具体的事的时候，我们最好别说话，给自己留点余地和面子，不要让别人看到我们的短处究竟有多短。话说得越多，那么暴露给别人的地方也就越多，同时也越能让别人摸清我们性格的缺陷，所以，我们应该向古圣先贤学习，要么不开口，不给对方任何可以纠缠的机会；要么一开口，就马上解决问题。

三国时期蜀国的能臣诸葛亮有个哥哥叫诸葛瑾，诸葛瑾是孙权手下的大臣，虽然不及弟弟出名，但是他也是一个很有治国经略、十分有本事的人。

他平时话不多，但在紧要关头，在大家穷尽口舌一筹莫展之时，他常常凭借几句简单的话语就能解决棘手的问题，为世人称道。

有一次，时任校尉的殷模被孙权误解，孙权不问事实，大怒之下，喝令尉官将他推出去斩首，众人知道孙权是在气头上才会这么做，过后一定会后悔，就纷纷替殷模向孙权求情，在大家纷纷进言之时，唯有诸葛瑾兀自站在那里一言不发。孙权虽然在气头上，但是还是很纳闷，就问诸葛瑾："为什么子瑜（诸葛瑾，字子瑜）不说话?"

诸葛瑾不慌不忙面向孙权，回答到："我与殷模都因家乡遭遇战乱，才来投奔陛下。现在殷模不思进取，辜负了您，还求什么宽恕呢?"

短短几句话，让孙权突然从怒气中抽离了出来，他想殷模不远千里来到吴国投奔自己，即使有过错也应该适当原谅，况且目前他是否有过错还未定论，于是马上冷静了下来，赶紧下令赦免了殷模。

群臣七嘴八舌说了那么多话，孙权都没有动容，但是唯有诸葛瑾的话，对孙权来说如醍醐灌顶，马上让他认识到自己的冲动，可见，话真的不是说得越多越好，不管话说得多漂亮，都不如一句真正有用的话解决问题。

20世纪初的美国，现代小说作家层出不穷，有一天，在纽约四季大酒店有两位作家同时开办新书签售会。

其中一位作家久负盛名，他在描写美国南方庄园生活的人情冷暖方面十分出名，深耕南方庄园小说数十年；而另一位则是一位"投机写手"，就是什么内容容易上畅销书榜他就跟风写什么，没有自己深耕的领域。

签售会一前一后开始了，首先是"投机写手"，他看到台下有这么多人来买他的新书，十分自得，他清了清嗓子开始介绍新书。从他为何要写这本书，到写作过程，到修改定稿到装帧的敲定，事无巨细，话语间不乏自得的语气。过了一个半小时才结束他的演讲。

终于到了互动问答环节，台下有一位书迷提问到："我对您书中描写的那个年代的女性衣着很感兴趣，您的书中有众多女角色，您在写书时考虑到衣着配饰的问题了吗？比如已婚和未婚女士的穿着有无区别？"

"投机写手"听到这个问题，倒吸了一口冷气，他开始作答，依旧是东扯西扯，支支吾吾说了一大段，但是也没解答提问者的问题，提问者出于礼貌没有再说什么。

这时，另外一位作家的签售会开始了，人群向另一位作家那边涌去，"投机写手"总算是解脱了。

另外一位作家照例开始做一个小演讲，他和台下的观众打了个招呼，然后缓缓说道："刚才那位书迷提的问题很专业，其实我很想解答一下，但是三言两语说不清，如果真的有兴趣，我想你们可以好好读读我的新作，书中详细介绍了包括女性衣着在内的那个年代的风土人情，相信可以回答你们的疑惑。"

就这样，这位作家结束了他的演讲，但是却博得了人们热烈的掌声。

两位作家哪位有真才实学，哪位是"欺世盗名"高下立见。真正知识渊博、懂行的人，不用语言来表现自己，不用语言来佯装自己，语言只是一个引子，真正重要的，还是我们的真才实学，否则，说得越多越错。

在说话的时候，我们要记住这样一个原则：在任何地方、任何场合，我们都要尽量少说无用的话，惜字如金。正所谓："不鸣则已，一鸣惊人。"如果非要说，那就让我们说一些有价值的话，切莫漫无目的地滔滔不绝，暴露自己的缺点和无知。

惜字如金，抓住关键长话短说

我们说话如同做事一样，不在于我们做了多少事，而在于你做的事是否带来了效益。说话也不在于你说了多少，而在于你说的话是否有价值、有意义，只要话有价值，一句能顶万句，但是话没有价值，万句也顶不了一句。

话不在多少，而在于是否精练，是否一针见血、鞭辟入里、一语中的。现在生活节奏很快，我们都希望迅速解决问题，那么就要求我们说话一定要精练，切忌长篇大论，否则就会让人没有听下去的欲望，即使听下去，不是犯困就是迷糊，心中还会怨恨你，浪费了大家的时间。

文坛巨匠茅盾曾经说过："与其啰嗦而长，毋宁精练而短。"唐朝刘禹锡也早有诗云："千淘万漉虽辛苦，吹尽狂沙始到金。"这都说明说话精练的重要性。

在生活中，我们经常会看到类似的场面：妈妈三番五次地对孩子说："你要把你自己的屋子收拾干净。"可孩子仍然把屋子搞得一团糟，将妈妈的话当作耳旁风；妻子不知疲倦地劝解丈夫："你该戒烟了。"可丈夫依然置若罔闻，吞云吐雾……造成这些现象的原因，很大一部分就是，作为劝者的妈妈和妻子不是说得太多了，就是刺激过多、过强、过久，已经超过了可以承受的合理限度，从而引起了心理上的极不耐烦或者是反抗的情绪，使得事情朝着相反的方向发展。

由此可见，如果希望自己说的话能够让别人听取，就不能采取简单的重复、重复与再重复，而是要灵活机动地换个角度或者换种说法，把问题说明白，达到"一语千金"的威力，而不是喋喋不休地重复，让对方产生厌烦心理、逆反心理。

好几百年以前，西方有一位聪明的国王召集了他的一群臣子，交给他们一个任务："我要你们编一本《智慧录》，以留给子孙。”

这群臣子在得到了国王的命令后，就开始了艰苦的工作。他们夙兴夜寐，花了很长一段时间之后，终于完成了一部十二卷的巨著——《智慧录》。

这些臣子派代表将这12卷巨制拿给国王看，没想到国王看到了《智慧录》之后，连第一卷都没翻开，却说出了这样一句话来：“各位大臣，我深信这是各个时代智慧的结晶。但是，它太过于‘厚重’了，我担心没有人会去读完它，还是把它浓缩一下吧！”

没办法，臣子们只好再次发挥聪明才智，将这12卷巨制删减了很多内容，最后定稿浓缩成了一卷书。这次国王终于看完了这本书，然而国王还是觉得有些烦琐，命令继续浓缩。

臣子们只好继续删减书中的内容，慢慢地把这本书逐渐地浓缩为一章、一页、一段，最后竟然浓缩成了一句话。

臣子们将这本只有一句话的《智慧录》呈上给国王看的时候，国王非常高兴地说道：“各位大臣，这才是各个时代的智慧结晶呀。各地的人只要知道这个真理，我们一直担心的问题大部分也就可以顺利地解决了……”

知道这句浓缩出来的经典话语是什么吗？很简单，也就几个字而已：“天下没有免费的午餐。”

世间的大智慧尚且不需要大书特书，那么我们生活中的沟通和交流也可以简洁很多，不要低估别人的理解能力，话不用说太多。

当然，要使自己的话语简短、精练也需要一些训练，说话简洁能抓住重点，从某种意义上讲，要求我们具有抽象的能力，在差异中寻找共性，将具体的问题高度概括。我们需要学会压缩，使说话具有层次和条例，抓住主要事实、体现鲜明观点。

正如俗语所说的：“兵在精而不在多！”说话也是如此，不在说得多少，而在能否说得恰如其分。当我们和别人交谈时，只要善于抓重点，长话短说，那么我们就能一语中的，显得有水平、有分量，可以让人心悦诚服地接受你的观点。

说话要有的放矢，不能漫无目的

一般来说，人们说话的目的是为了传递某种信息，引起别人的注意，博得对方的信任、同情、支持和理解。即使是闲谈，相信我们也是有一定“目的”的，比如让别人对自己产生好感，传达自己的观点，甚至安慰别人等，如果能给自己每次的说话都设定一个目标，那么我们就能做到说话有的放矢，让每次说话都为自己或者他人服务，而不是漫无目的，浪费时间和生命。

说话就像射箭，有了明确的目标，才能准确地把箭射中。成功学大师卡耐基说：“在筑墙之前，你就应该决定把什么圈出去、把什么圈进来。”

同样，在说话之前，你必须要明晰一个目标，做到心中有数，才能应付自如。在生活中，之所以很多人会出现所谓的“失言”的情况，很主要的一个原因就是没有明确自己说话的目的。

晚清时期进行洋务运动之时，洋务派大臣张之洞为了富国强兵，在汉阳修建了一座钢铁厂也就是日后的汉阳炼铁厂。

但是光有厂房还不够，张之洞又委托买办薛福成在英国为自己购买炼钢的设备，张之洞只说要炼钢设备，但是事实上，他根本不知道自己要什么，他仅仅对薛福成说：“中国之大，何处无好煤好铁？只需照英国的式样采购就行。”但是炼钢所用焦煤与铁矿砂的样品不同，就需要不同的炼钢设备。可是即使薛福成明白这个差异，他也没有办法再从张之洞那得到任何有用的信息，就按照英国人通用的酸性炼钢炉，制造了一座贝色麻炉运到了中国。

结果，当地所产的铁矿石含磷比较多，用酸性炼钢炉无法去除钢铁中的磷，所以钢铁厂生产出来的钢材大都容易脆裂折断，只能用来铸造铁锅，根本无法用于军工制造。

张之洞的错误之处就在于没有明确自己的目的，结果好心办成了坏事。说话也是如此，每次说话要有目的，这样才能事半功倍。比如，如果你这次交谈是为了安慰别人，那么即使别人没有给你好的反馈，甚至出言不逊，那么你一想到自己说话的目的，就不会跟别人针锋相对。再比如，当我们在与陌生人交流的时候，都是从互相介绍开始的，它的目的就很简单——要让对方知道自己的身份。

有了明确的说话目的，我们才能做好各种准备，包括说话心理上、内容上、技巧上的，只有明确了自己想要达成的目的，才知道应该做些什么准备。例如在交谈前收集哪些资料，采取何种语体风格，运用哪些技巧，进而能够有的放矢。但是，如果我们目的不明，那就会不顾场合地信口开河、东拉西扯，最后导致失言，好形象尽失。

我们一定要珍惜每次说话的机会，不让说话成为“浪费”，让每次说话都能完成它的使命。

例如，去医院瞧病，我们就应该详细地向医生诉说自己的病情，让他尽快确诊你的病情，而不是一直不停地说，这个病给自己带来了多大的痛苦、多大的损失，甚至于请个病假来看病有多麻烦等等，这样不利于医生对你的病情进行客观地诊断，也会让听众心生厌烦，从而耽误了你的病情。因为你看病是去诊断的，而不是去博人同情的，所以有些话就不用说，说了也没用。

在工作中也是一样，汇报工作或者开会时，没有经过思考，没有想好自己要表达什么意思时，就开始滔滔不绝地说，自己都云山雾绕，那就别指望别人能搞懂你想说什么、你想做什么。最后，就会给人留下你的工作能力不够的印象，因为无目的的长篇大论，最起码让人感觉是没有条理和顺序的，那么又怎能将一些重要的工作交给你来做呢？

我们要如何做到说话有的放矢，目标明确呢？其实很简单，只要我们先设定目标，然后再把话说到点子上即可，设定谈话目标没有什么技巧，这是我们能完成的，但是如何把话说到点子上，避免漫无目的地乱侃还有是一些诀窍的。

首先，需要我们说话言之有理，切忌空洞无物，华而不实，废话连篇。所谓“欲语唯真，非真不语”，指的是语言应该反映真实情况，表达真情实感，没有真东西，就不要开口讲话。

其次，看人下菜，面对不同的人，在目标明确的情况下，要用不同的话语去描述，不同的人兴趣点不同。

举个例子来说，如果一个大学老师劝诫大学生们好好学习，不要荒废时间，那么他可以说：“子在川上曰：‘逝者如斯夫，不舍昼夜。’‘劝君莫惜金缕衣，劝君惜取少年时。花开堪折直须折，莫待无花空折枝。”等等，但是他如果要去跟一个小朋友说要好好学习，不要浪费时间，那么他就会很直白地说：“好好学习。”而不会再去说那些文言词。一代伟人拿破仑对他的秘书们一再申明的训令就是：“要让人清晰！要让人明白！”这其中蕴含的意思就是，要不惜手段让别人清晰明白，要看人说话。

有很多人表示，在刚开始与别人交谈的时候是有目标的，是知道自己要说什么的，想要达成什么目的。但是，如果说话有了互动，被别人插了嘴，跟别人一交流就会跑题，自己也不知道自己要说什么了，言谈已经和自己一开始的目标相差万里，就会有“口出千言，离题万里”的情况发生。

为了防止这种现象的发生，不仅在每次说话之前要给自己定下目标，在谈话过程中，不妨扪心自问一句：“我为什么要说?”或者是“我要怎么说?”“我要说些什么?”只要时时刻刻能够用这几个问题提醒自己，就能很好地避免这种情况。

总之，我们应该坚持一个原则，少说多想，让自己说的每一句话都不离题，如果实在控制不住，可以事先把要说的事情写在纸上，在谈话的时候经常拿出来看两眼，千万不要被一句无关的题外话引入歧途。

第十章　圆通口才：把话说到位，才有好人气

对于不会说话的人，衣服是一种语言，随身带着的是袖珍戏剧。

——周国平

（毕业于北京大学，著名哲学家、作家）

永远不要信口开河

说话是为了正确地表达自己的思想和意见，而不是光图嘴巴痛快，胡乱发泄自己的情绪。有些人总是批评别人没有大脑，总是随便说话，却很少检查自己有没有乱说话的时候。一个人必须学会思考，一个人的嘴巴必须知道适时关闭，这样才不会被嘴巴连累，吃“一吐为快”的亏。

要知道，在社会上一般只有浅薄者才会信口开河。因为拙于言辞才能隐藏真意，话语说尽，就会显露锋芒，招致祸患。在个人目的没有达到的时候，常常会捕风捉影、信口开河，把白的说成黑的，把小的说成大的，把方的说成圆的，歪曲事实，使该亲近的人疏远，该离散的人反而走得很近，就此也扭曲了人际关系。所以，我们要想成为受欢迎的人，就不要信口开河。

王陵早年追随汉高祖刘邦东征西伐，十分勇敢。他为人仗义，性喜直言，争强好胜之心从不改变。

刘邦很讨厌雍齿，王陵却因早年和雍齿交好，始终不肯背弃他。刘邦一次把王陵叫来，脸色阴沉地对他说：“雍齿为人卑

鄙，行多不检，许多人都唾弃他。你和他并不是同类之人，我真不明白，为何你能和他相处呢?”

王陵沉声说：“主公不喜欢的人，别人就不敢和他交往了。我看不出雍齿有什么不好，再说这也只是我的私事，主公何必干涉呢?”

刘邦心中有气，却不便发泄，只好挥手让他退下。

王陵亦有怨气，就和好友周勃说了此事，周勃连叹数声，说：“你不该和主公直言。主公向来恨雍齿，人人皆知，你不避嫌和他交往也就罢了，又怎能说出心里话呢？这件事可大可小，主公一定会记挂在心的。”

王陵不服，仍坚持道：“我忠于主公，从无二心，几句实话他也会放在心上？大丈夫光明磊落，畏首畏尾，口是心非的事不该去做。”

平定天下之后，论功行赏时，刘邦却不肯给王陵厚封，只封他为安国侯。许多人为王陵求情，刘邦却正色说：“行军打仗，王陵功劳不小，可他别的方面就无过人之处了。打江山绝非只知勇猛这么简单，他还有什么委屈的呢?”

刘邦死后，惠帝继位，吕后掌权。王陵任右丞相两年后，惠帝去世。一日，吕后把王陵和陈平、周勃等人召来，对他们说：“天下太平，吕氏出力甚多。我想让吕氏子弟称王，可以吗?”

陈平、周勃相视一眼，俱不做声，王陵却马上出言说：“先皇曾宰杀白马，歃血订盟，说‘倘非刘氏而立为王，天下人共击之’。先皇遗训如此，不能改变。吕氏立王之说，便不可行了。”

吕后十分不悦，转而问陈平、周勃的意见，他们二人却道：“时势有变，其道自不同了。先皇平定天下，分封刘氏子弟为王，理所应该。如今太后临朝执政，吕氏子弟又有大功于国家，称王自无不可，合当施行。”

吕后笑逐颜开，对他们二人连声夸奖。

事后王陵指责他们阿谀奉承、背弃先皇，陈平答道：“谏阻无益，强辩自不可取。我们当面谏阻不如你，可日后保全国家，安定刘氏后人，你就不如我们了。”

后来王陵被罢免宰相，十年后病死。而陈平和周勃得以保全下来，成为日后诛杀诸吕的主力，重兴了汉室江山。

显然，毫无遮拦地说话，信口开河，必然会给自己带来一些不必要的烦恼。王陵就是这样一个说话毫无顾忌的人，惹得刘邦不高兴，后来又得罪了吕后，被罢免了官职，最终病死在家中。可见，言语作为交际的一种重要手段，只有措辞得当，有所保留，才能诸事皆顺。

一个只凭个人情绪和观点而不顾及言辞效用的人，即使是真的有才，也无法做到真正的藏智显拙，左右逢源。生活中，我们不仅要会说话，更应该把话说好，尽量在说话之前做到三思而后行，这样才能说出让别人动心的话。

其实，说话不要信口开河就是告诉我们不要乱说话，不要轻易地许诺。如果你轻易答应了别人的事情，就要兑现你的承诺，说到做到，这样才能证明你不是一个信口开河的人。宋濂就是一个讲诚信的人士，他从不信口开河，只要他答应的事情，就一定会兑现自己的承诺，被人称赞为诚实守信的杰出人士。

明代的文学家宋濂小时候非常喜欢读书，但家里很穷，他没钱买书看，只好借书来读，每次借书，他都讲好期限，按时还书，从不违约，因此，很多人都愿意把书借给他。

有一次，他借到一本书，越读越爱不释手，便决定把它抄下来。可是还书的期限快到了，他只好连夜抄书。时值隆冬腊月，天气非常寒冷。母亲心疼地说：“孩子，都深夜了，而且这么冷，等天亮了再抄吧。人家又不是等着书看。”宋濂说：“不管人家要不要看这本书，到期限就要还，这是个诚信问题，也是尊重别人的表现。如果我不讲信用，失信于人，怎么可能得到别人的尊重呢?”

又有一次，宋濂要去远方向一位著名学者求教，并约好了见面日期，谁知出发那天，下起了鹅毛大雪。当宋濂准备上路时，母亲惊讶地说：“这样的天气怎能出远门呀？再说，老师那里早已大雪封山了。你这一件旧棉袄，也抵御不住深山的严寒啊!”宋濂说：“娘，今不出发就会误了拜会老师的日子，这就是失约啊，失约，就是对老师不尊重。因此，不管风雪有多大，我都得上路啊。”

当宋濂一路跋涉，风尘仆仆地来到老师家里时，老师感动地称赞道：“年轻人，守信好学，将来定有出息啊!”

显然，宋濂在借书和求教的事情上，都足以证明他不是一个信口开河的人，而是一个信守承诺的智慧人士。因此，我们要对自己说的话负责，做一个不信口开河的智慧人士。

北京大学教授、北京大学社会科学部部长程郁缀曾说：“交友以信，一诺千金。对朋友要做到言而有信，守信如潮。”在职场上的人士更要注意，千万不要对人信口开河。比如说在你向他人展示专业技能时，不要信口开河，用捏造的经历来糊弄对方，否则一旦你的这些虚假经历被他人知道，他们就会对你的评价一落千丈，再想建立起来那可就难上加难了。

我们的嘴巴就像一扇门，每天都要开关多次，你开的次数越多，你城堡里的景物也就被众人看到的越多。舌头就像是一支箭，稍不留神就会把“游客”伤害。因此我们的大脑要时刻警惕自己不要胡乱开门，更不能随意用箭。你自己信口开河，虽然根本意识不到会伤害人，但别人却认为你是有意的。

因此，我们无论是在社交上，还是在平时的为人处世上，都应该做到三思而言，坚守诚心，而不是信口开河、狂妄自大，这样才能避免因为口误给自己造成的各种困扰。

小心一时冲动，说出过激的话

人都是情绪化的动物，常常会把别人弄得丈二和尚摸不着头脑，若是偶尔一两次，别人会觉着新鲜，甚至也会让着你。但日子久了再亲的人都难免会心生厌烦，自然就成了人际关系中不稳定的因素。尤其对于一些容易冲动的人，在愤怒时控制不住自己的嘴，经常说一些过激的话语，多少年前的尘封往事、八大姑七大姨、八竿子打不着的人和事全都来了。可言多必失，连你自己都不会知道到底哪句话把别人给得罪了。

北大国学大师翟鸿燊曾说过："强者让行为控制情绪，弱者让情绪控制行为。"的确，我们在人际交往的过程中，千万不要因一时冲动便以尖酸刻薄之言去讽刺、伤害别人，也许只图自己一时痛快，殊不知会引来意想不到的灾祸。

大学毕业后单珞进了一家上市公司工作，由于公司发展得越来越好，单珞一直没有换过公司，眼看他的工龄就要满 4 年了。而且在工作期间，单珞做得多、说得少，即使有人说了对他不利的话，他也觉得只要问心无愧，就无所谓。所以一直备受公司器重。

然而有一天，老总忽然怒气冲冲地来到他的办公桌前，扔下一摞文件："你也算公司的老员工了，怎么工作上还犯这种错误，你看看你写的这份报告！"

单珞莫名其妙地扫了一眼文件，署名是自己，但里面内容明显不是自己做的。于是他如释重负地说："这个报告不是我写的。"

"明明写着你的名字，你跟我说不是你写的，你以为我不认识字啊！你就算推卸责任也应该找一个像样点的借口啊？"老总大怒。

单珞非常生气，自己在这公司这么长时间，他的为人老总还不清楚吗？他是那种推卸责任的人吗？再说即使这文件是自己写的，出了差错，老总也不至于不给他留一点情面，当着大家的面对他又吼又叫。于是在怒火的控制下，他做了一个令自己后悔的决定，他强压住怒气对老总说："对不起，你没理由训我。"

"为什么？"

"我现在要辞职，马上。"

上司更怒："那这报告怎么办？你犯了错就一走了之，我的损失谁来赔？"

"你爱找谁找谁。"单珞生气地骂了句脏话，就毅然坚决地走了。

一年之后，单珞偶然间再次碰到了之前的那个老总，他这才知道，原来当初公司决定派他去公司分部做经理，上层觉得他的工作能力没什么好挑的，就是不知道他遇到特殊情况的应急能力如何，所以才故意设了一个场景来考验他……

单珞追悔莫及，却为时已晚。

古语云："小不忍则乱大谋。"单珞就是因为自己一时咽不下那口气，没控制住自己的愤怒情绪，而白白葬送了那么好的一个工作机会。如果他能够控制自己的情绪，管住自己的嘴巴，就不会说出那些过激的话语，也不会就此失去一份工作。

要知道，控制不住自己的情绪，说话不注意，不仅会伤人的面子，还会破坏朋友之间的友情，倘若是不熟悉的人，恐怕还会徒增怨恨。中国有很多俗语，比如"沉默是金""少说为佳""乌龟有肉在肚里""半罐水响叮当"等，这些俗语中潜藏着十分高深的处世哲学，都是告诉我们不要因一时的情绪失控而说一些伤人的恶言恶语。

李森和彭宇是速递公司的两名职员。他俩是工作搭档，干起事来一直都很认真，也很卖力。领导一直对他俩很满意，但一件瓷器的出现改变了他俩的命运。

李森和彭宇负责把一件很贵重的瓷器送到码头，老板反复叮嘱他们要小心。不料，送货车坏在了半路。彭宇生气地说："出门之前你怎么不把车检查一下。"李森见车坏在了半路，自然也很生气，可是他面对彭宇的指责什么也没说，只是背起邮包，一路小跑，天气很热，李森头上的汗水滴落到了衣服上，彭宇看见后，小声说："邮包给我吧，我背一会儿。"可就在李森把邮包递给彭宇的瞬间，彭宇的手一滑，邮包掉在了地上。"哗啦"一声，瓷器碎了。

"你怎么搞的，怎么连个邮包都接不住。"李森生气地大喊。

"我刚刚接住，还没抓牢，谁知道你就放手了。"彭宇也生气地辩解道，他的声音更大，引得马路上的行人频频回头。

李森知道事情的严重性。这个时候，大喊大叫地指正彭宇的错误是没有用的，关键是怎么才能把事情挽救回来。

李森控制好自己的情绪，对彭宇说："现在这个后果出现了，咱俩怎么去面对客户呢？追究谁的责任已经不重要了。"彭宇见李森态度缓和了下来就说："要不咱们去和客户赔礼道歉，咱们又不是故意的。"其实彭宇何尝不知道是自己的问题，可如果当时李森咬住彭宇的错处不松口，那么彭宇出于本能，一定会说是李森在自己没抓牢的时候放手，最后，两个人谁都脱不了干系。后来，虽然彭宇因为打碎了邮包里的瓷器做出了赔偿，但是他赔得心服口服。

事实往往如此，人都有自我防御的心理，就算我们手握证据，但如果把他人逼到死角，也注定会遭到他人的反扑，最后两败俱伤的事情也是时有发生的，但如果我们能控制住自己的情绪，站在过错方的立场与角度去和对方进行沟通，那么相信对方在欣然接受的同时，也会采取相应的办法，为自己的错误做出整改以及修正的姿态。

生活中，拥有好口才的人绝不会因为一时的冲动而陷自己于不义之中。激动、愤怒这些情绪总会让口不对心，也往往会说一些尖酸刻薄的话语，在无形当中就中伤了他人。所以，我们在冲动的情况下，要学会控制自己的情绪，管好自己的嘴巴，这样才不会四处树敌，给自己带来更多的困扰。

不拿他人的短处当话题

每个人都有长处和短处，无论多么伟大的人物都有短处，有一些人就不愿意去提及，每个人都有敏感神经，一旦被人触犯，就会非常的愤怒。尤其是在社交的过程中，你若是常常提及别人的短处，甚至还拿别人的短处当话题，这样就会在一定程度上伤害别人的自尊心，给他们造成一定的伤害，你们之间的友谊势必会受到一定的影响。

避免谈及他人的短处，就容易与他人建立起感情，形成融洽交谈气氛，好谈他人短处的人，最易刺伤他人的自尊心，打击人家某方面的积极性，还会引起他人的讨厌，不小心谈别人短处的人，虽无意刺伤他人，但很难想象人家怎样理解你的用意并对你所作出的反应，一般来说易引起别人的误解与不满。由此可见，我们在与他人的交谈中，应该尽量避免谈论别人的短处。

在开玩笑时不应取笑他人的生理缺陷，例如驼背断足、麻脸等。也不要笑别人考试不过关，做生意倒了霉，或别人衣衫褴褛……对于这些，应该显示你仁厚的同情心去安慰、鼓励他们，让他们觉得你是个有情有义的人，他们会对你产生信任及尊敬，无形中你便建立了自己的魅力。否则，只能自找苦吃。

小丽生性活泼可爱，可美中不足的就是爱揭别人的短。她有一个要好的朋友叫肖红，由于受母亲的遗传，从 20 岁左右就开始掉头发，尽管到处求医，花了不少钱，但几年后，头上的头发还是脱落得差不多了，稀疏的头发下能明显看到一片片头皮。为此，她不得不买假发戴上，而从此她的痛苦也开始了。

小丽和肖红在一家食品公司上班，小丽常开她的玩笑，说她戴了一顶“皇冠”，有时还建议她去给假发染发，有时甚至要给她梳辫子，等等。由于是好朋友，她也不好发作翻脸。有时笑笑，有时说对方两句，大多数情况下只好忍着，但心里却异常痛苦。

但两人的友谊最终还是破裂了。一次，几个朋友聚会时，小丽提出要看看她的“真面目”，她拒绝后，小丽竟拉住她强行拿掉她的假发，当场她就跟小丽吵了起来。从此，两人便彻底断绝关系了。

小丽老拿肖红的身体缺陷来开玩笑，可能她也不是恶意的，但对肖红来说却是很深的伤害。

揭人隐私、讥人之短的作风，不足取。事实上，冷笑式的幽默，往往只是人企图掩饰自己缺乏自信所施放的烟幕罢了。朋友之间无伤大雅的戏弄倒是无妨，但仅限于知交亲友。否则若遭误解，使对方受到伤害，反而会造成反效果。

俗话说：“打人莫打脸，骂人不揭短。”无论你的出身、地位、权利、风度多么傲人，也不要毫无顾忌地谈及别人不能言及、不能冒犯的地方，这些都是他们不愿意提及的“伤疤”，也是他们在社交场合极力隐藏和回避的。故意揭短是攻击、敌视对方的武器，无意揭短是因为某种原因一不小心触犯了对方的禁忌。不管是有心也好，无意也罢，你说出的话侵犯了别人的禁区，别人就会给你颜色看。

任博士身材高大，眉目清秀，美中不足的是中年微秃。虽然这纯属白玉微瑕，任博士却深以为憾。如果有人戏说他“怒发难冲冠”，他准会茶饭无味，三天三夜难以入睡，即使在他面前无意中说“这盏灯怎么突然不亮了”或“今天真是阳光灿烂”等话，这位平素温文尔雅的知识分子也会愤然变色，有时竟至于怒目圆睁，拂袖而去，弄得说话者莫名其妙，十分尴尬。

这使人联想到鲁迅笔下的阿Q。阿Q惯用精神胜利法安慰自己，因而少有耿耿于怀之事。别人欺他骂他打他，他都善于控制自己，心理很快会平衡，唯独忌讳别人说他“癞”，因为他头皮上确有一块不大不小的癞疮疤。只要有人当着他的面说一个“癞”字，或发出近于“赖”的音，或提到“光”“亮”“灯”“烛”等字，他都会“全疤通红地发起怒来，口讷的便骂，力小的便打”。

其实，不仅任博士和阿Q是如此，忌讳心理人皆有之。摩洛哥有句俗语叫：“言语给人的伤害往往胜于刀伤。”这是实情。因此，会说话的人不会随意寻找话题而不顾及身边人的感受，他们在与人交流的过程中，会斟酌自己的言辞，说话的时候尽量体谅他人，维护他人的自尊，避开言语的“雷区”。不仅我们在生活上要多加注意，在工作上也要注意，而短处不仅仅是身体上的缺陷，还包括业务上的、学识上的短处。若是我们不慎地触及到了对方的痛处，可以自我调侃一下，以此来化解场面的尴尬，以免给他人造成的困扰。

依据著名心理学家马斯洛的“需求理论”，最高层次人的需求就是获得尊重和自我实现。商务谈判最好的结果就是双方都感到自己是“胜者”。因为这种心理反应不仅可以保证谈判的顺利进行，还为日后协议的顺利实行创造了良好的条件。特别是在谈判中当对手处于下风时，或自己的谈判目的得到充分实现时，切忌讽刺或贬低对手，应多强调客观条件的优劣，使对手在谈判桌上失去的，能在心理上寻找到平衡。

在生活中，我们要接触不同的人、不同的事，应该学会理解、宽容和体谅，而不是去讽刺和讥笑，即使是开玩笑，也应该掌握好当时的氛围和所在的人。我们都有朋友，希望得到别人的尊重和认同，有些人张扬些，有些人比较内敛，换句话说就是一部分人嘴上不吃亏，总是要辩驳到认同他（她）是对的，表现出一种强势，而另一部分人可能会一笑置之，不去反驳，但不代表没有想法，或是认同他人的观点。

我们不经意地拿别人的短处开玩笑，放大别人的弱点，也许只是一时兴起，逗大家一乐，但是可能会给被讥笑的人带来或多或少的心理影响，即使是最亲密的人、最熟识的朋友。我们都喜欢听相声，相声演员说过，只能拿自己开涮，绝对不能说周围的朋友，这个道理是一样的，所以奉劝那些爱拿别人开涮的朋友，也许得到的是一时的高兴，但失去的却可能会很多！

《菜根谭》中有句话："不揭他人之短，不探他人之秘，不思他人之旧过，则可以此养德疏害。"只要你对他心存厌恶，再巧妙的方法也不能掩盖，而假装出来的友善终有一天会让你自食其果。

人群相聚，都不免要找个话题闲聊。天上的星河，地上的花草；眼前的建筑，身后的山水；昨日的消息，今天的新闻，都是绝好的谈话内容。何必说东家长西家短，无事生非地议论人家的短处呢？好说人家短处是一种不道德的行为，我们必须克服。

言行磊落，不在背后议论他人

只要是人多的地方，就会有闲言碎语。有时，你可能不小心成为"放话"的人；有时，你也可能是别人"攻击"的对象。这些背后闲谈，比如领导喜欢谁、谁最吃得开、谁又有绯闻，等等，就像噪音一样，影响人的工作情绪。聪明的你可要懂得，该说的话一定要说，不该说的绝对不可胡说。

在生活中，也许经常会发现一些聊他人是非的"闲人"，他们常在背后聊一些别人的是非，对于别人的私事，每个人都好像特别起劲。但是，以他人的是非为话题来聊天是一种相当没有修养的表现。从长远来说，这种损人并不利己的自私做法不利于我们建立和谐而美好的人际关系。

闲聊是为了消除隔阂，活跃交往的气氛。以他人的是非为话题，固然会让参与闲聊的人有一种类似于“共同做了某件不被允许的事”的感觉，会让人觉得彼此是属于同一个群体的、拥有同样的立场，从而以惊人的速度亲密起来。然而，这也为我们埋下了巨大的人际交往隐患。这个隐患一旦爆发，后果将是我们难以承受的。所以，我们要管好自己的嘴巴，不要有事没事就说别人的是非。

尤其是在职场上，我们要是对人有意见，就要当面和别人说出来，不要在背后搞小动作，那样不但解决不了问题，反而还会让人认为你的行为不够光明磊落，是一个喜欢背地里说人是非的人。

晓月：“唉，你们看见萧然今天穿的裙子了吗？可真漂亮啊！”

若昕：“看见了，红色的，对不对？一般人可穿不起，我在王府井百货见过，4000 多呢！”

嘉琪：“她工资每个月好像也就三四千的样子，买得起这么贵的裙子？”

若昕：“也不一定是她自己买的啊，或许是追她的男人送的。”

晓月：“是啊，她追求者很多的。每次我看到她时，她都和不同的男人在一起，而且个个都身价不凡，像楼上公司的销售总监，还有那个和我们公司合作过的广告公司的设计总监……”

嘉琪：“你一说，我就想起来了。有一天晚上加完班，我还看见我们总经理开车送她回家呢！”

若昕：“不会吧？总经理也是她的裙下之臣？”

后来，晓月、若昕、嘉琪三人分别与其他同事聊起这个话题，她们闲聊的内容被传播开来，并且内容越传越离谱。最后传到总经理与萧然耳朵里，事情竟然变成了“萧然是总经理的小蜜。”

已有妻室的总经理为了避免这样的谣言影响到自己的事业和生活，只得将萧然辞退。

离开公司的那天，萧然找到晓月、若昕、嘉琪三人，流着泪说："我不知道你们为什么要传出那样的谣言，可是，我真的很喜欢这份工作，你们让我失去了它，我永远也不会原谅你们！"

没多久，晓月、若昕、嘉琪三人，相继被总经理发配到偏远城市的分公司工作。本来在总公司前途一片光明的她们就此失去了事业发展的机会。

晓月、若昕、嘉琪三人只是闲聊，并没有什么歹意，但是这种以他人是非为话题的闲聊，却给他人造成了巨大的伤害。且不论她们是否会遭遇他人的报复，只说因此而产生的愧疚感也会让她们在接下来的很长一段时间内无法心安。当然，可能她们也觉得很委屈，内心充满怨恨，毕竟她们并没有说萧然与总经理有染，但她们的内心在煎熬着是肯定的。同时，她们的前途也受此影响，其后果不可谓不严重。

鉴于此，无论我们多么迫切地想要消除与他人之间的隔阂，多么缺少话题，都不能以他人的是非为闲聊的话题。现实中，尽管我们自己不以他人的是非为话题，他人也会主动聊这样的话题。这时，我们应该怎么办呢？

如果我们一本正经地说："不要说别人是非，这样不好！"那么，闲聊的气氛会立刻被破坏殆尽，更甚者还可能被他人视为故意找茬的对立者。也就是说，面对这种情况，用结论或大道理的方式来中断话题是不行的。

其实，我们可以换一种比较委婉、不动声色的办法——引导闲聊方向，用一个大家都觉得有趣的新话题来替换它，让闲聊不再聚焦于某人的是非。

相信朋友一定认识到了，背后说人是一种道德品质低下的表现，是让人看不起的行为。一个人要想让别人看得起自己，首先要改掉背后说人是非的坏毛病。那么，我们应该如何管好自己的嘴巴，不在背后谈论别人是非呢？

首先，需要提高自身素质。议论别人或许算不上害人之心，也可以暂时让自己放松和愉快，但从长远来看，这么做会有可能伤害别人，最后给自己的人际关系留下祸根，害处是无法估量的。所以，我们要想改掉这种毛病，首先要从提高自身的道德素质开始，提高自己的文明程度，提高自己的修养和兴趣取向，戒除“长舌妇”心理。

其次，丰富自己的业余爱好。想要消除背后说人的行为，寻求正常的心理满足无疑是一个行之有效的方法。许多人就是在业余时间闲着无聊，所以想在别人身上找点奇事趣闻，所以，大家凑在一起八卦起来。为了避免背后议论别人的事情发生，我们就需要在业余时间多找一些自己感兴趣的事情，也许你就不会在意别人怎么样了。

再次，要减少自己的好奇心。要学会以平常之心对待自己遇到的各种小道消息，将自己的兴趣放在其他地方，那么对关于领导同事、邻里亲朋的小道消息也就没有了兴趣。自然也就不会在背后说人了。

俗话说：“静思常思己过，闲谈莫论人非。”为了不让伤害互相传递，不要让自己的嘴巴误了大事，我们要坚决地避免背后说人是非的恶习。如此一来，才能成为别人眼中的智慧人士。

不炫耀自己，特别是别人失意之时

人生在世，命运莫测，有时不如意、烦恼，甚至不幸和痛苦很正常。当朋友遭遇不幸时，人们的反应往往不一定得体。有些人偏偏说出他们不愿意听的话，令他们难过，甚至有的人还在别人失意之际，在别人面前大肆地炫耀自己，这就自然让别人觉得你是个落井下石的人。

要知道，和失意的人谈起我们得意的事情，对方就会认为你不但不识趣，简直就是在挖苦、嘲笑他们，所以，他们的心情就会更加低落，会从内心上更加讨厌你。有人说：“不要在一个不打高尔夫的人面前讨论有关高尔夫球的话题，那会让你显得更加无知。”同样的道理，也不要在失意的人面前讨论我们的得意，即便说者无意，但是听者有意，认为你是在自我夸耀，无视他的存在和鄙视他的无知。你给人造成的感觉就像是在秃子面前抱怨头发少、在瞎子面前说太阳不够漂亮，这样的言语往往是最容易伤人心的。

有一天，张伟邀请了一些好朋友来家里坐，这样做是出于两方面的目的，一方面是想跟好久没见面的朋友聚一下，另一方面是想借着热闹的气氛，让正处于情绪低落的李强能够放松一下，缓解一下失意郁闷的心情。

李强在不久前，因为经营不力，公司只得宣布破产，妻子也为这事和他闹了很多别扭，甚至提出和他离婚。显然，李强的状态是内忧外患，不堪重负。大多数朋友都知道李强的状况，因此都避免去触及与此有关的事。可唯独一位朋友马力却不知道。在场上热闹之际，马力喝了许多酒，有点口不择言了，又加上刚做生意赚了一大笔，忍不住就开始谈他怎么取得今天骄人的成绩，说到兴奋处还手舞足蹈，得意之情溢于言表，这让在场的人都感到非常不舒服。

而正处于失意中的李强更是面色难看，低头不语，经常借故离开。最后实在听不下去了，就告诉张伟一声离开了。

张伟非常理解李强的感受，因为他也曾经有过相同的经历，在他最艰难的时期，有很多得意的朋友在他面前炫耀他的房子、车子，那种感受别提有多难受。

要知道，失意的人往往内心是比较脆弱的，也是最敏感的，虽然炫耀的人自己感觉没什么，但是对于失意人来说就是在嘲讽、就是蔑视。所以，我们不要在别人失意的时候说些自己得意的话，这既体现了自己的风度，又很好地照顾了对方。

在朋友失意时，我们怎样才能对他说适当的话呢？虽然没有严格的准则，但有些办法可以让我们做出得体而真诚的反应。

1. 尽量静心倾听，接受他的感受

失去了亲人的人需要哀悼，需要经过悲伤的各个阶段和说出他们的感受和回忆。这样的人谈得越多，越能产生疗效。要顺着你朋友的意愿行事，不要设法去逗他开心。只要静心倾听，接受他的感受并表示了解他的心情。有些在悲痛中的人不愿意多说话，你也得尊重他的这种态度。一个正在接受化疗的人说，她最感激一个朋友的关怀。那个朋友每天给她打一次电话，每次谈话都不超过一分钟，只是让她知道他惦记着她，但是并不坚持要她报告病情。

2. 留意对方的感受，不要以自己为中心

当你去探访一个遭遇不幸的人时，你要记得自己到那里去是为了支持他和帮助他。你要留意对方的感受，而不要只顾自己的感受。

不要以朋友的不幸际遇为借口，而把你自己的类似经历拉扯出来。要是你只是说："我是过来人，我明白你的心情。"那当然没有什么关系。但是你不能说："我母亲死后，我有一个星期吃不下东西。"每个人的悲伤方式并不相同，所以你不能硬要一个不像你那样公开表露情绪的人感到内疚。

3. 主动提供具体的援助

一个伤恸的人，可能对日常生活的细节感到不胜负荷。你可以自告奋勇，向他表示愿意替他跑腿，帮他完成一项工作，或是替他送接学钢琴的孩子。"我摔断背骨时，觉得生活完全不在我的掌握之中。"一位有个小女孩的离婚妇人说，"后来我的邻居们轮流替我开车，使我能够放松下来。"

4. 说话要切合实际，但是要尽可能表示乐观

泰莉·福林马奥尼是麻州综合医院的护理临床医生，曾给几百个艾滋病患者提供咨询服务。据她说，许多人对得了绝症的人都不知道说什么才好。

他们说些“别担心，过不了多久就会好的”之类的话，明知这些话并不真实，而病人自己也知道。

“你到医院去探病时，说话要乐观，但不能脱离实际。”福林马奥尼说，“例如‘你觉得怎样’和‘有什么我可以帮忙的吗’，这些永远都是得体的话。要让病人知道你关心他，知道有需要时你愿意帮忙。不要害怕和他接触，拍拍他的手或是搂他一下，可能比说话更有安慰作用。”

5. 要有足够的耐心

失去亲人的悲痛在深度上和时间上各不相同，有的往往持续几年。“我丈夫死后，”一位老人说，“儿女们老是说：‘虽然你和爸爸的感情一直很好，可是现在爸爸已经去世了，你得继续活下去才好。’我不愿意别人那样对待我，好像把我视作摔跤后擦伤了膝盖而不愿起身似的。我知道我得继续活下去，而最后我的确活下去了。但是，我得依照自己的方法去做。悲伤是不能够匆匆而过的。”

在另一方面，要是一个朋友的悲伤似乎异常深切或者历时长久，你要让他知道你在关心他。你可以对他说：“我能理解，你的日子一定不好过。但我觉得你不应该独立应付这种困难，让我帮你好吗?”

在朋友失意的时候，要想说些既能达到劝慰目的又中听的话，其实并不容易，因为这个时候，对方的内心极其情绪化，很多话对他来说很容易引起反感。因此，在对他进行劝慰的时候，一定要站在他的角度来进行劝说，不能一味强调事情的糟糕，这样只会加重他的烦恼。

总之，无论何时何地，我们对失意的人说声“你是最棒的”并一直支持他，让他在精神上获得安慰和自信，汲取更多的能量，在失意中前进，这样就会爆发出一股无限的潜力，爬到胜利的顶峰。

话不投机时，要赶紧转弯

在生活中，我们总是喜欢和那些与我们有共同话题的人进行交流。但是，如果遇到一个话不投机的人，就会变得十分尴尬。因为双方无法找到可以进行交流的共同点。这时，如果及时转移话题，双方走入僵局的交流就会"起死回生"。这时，双方会因为同频信息的出现而变得相言甚欢，双方之间的交流也会从强烈抵触变得有声有色。

然而，话不投机有多种情况。所以，我们在进行话题转移时必须因情况而异，而不要无原则地乱说。下面就是话不投机的几种常见的情况：

第一，当某种言谈举止使人为难，那就要及时转换话题，协调气氛。

两个青年去拜访老师，在谈话中提到：

"老师，听说您的夫人是教英语的，我们想请她指教一下，行吗?"

老师为难地沉默了片刻，说："那是我以前的爱人，前不久分手了。"

"哦？对不起，老师……"

"没什么，喝点水吧。"

"老师，您的书什么时候出版？快了吧……"

这样转换话题，特别是提出对方很愿意谈的话题，就会很快地消除刚才由于言语不慎而产生的负面能量，而以正面能量代替之。这样，双方的交流就会很快恢复正常，气氛也会变得活跃起来。

第二，双方意见对立谈不拢，但问题还要解决，不能回避。这种话不投机的情况就需要绕路引导。联系工作，洽谈生意，也可能话不投机，陷入僵局。只要还有余地，就可提出新的话题，绕弯引导。

例如，甲方推销四吨卡车，而乙方不要四吨的，想要两吨的。这时，甲方若硬着头皮争执，只会越谈越僵，不欢而散，如能转移话题，绕弯引导，从季节、路途、载重多少与车辆寿命长短等各种因素来促使乙方考虑只用两吨的弊病，或许能“柳暗花明又一村”，开辟新的途径。

第三，在说话过程中，当对方有意无意地触到我们心中的隐痛、忌讳或者自己不愿回答的问题时，如果一时没有好办法应答，那么，就干脆避而不答；或者沉默不语，表示无声的抗议；或者转移话题，使在场者的注意力从自己身上挪开。问话者见对方对其问题不予理睬，在尴尬的同时会很快意识到自己的鲁莽和无礼，从而不再追问。

某单位一女工结婚，在单位散发喜糖，碰巧该单位有一位尚未出嫁的大龄女青年。大家吃着糖，突然一位中年科员笑着对那位女青年说：“喂，什么时候吃你的喜糖？”大家都望着那位女青年。那位女青年脸微微一红，把脸转向邻近的一位女同事，然后指着那位女同事身上的一件款式新颖的上衣问：“咦？这件上衣什么时候买的？在哪个商场买的？”两个人便兴致勃勃地谈起了那件衣服。

在大庭广众之下问大龄女青年何时结婚确实是很不礼貌的事情。女青年碰到这个尖锐的问题时处境十分尴尬，回答不好可能会引起大家的闲话，再说这事也没必要让大家来参与。于是她立刻把话题转移到同事的衣服上，借以回避对方的无聊问题。这样可能引发的负面能量总爆发和自身气场的萎缩都被大龄女青年巧妙地用转移话题的方式轻轻带过了。问者受到毫不掩饰的冷落，自然也认识到自己的失礼，就没有理由责怪女青年对自己的置之不理。

与他人交往时，我们经常会遇到话不投机的情况。这种情况有时是由他人造成的，有时是自己造成的。但无论起因于谁，都会导致双方交流受阻，甚至是负面对负面的碰撞。对此，我们应该学会适时地转移话题，以此让自己从尴尬中迅速摆脱出来。

掂一掂自己的分量再发言

在与人交往中，千万别觉得自己比谁都聪明，急不可耐地要与人争辩或者在某些事情上挑大梁，这样只会让自己迅速被划到“不靠谱”的行列中，以后想翻身都难。而那些事实上终有所成的人，通常都会掂掂自己的分量之后再说话。

没错，开口说话之前，先低头看看你的身份，如果不那么匹配，干脆先不说。不说的时候，没人注意你没说，一旦说了，想让人不注意你都难。

说话前要掂一掂自己的分量，如在公司里，不要以为你的上司很随和，也不要以为你的上司几乎和你一个年龄，就开始在和上司说话的时候不分职位高低了！千万要记得“人微言轻”，即使面对再随和的上司、年龄再小的上司，都要有一种意识：他是你的上司，你要在言语中表达出这种职位的高低之分，一定要掂一掂自己的分量再发言。

一个年轻业务员有着很强的工作能力，同时也受上司的看重，但是他经常在同事面前抱怨：“我最讨厌我的上司，他经常对我们发号施令，办事能力却连我都不及。我认为他不过是命比我好一点，其实什么也不是。”

有一天，这个年轻人和一个同事刚跑完业务回来，看见上司在办公室里喝茶。他的心里本来就很不舒服，上司看见他们回来，便问：“你们的业务做得如何?”年轻人更加不舒服了，心想：“他在这里享清福，我们出去跑，跑成了也还有他的提成，凭什么呀?”于是他没有好气地说：“啥也没跑到!”上司一听他的口气，就来气了："你是很有意见吗？"

年轻人想发火，同事拉住了他，并对上司说："经理，我们虽然没有跑到什么客户，但积累了重要的经验，我们明天再跑一趟就差不多了。我想我们这个月应该能跑出对公司有利的业绩来！"

上司白了年轻人一眼："同是做业务的，你也跟人家学学！"

回到办公室后，同事对年轻人说："人家能当上经理一定是有能力的，公司不会白白养一个经理，咱们的能力肯定不够资格当经理，所以，我们要掂一掂自己的分量再发言，不然就太不自量力了。"

年轻人惭愧道："方才真是太冲动了。"

不管你心里有多气愤，你都要记住一个事实：要掂一掂自己的分量再发言，上司能坐到那个位子，必然有某些地方是你所不及的。没有人是十全十美的，与其明争暗斗，弄得两败俱伤，不如努力与他合作愉快。

这个世界就是如此。很多情况下，一个人说话做事的分寸，跟他所处的地位有关。如果地位够高，他所提的意见和办法会被多数人认同、赞成并执行；如果他地位很低，哪怕你所提的意见和办法是正确的，或者跟地位高的人一模一样，也很少人会买他的账，所以，说话前一定要掂一掂自己的分量再发言。

A是一个刚刚毕业的大学生，刚入职没多久，就有一种见了谁都是一副领导派头。"你好啊！""今天心情不错啊！""又去腐败了吧！"那种口气，那种派头，还有那种表现出来的优越感，俨然他是领导，你是下属，他是资深，你是小辈。

他会莫名其妙地出现在一个会上，而这个会基本都是高层参加的。他会莫名其妙地在一个场合发言，而这个场合是严肃为先，根本不适合他跳出来热闹。他还会突然很高调，宣布个什么东西、定个什么调子，而这时，其实是领导发话的时候，小字辈都乖乖坐着当听众。

他的举动着实把大家给雷到了。如果换个有身份、有地位的人说这样的话，做这样的事倒也罢了，明明一个小字辈，却像总经理，搞得大家都很崩溃。

有一次公司做产品的市场推广讨论，部门经理提及了一个方案，大家都没什么异议，只有A不识时务，开口就质疑道："这样的推广方案，有没有理论支持？"弄得大家愕然了好久，都不知道如何应对。结果，A没有通过试用期就被开除了！

所以，说话前要掂掂自己的分量再发言，不然就会贻笑大方了。比如，开会的时候，聪明的人不先表态，等领导先发言定了调子再跟着走；一件事情，有些人就算很有主意也不先亮出来，等到该你说话的时候再表现；一个场合，该你出现的时候少了你不行，不该你出现的时候你却赫然其中，多少让人觉得不识趣……